Sigrid Britschgi

BEM – Betriebliches Eingliederungsmanagement

Rechtliche Grundlagen

aktiv im Betriebsrat

Sigrid Britschgi

BEM – Betriebliches Eingliederungsmanagement

Rechtliche Grundlagen

7., überarbeitete und aktualisierte Auflage

BUND VERLAG

Bibliografische Information der Deutschen Nationalbibliothek
Die Deutsche Nationalbibliothek verzeichnet diese Publikation in der Deutschen Nationalbibliografie; detaillierte bibliografische Daten sind im Internet über *http://dnb.d-nb.de* abrufbar.

7., überarbeitete und aktualisierte Auflage 2025
Nachdruck Juni 2026

Umschlag: Bernd Adam, Weinheim
Satz: Dörlemann Satz, Lemförde
Druck: CPI books GmbH, Birkstr. 10, 25917 Leck

ISBN 978-3-7663-7520-9

kontakt@bund-verlag.de
www.bund-verlag.de

Vorwort

Betriebliches Eingliederungsmanagement – ein Begriff, der ein wenig abgehoben und nebulös gleichermaßen durch Gremien wie Betriebsräte und Schwerbehindertenvertretungen als auch Personalabteilungen schwirrt. Bei allen Beteiligten besteht ein Bedürfnis, sich mit dem Thema auseinander zu setzen, das auf den ersten Blick nur schwer zugänglich erscheint.
Das betriebliche Eingliederungsmanagement hatte 2024 einen »runden Geburtstag«. Seit Mai 2004 existiert diese gesetzliche Neuregelung, die bei näherer Betrachtung beim Umgang mit erkrankten Beschäftigten völlig neue Perspektiven eröffnet. Zeiten der Arbeitsunfähigkeit werden nicht mehr nur statistisch erfasst, sondern lösen eine Handlungspflicht des Arbeitgebers aus, um den erkrankten Beschäftigten wieder in den Arbeitsprozess integrieren zu können.
In der betrieblichen Praxis ist das Thema mittlerweile angekommen. Zahlreiche Fragen zum Anwendungsbereich und zum Mitbestimmungsrecht des Betriebsrats sind zwischenzeitlich verlässlich zu beantworten. Aus der Rechtsprechung der Landesarbeitsgerichte und des Bundesarbeitsgerichts lassen sich Hinweise zum Umgang mit der Regelung des § 167 Abs. 2 SGB IX ableiten. Betriebsräte und Schwerbehindertenvertretungen müssen sich mit diesem Thema befassen, um die Belegschaft vor den Risiken zu schützen, die dieses Verfahren neben begrüßenswerten Ansätzen hat. Jede Neuauflage dieses Buches zeigt, dass das Thema sich ständig weiterentwickelt.
Nach bewährter Herangehensweise soll zunächst einmal ein Basiswissen vermittelt werden, ohne das weitere Entscheidungsprozesse nicht stattfinden können. Unabhängig davon, ob ein Betriebsrat eine Betriebsvereinbarung zu diesem Thema erstellen will, wird eine Auseinandersetzung mit dem Thema des betrieblichen Eingliederungsmanagements erfolgen müssen, sobald der Arbeitgeber in Zukunft krankheitsbedingte Kündigungen aussprechen will. Deshalb ist dem Bereich der Kündigung aus krankheitsbedingten Gründen ein besonderer Schwerpunkt gewidmet.

Da sich das betriebliche Eingliederungsmanagement in verschiedenen Konstellationen auf die praktische Arbeit der Betriebsräte auswirkt, wird diesem Umstand in zahlreichen Musterschreiben Rechnung getragen.
Rechtsprechung und Literatur wurden nach dem Stand Oktober 2024 eingearbeitet. Vor allem die Urteile und Beschlüsse des Bundesarbeitsgerichts lassen sich für das laufende sowie für die bis 2010 zurückliegenden Jahre durch Angabe von Datum und Aktenzeichen im Internet unter *www.bundesarbeitsgericht.de,* Stichwort: Entscheidungen, nachlesen.
Für kritische Anmerkungen gleich welcher Art sowie Erfahrungsberichte im Umgang mit dem betrieblichen Eingliederungsmanagement wäre ich sehr dankbar und bitte, diese per Mail an *britschgi@fachanwaeltInnen.de* oder per Post an das Anwaltsbüro Windirsch, Britschgi & Wilden, Marktstr. 16, 40213 Düsseldorf zu richten. Viele Zuschriften in der Vergangenheit haben dazu beigetragen, die in der Praxis aufkommenden Fragestellungen in der Überarbeitung des Buches berücksichtigen zu können.
Das Thema betrifft im Übrigen natürlich gleichermaßen Frauen wie auch Männer. Im Interesse einer besseren Lesbarkeit habe ich auf eine ausdrückliche Wiedergabe beider Geschlechtsformen verzichtet und erkläre daher an dieser Stelle, dass mit dem Begriff des betroffenen Beschäftigten sowohl Männer als auch Frauen erfasst werden.
Zum guten Schluss der nicht nur obligatorische, sondern durchaus ernst gemeinte Dank, der vor allem meiner Familie gilt, die zahlreiche Monate mit sehr viel Geduld die Arbeit an diesem Buch begleitet hat.

Düsseldorf, im Dezember 2024
Sigrid Britschgi

Inhaltsverzeichnis

Abkürzungsverzeichnis

a. A.	anderer Auffassung
AA	Arbeitsrecht aktiv (Zeitschrift)
a. a. O.	am angegebenen Ort
Abs.	Absatz
a. F.	alte Fassung
AG	Amtsgericht
AiB	Arbeitsrecht im Betrieb (Zeitschrift)
a. M.	anderer Meinung
Anm.	Anmerkung
AP	Arbeitsrechtliche Praxis (Nachschlagewerk des BAG)
ArbG	Arbeitsgericht
ArbGG	Arbeitsgerichtsgesetz
ArbR	Arbeitsrecht Aktuell (Zeitschrift)
ArbRB	Arbeitsrechtberater (Zeitschrift)
ArbuR	Arbeit und Recht (Zeitschrift)
Art.	Artikel
ASiG	Arbeitssicherheitsgesetz
ASR	Anwalt/Anwältin im Sozialrecht (Zeitschrift)
AuA	Arbeit und Arbeitsrecht (Zeitschrift)
Aufl.	Auflage
AuR	Arbeit und Recht (Zeitschrift)
AZ	Aktenzeichen
BA	Bundesagentur für Arbeit
BAG	Bundesarbeitsgericht
BAT	Bundesangestelltentarifvertrag
BB	Betriebs-Berater (Zeitschrift)
BDSG	Bundesdatenschutzgesetz
BEM	Betriebliches Eingliederungsmanagement
BetrVG	Betriebsverfassungsgesetz
BGBl.	Bundesgesetzblatt

BKK	Betriebskrankenkasse
BPersVG	Bundespersonalvertretungsgesetz
BT	Bundestag
BTHG	Bundesteilhabegesetz
BV	Betriebsvereinbarung
BVerwG	Bundesverwaltungsgericht
bzgl.	bezüglich
bzw.	beziehungsweise
CuA	Computer und Arbeit (Zeitschrift)
DB	Der Betrieb (Zeitschrift)
d. h.	das heißt
Drucks.	Drucksache (des Bundestags)
EDV	Elektronische Datenverarbeitung
EFZG	Entgeltfortzahlungsgesetz
EG	Europäische Gemeinschaft
ErfK	Erfurter Kommentar Arbeitsrecht
etc.	et cetera
EU-DSGVO	Europäische Datenschutzgrundverordnung
EuGH	Europäischer Gerichtshof
EzA	Entscheidungssammlung zum Arbeitsrecht
EzA-SD	EzA-Schnelldienst
f./ff.	folgende/fortfolgende
GdB	Grad der Behinderung
ggf.	gegebenenfalls
Gute Arbeit	Gute Arbeit (Zeitschrift)
h. M.	herrschende Meinung
Hrsg.	Herausgeber
i. d. F.	in der Fassung
i. d. R.	in der Regel
iga	Initiative Gesundheit und Arbeit
IGM	Industriegewerkschaft Metall
iqpr	Institut für Qualitätssicherung in Prävention und Rehabilitation an der Deutschen Sportschule Köln
i. S. d.	im Sinne des

i. S. v.	im Sinne von
i. V. m.	in Verbindung mit
jurisPR	Juris Praxisreport (online)
KSchG	Kündigungsschutzgesetz
KSchR	Kündigungsschutzrecht
LAG	Landesarbeitsgericht
LAGE	Entscheidungssammlung des Landesarbeitsgerichts
LPVG	Landespersonalvertretungsgesetz
m. w. N.	mit weiteren Nachweisen
n. F.	neue Fassung
NJW-Spezial	Neue Juristische Wochenschrift (Zeitschrift)
Nr.	Nummer
NW	Nordrhein-Westfalen
NZA	Neue Zeitschrift für Arbeits- und Sozialrecht (Zeitschrift)
NZA-RR	Neue Zeitschrift für Arbeits- und Sozialrecht Rechtsprechungsreport (Zeitschrift)
n. v.	nicht veröffentlicht
o. g.	oben genannt(e)
OVG	Oberverwaltungsgericht
PersR	Der Personalrat (Zeitschrift)
PersV	Personalvertretung (Zeitschrift)
RdA	Recht der Arbeit (Zeitschrift)
rkr.	rechtskräftig
Rn.	Randnummer
RP-Reha	Recht & Praxis der Rehabilitation (Zeitschrift)
Rs.	Rechtssache
Rspr.	Rechtsprechung
S.	Seite
SchwbG	Schwerbehindertengesetz
SGB	Sozialgesetzbuch

SGB V	Sozialgesetzbuch Fünftes Buch – Gesetzliche Krankenversicherung
SGB IX	Sozialgesetzbuch Neuntes Buch – Rehabilitation und Teilhabe behinderter Menschen
Std.	Stunde
TV-L	Tarifvertrag für den öffentlichen Dienst der Länder
TVöD	Tarifvertrag für den öffentlichen Dienst
u. a.	unter anderem; und andere
usw.	und so weiter
UVV	Unfallverhütungsvorschriften
v.	vom
VG	Verwaltungsgericht
vgl.	vergleiche
VwGO	Verwaltungsgerichtsordnung
z. B.	zum Beispiel
ZfPR	Zeitschrift für Personalvertretungsrecht
Ziff.	Ziffer
ZPO	Zivilprozessordnung
ZTR	Zeitschrift für Tarif-, Arbeits- und Sozialrecht des öffentlichen Dienstes
zzgl.	zuzüglich

Literaturverzeichnis

Auernhammer, DSGVO, BDSG Kommentar, 8. Aufl. 2023 (zitiert: Auernhammer-*Bearbeiter*)

Beseler, Betriebliches Eingliederungsmanagement, 12. Aufl. 2023

Fuchs/Ritz/Rosenow, SGB IX – Kommentar zum Recht schwerbehinderter Menschen, 7. Aufl. 2021 (zitiert: Fuchs/Ritz/Rosenow-*Bearbeiter*)

Dassau/Wiesend-Rothbrust, BAT-Kompaktkommentar, 4. Aufl. 2004

Dassau/Wiesend-Rothbrust, TVöD-Kompaktkommentar, 5. Aufl. 2006

Däubler, Gläserne Belegschaften, Das Handbuch zum Beschäftigtendatenschutz, 9. Aufl. 2021 (zitiert: Däubler, Rn.)

Dau/Düwell/Joussen/Luik, SGB IX, Rehabilitation und Teilhabe behinderter Menschen, Kommentar, 6. Aufl. 2022 (zitiert: Dau/Düwell/Joussen/Luik-*Bearbeiter*)

Däubler/Deinert/Zwanziger, Kündigungsschutzrecht, 12. Aufl. 2024 (zitiert: Däubler/Deinert/Zwanziger-*Bearbeiter*, KSchR)

Habib, BEM – Wiedereingliederung in kleinen und mittleren Betrieben, 3. Aufl. 2020

Müller-Glöge/Preis/Schmidt, Erfurter Kommentar zum Arbeitsrecht, 24. Aufl. 2024 (zitiert: ErfK-*Bearbeiter*)

Feldes/Helbig/Hüther u. a., Schwerbehindertenrecht, Basiskommentar, 17. Aufl. 2024 (zitiert: Feldes-*Bearbeiter*)

Feldes/Kohte/Stevens-Bartol, SGB IX Sozialgesetzbuch IX, Kommentar für die Praxis, 5. Aufl. 2023 (zitiert Feldes/Kohte/Stevens-Bartol-*Bearbeiter*)

Fitting/Engels/Schmidt/Trebinger/Linsenmaier, Betriebsverfassungsgesetz, Kommentar, 32. Aufl. 2024 (zitiert: Fitting, Engels u. a.)

Hauck/Noftz, SGB IX, Rehabilitation und Teilhabe behinderter Menschen, Kommentar, 2. Band, Loseblattsammlung Stand 2024 (zitiert: Hauck/Noftz-*Bearbeiter*)

Hummel, Krankheit und Kündigung, 2. Aufl. 2004

Knittel, SGB IX, Rehabilitation und Teilhabe behinderter Menschen, Loseblattsammlung, Stand Juni 2024

Knickrehm/Roßbach/Waltermann, Kommentar zum Sozialrecht, 8. Aufl. 2023 (zitiert: K/R/W-*Bearbeiter*)

Küttner, Personalbuch, 31. Aufl. 2024 (zitiert: Küttner-*Bearbeiter*)

Lepke, Kündigung bei Krankheit, 16. Aufl. 2018

Magin, Betriebliches Eingliederungsmanagement nach dem SGB IX – Projekt: Integrationsteam LGW des BMW-Werks Regensburg (zitiert: Magin, Betriebliches Eingliederungsmanagement nach dem SGB IX)

Neumann/Pahlen/Winkler/Jabben, SGB IX Kommentar, 15. Aufl. 2024 (zitiert: Neumann/Pahlen/Winkler/Jabben-*Bearbeiter*)

Niehaus/Magin/Marfels/Vater/Werkstetter, Betriebliches Eingliederungsmanagement, Studie zur Umsetzung des betrieblichen Eingliederungsmanagements nach § 84 Abs. 2 SGB IX, Köln 2008 (zitiert: Niehaus/Marfels/Vater/Magin/Werkstetter)

Schils, Das betriebliche Eingliederungsmanagement im Sinne des § 84 Abs. 2 SGB IX, 1. Aufl. 2009

Stegmann u. a., Prävention und Eingliederungsmanagement, Arbeitshilfe für Schwerbehindertenvertretungen, Betriebs- und Personalräte, Hrsg.: IGM und ver.di Bundesverwaltung (zitiert: Stegmann u. a., Prävention und Eingliederungsmanagement)

Wullenkord, Arbeitsrechtliche Kernfragen des Betrieblichen Eingliederungsmanagements in der betrieblichen Praxis, 1. Aufl. 2014

I. Basisinformationen

1. Standort und Definition des betrieblichen Eingliederungsmanagements

Mit Wirkung zum 1.5.2004 wurde das SGB IX durch das »Gesetz zur Förderung der Ausbildung und Beschäftigung schwerbehinderter Menschen« novelliert. In § 84 Abs. 2 SGB IX[1] hat der Gesetzgeber eine Regelung geschaffen, die unabhängig vom Bestehen etwaiger Behinderungen für alle Beschäftigungsverhältnisse in Frage kommen kann: Das betriebliche Eingliederungsmanagement. Dabei handelt es sich um ein Verfahren, das Arbeitsunfähigkeit von Arbeitnehmern verhindern oder möglichst frühzeitig beenden und den Arbeitsplatz für leistungsgeminderte Arbeitnehmer sichern soll. Durch das Bundesteilhabegesetz ist mit Wirkung vom 1.1.2018 der Standort der Regelung nun in § 167 Abs. 2 SGB IX zu finden. Es hat nach der Gesetzesänderung mit Wirkung vom 10.6.2021 folgenden Wortlaut:

Sind Beschäftigte innerhalb eines Jahres länger als sechs Wochen ununterbrochen oder wiederholt arbeitsunfähig, klärt der Arbeitgeber mit der zuständigen Interessenvertretung im Sinne des § 176 SGB IX, bei schwerbehinderten Menschen außerdem mit der Schwerbehindertenvertretung, mit Zustimmung und Beteiligung der betroffenen Person die Möglichkeiten, wie die Arbeitsunfähigkeit möglichst überwunden werden und mit welchen Leistungen oder Hilfen erneuter Arbeitsunfähigkeit vorgebeugt und der Arbeitsplatz erhalten werden kann (betriebliches Eingliederungsmanagement). Beschäftigte können zusätzlich eine Vertrauensperson eigener Wahl hinzuziehen. Soweit erforderlich wird der Werks- oder Betriebsarzt hinzugezogen. Die betroffene Person oder ihr gesetzlicher Vertreter ist zuvor auf die Ziele des betrieblichen Eingliederungsmanagements sowie auf Art und Umfang der hierfür erhobenen und verwendeten Daten hinzuweisen.

---

1 Seit 2018: § 167 Abs. 2 SGB IX.

Kommen Leistungen zur Teilhabe oder begleitende Hilfen im Arbeitsleben in Betracht, werden vom Arbeitgeber die Rehabilitationsträger oder bei schwerbehinderten Beschäftigen das Integrationsamt hinzugezogen. Diese wirken darauf hin, dass die erforderlichen Leistungen oder Hilfen unverzüglich beantragt und innerhalb der Frist des § 14 Abs. 2 Satz 2 SGB IX erbracht werden. Die zuständige Interessenvertretung im Sinne des § 176 SGB IX, bei schwerbehinderten Menschen außerdem die Schwerbehindertenvertretung, können die Klärung verlangen. Sie wachen darüber, dass der Arbeitgeber die ihm nach dieser Vorschrift obliegenden Verpflichtungen erfüllt.

2. Anwendungsbereich

a. Persönlicher Anwendungsbereich

§ 167 SGB IX ist Bestandteil des Teil 3 des SGB IX, der das frühere SchwbG abgelöst hat. Nach § 151 Abs. 1 SGB IX gelten die Vorschriften des 3. Teils[2] für Schwerbehinderte und ihnen gleichgestellte behinderte Menschen. Schwerbehinderte Menschen sind Menschen mit einem Grad der Behinderung (GdB) von wenigstens 50. Behinderte Menschen mit einem GdB von weniger als 50, aber mindestens 30, bei denen im Übrigen die Voraussetzungen des § 2 Abs. 2 SGB IX vorliegen, können auf Antrag von der Bundesagentur für Arbeit schwerbehinderten Menschen gleichgestellt werden.

Vereinzelt wird aus der Einordnung des § 167 Abs. 2 SGB IX in Teil 3 die Schlussfolgerung gezogen, vom Anwendungsbereich des § 167 Abs. 2 SGB IX würden nur Schwerbehinderte und ihnen gleichgestellte Arbeitnehmer erfasst.[3] Man musste davon ausgehen, dass zahlreiche Arbeitgeber und ihre Verbände sich dieser Auffassung anschließen werden, damit sich der Kreis ihrer Verpflichtungen zur Durchführung eines betrieblichen Eingliederungsmanagements verkleinert. Damit können sie aber nicht durchdringen. Der Streit um den persönlichen Anwendungsbereich des § 167 Abs. 2 SGB IX ist von der höchstrichterlichen Rechtsprechung im Anschluss an die h. M. in der Fachliteratur nunmehr wie folgt geklärt: Von § 167 Abs. 2 SGB IX werden alle Arbeitnehmer erfasst, nicht nur die Arbeitsverhältnisse schwerbehinderter Menschen, behinderter oder

2 Bis 31.12.2017: 2. Teil.

3 Brose, DB 2005, 390; Balders/Lepping, NZA 2005, 854.

von Behinderungen bedrohter Menschen.[4] Dies ergibt sich vor allem aus dem bei der Auslegung einer Vorschrift vorrangig zu berücksichtigenden - hier eindeutigen - Wortlaut der Vorschrift. Dort sind zu Beginn »Beschäftigte« genannt. Der Begriff des Beschäftigten umfasst nicht nur Schwerbehinderte, sondern alle Arbeitnehmer. Im Weiteren wird hinsichtlich des Verfahrens zwischen schwerbehinderten Arbeitnehmern und Beschäftigten im Übrigen unterschieden, indem zum einen die Einschaltung der Schwerbehindertenvertretung, zum anderen der Interessenvertretungen i. S. d. § 176 SGB IX gefordert wird, d. h. u. a. des Betriebsrats. Dies wäre überflüssig, wenn nur Schwerbehinderte und ihnen gleichgestellte Arbeitnehmer erfasst wären. Des Weiteren hat der Gesetzgeber auch in der früheren Fassung des § 167 Abs. 2 SGB IX keine strikte Begrenzung auf Schwerbehinderte vorgenommen. Denn schon dort hieß es für die Form eines abgeschwächten Verfahrens eines Eingliederungsmanagements, dass die Regelungen auch für (lediglich) behinderte oder von Behinderungen bedrohte Menschen entsprechend gelten (§ 84 Abs. 2 Satz 3 SGB IX a. F.). Vor diesem Hintergrund geht auch die ganz überwiegende Auffassung in der arbeitsrechtlichen Fachliteratur zu Recht davon aus, dass der persönliche Anwendungsbereich der Vorschrift unbegrenzt für alle Arbeitnehmer, unabhängig von einer bestehenden Schwerbehinderung, gilt.[5]
Im Übrigen umfasst der Begriff »Beschäftigte« i. S. d. § 167 Abs. 2 SGB IX alle Arbeitnehmer, Auszubildenden, sonstige zu ihrer beruflichen Bildung Beschäftigte sowie Personen, die in einem öffentlich-rechtlichen Dienstverhältnis stehen, also auch Beamte.[6]

b. Sachlicher Anwendungsbereich

Die Durchführung eines betrieblichen Eingliederungsmanagements ist im Weiteren davon abhängig, dass der Beschäftigte innerhalb eines Jahres länger als sechs Wochen ununterbrochen oder wiederholt arbeitsunfähig ist.

---

4 BAG, Urteil v. 12.7.2007 - 2 AZR 716/06, AiB 2008, 301; LAG Köln, Urteil v. 11.6.2007 - 14 Sa 1391/06, AuR 2007, 444; LAG Berlin, Urteil v. 27.10.2005 - 10 Sa 783/05, NZA-RR 2006, 184–186.

5 Vgl. u. a. Deinert, NZA 2010, 969, 971; Feldes, Soziale Sicherheit 2004, 187, 188; von Steinau-Steinrück/Hagemeister, NJW-Spezial 2005, 129; Britschgi, AiB 2005, 284; Dau/Düwell/Joussen/Luik-*Düwell*, § 167 SGB IX, Rn. 65; Hauck/Noftz-*Gutzler*, § 167 SGB IX, Rn. 26.

6 Dau/Düwell/Joussen/Luik-*Düwell*, § 167 SGB IX, Rn. 66.; VG Gelsenkirchen, Urteil v. 25.6.2008 - 1 K 3679/07.

aa. Arbeitsunfähigkeit

Ein Fall von Arbeitsunfähigkeit liegt nach gängiger Bestimmung dann vor, wenn die Krankheit es dem Arbeitnehmer unmöglich macht, die nach dem Inhalt des Arbeitsvertrags geschuldete Leistung zu erbringen oder er die Arbeit nur bei Gefahr der Verschlimmerung der Erkrankung ausüben kann.[7] Zeiten, in denen sich Beschäftigte in ärztliche Behandlung zu diagnostischen oder therapeutischen Zwecken begeben und allein aus diesem Grund an der Erbringung ihrer Arbeitsleistung verhindert sind, ohne dass diese Maßnahmen selbst zu einer Arbeitsunfähigkeit führen, scheiden aus dem Begriff der Arbeitsunfähigkeit aus.[8] Sie dürfen daher auch nicht bei der Ermittlung des für § 167 Abs. 2 SGB IX maßgeblichen Zeitraums berücksichtigt werden.

Des Weiteren ist zu berücksichtigen, dass nicht nur ununterbrochene Arbeitsunfähigkeit von mehr als sechs Wochen den Anwendungsbereich des betrieblichen Eingliederungsmanagements eröffnet. Auch kürzere, wiederholte Arbeitsunfähigkeiten können das Verfahren einleitend bestimmen, sofern sie in einer Gesamtaddition 42 Tage überschreiten.[9] Für den Begriff der wiederholten Arbeitsunfähigkeit wird es nicht darauf ankommen, ob diese auf verschiedene oder auf dieselben Krankheiten zurückzuführen ist. Letztere wirken sich unter der Bezeichnung der Fortsetzungserkrankung ggf. verkürzend auf den Umfang der Entgeltfortzahlung im Krankheitsfall gem. § 3 EFZG aus. Dies spielt aber bei der Frage, ob ein betriebliches Eingliederungsmanagement durchgeführt wird, zunächst keine Rolle. Denn der Zeitraum von mehr als 42 Tagen hat lediglich die Funktion, (frühzeitig) einen Klärungsprozess in Gang zu bringen. Erst im weiteren Verlauf sind sodann jeweils einzelfallorientiert die Ursachen der Arbeitsunfähigkeit von Bedeutung.

Vereinzelt wird zwar die Auffassung vertreten, dass Arbeitsunfähigkeitszeiten i. S. d. § 167 Abs. 2 SGB IX auf dieselbe Ursache zurückzuführen sein müssen, bzw. die Ursachen zumindest in einem arbeitsmedizinischen Zusammenhang stehen müssten.[10] In Anlehnung an die Grundsätze zu krankheitsbedingten Kündigungen wird auch gefordert, aus dem 6-Wochen-Zeitraum müssten Arbeitsunfähigkeitszeiten herausgerechnet werden, bei deren Ursachen keine Wiederholungsgefahr bestünde.[11] Dies

---

7 Hummel, Krankheit und Kündigung, S. 18.
8 Küttner-*Griese*, Arbeitsunfähigkeit, Rn. 3.
9 BAG, Urteil v. 24.3.2011 – 2 AZR 170/10, NZA 2011, 993; LAG Berlin-Brandenburg, Urteil v. 8.12.2011 – 26 Sa 1437/10.
10 Balders/Lepping, NZA 2005, 854, 855.
11 Schiefer/Borchard, DB 2010, 1884, 1885.

kann nicht zur Voraussetzung der Einleitung eines betrieblichen Eingliederungsmanagements erhoben werden. Denn im Regelfall wird dem Arbeitgeber die Ursache der Arbeitsunfähigkeit vor dem Klärungsprozess eines betrieblichen Eingliederungsmanagements nicht unbedingt bekannt sein. Dem Arbeitgeber vorzulegende Arbeitsunfähigkeitsbescheinigungen lassen keinen Rückschluss darauf zu, warum ein Arbeitnehmer arbeitsunfähig ist. Er kann der Bescheinigung lediglich entnehmen, ob es sich um eine Ersterkrankung oder um eine Folgeerkrankung handelt. Dies gilt auch für das seit Januar 2023 geltende Verfahren der elektronischen Arbeitsunfähigkeitsbescheinigung, bei dem die Daten von den Arbeitgebern bei den zuständigen Krankenkassen abgerufen werden. Nur Folgeerkrankungen als relevante Arbeitsunfähigkeitszeiten zu berücksichtigen, verschließt den Blick dafür, dass Krankheitsbilder in vielfältiger Form auftreten können. So können psychische Belastungen, hervorgerufen durch ein negatives Arbeitsumfeld, sich in verschiedenen Symptomen auftretenden psychosomatischen Erkrankungen zeigen, die nicht zwangsläufig als Folgeerkrankungen eingestuft werden können. Es muss medizinisch geschulten Fachleuten vorbehalten bleiben zu beurteilen, ob Erkrankungen durch Veränderungen am Arbeitsplatz oder begleitende Hilfsmaßnahmen überwunden werden können. Ein betriebliches Eingliederungsmanagement ist auch nicht von vornherein entbehrlich, wenn die krankheitsbedingten Fehlzeiten nicht im Zusammenhang mit dem Arbeitsplatz stehen.[12] Beruhen die Fehlzeiten eines Arbeitnehmers auf einer überdurchschnittlichen Krankheitsanfälligkeit, kann Gegenstand eines betrieblichen Eingliederungsmanagements auch die Erarbeitung eines umfassenden Konzeptes zur Änderung der generellen Lebensweise sein, damit der Arbeitnehmer auf diese Weise seine gesundheitliche Verfassung verbessern kann und damit seiner Krankheitsanfälligkeit entgegen wirkt.[13] Allerdings ist der Arbeitgeber nicht verpflichtet, mögliche Änderungen der privaten Lebensführung selbst aktiv in das Verfahren einzubringen.[14] Es mag nicht ausgeschlossen sein, dass längere oder wiederholt auftretende Arbeitsunfähigkeiten durch Maßnahmen im Rahmen eines betrieblichen Eingliederungsmanagements nicht behoben werden können. Dies ist jedoch Bestandteil des Klärungsprozesses eines betrieblichen Eingliederungsmanagements und im Vorfeld nicht in die Entscheidungshoheit des Arbeitgebers zu stellen.

---

12 LAG Hamburg, Urteil v. 22.9.2011 – 1 Sa 34/11, ArbuR 2012, 137; Hessisches LAG, Urteil v. 3.6.2013 – 21 Sa 1456/12, ArbR 2013, 582.

13 Hessisches LAG, Urteil v. 3.6.2013 – 21 Sa 1456/12, ArbR 2013, 582.

14 BAG, Urteil v. 20.11.2014 – 2 AZR 755/13, NZA 2015, 612.

bb. Ermittlung des 6-Wochen-Zeitraums

Für die Beurteilung einer ununterbrochenen oder wiederholten Arbeitsunfähigkeit von mehr als sechs Wochen ist nicht das Kalenderjahr vom 1. 1. bis 31. 12. maßgeblich. Vielmehr ist der davon losgelöste Blick auf die aktuell vergangenen zwölf Monate gemeint[15]. Würde man nur Arbeitsunfähigkeitszeiten des jeweiligen Kalenderjahres berücksichtigen, würde der Gesetzeszweck ggf. leerlaufen, wenn die Erkrankung sich über einen Jahreswechsel erstreckt.[16]

Nach einer vom Bundesministerium für Arbeit und Soziales in Auftrag gegebenen Studie zur Umsetzung des betrieblichen Eingliederungsmanagements findet im Übrigen in rund zwei Drittel der befragten Betriebe und Dienststellen eine Auswertung der Arbeitsunfähigkeitsdaten bezogen auf den 6-Wochen-Zeitraum des § 167 Abs. 2 SGB IX durch eine dafür zuständige Person statt.[17]

Die Ermittlung des Zeitpunkts, in dem die Grenze von sechs Wochen bzw. 42 Tagen ununterbrochener oder wiederholter Arbeitsunfähigkeit überschritten wird, wird von der gesetzlichen Regelung nicht vorgegeben, kann aber in der Praxis Schwierigkeiten machen. Aus dem Wortlaut des § 167 Abs. 2 Satz 1 SGB IX ergibt sich zunächst, dass auf Zeiten der Arbeitsunfähigkeit abgestellt wird, nicht auf Zeiten der Abwesenheit am Arbeitsplatz. Daraus lässt sich schlussfolgern, dass auch Tage des Arbeitsverhältnisses, an denen keine Arbeitsleistung geschuldet wird (z. B. Feiertage, Wochenenden, arbeitsfreie Tage), in die Berechnung des 6-Wochen-Zeitraums mit einzubeziehen sind.[18] Dies muss zumindest für Arbeitsunfähigkeitszeiten gelten, die sich nahtlos um (an sich arbeitsfreie) Tage gruppieren.

Beispiel: Einem Arbeitnehmer wird Arbeitsunfähigkeit von Gründonnerstag bis zum Mittwoch nach Ostern bescheinigt. Arbeitet dieser Arbeitnehmer regelmäßig in einer 5-Tage-Woche von Montag bis Freitag, wäre im genannten Zeitraum zwar nur an drei Tagen (Gründonnerstag,

---

15 Gagel, »Eingliederungsmanagement auf der Basis der Novelle zum SGB IX und der gemeinsamen Empfehlungen nach § 13 Abs. 2 Nr. 8 und 9 SGB IX« in Diskussionsforum B, Beitrag 2/2004 des Instituts für Qualitätssicherung in Prävention und Rehabilitation (iqpr) an der deutschen Sportschule Köln, S. 7.

16 Baldes/Lepping, NZA 2005, 854, 855.

17 Niehaus/Magin/Marfels/Vater/Werkstetter, S. 42.

18 Hillmann/Gagel, »Die Ermittlung des Zeitpunkts für die Einleitung eines betrieblichen Eingliederungsmanagements (BEM) nach § 84 Abs. 2 SGB IX« in Diskussionsforum B, Beitrag 1/2009 des Instituts für Qualitätssicherung in Prävention und Rehabilitation (iqpr) an der deutschen Sportschule Köln, S. 1; Hauck/Noftz-*Gutzler*, § 167 SGB IX, Rn. 37.

Dienstag und Mittwoch nach Ostern) Arbeitsleistung geschuldet, dennoch müssten in die Erfassung des 6-Wochen-Zeitraums i. S. d. § 167 Abs. 2 SGB IX hier auch die Tage von Karfreitag bis Ostermontag miteinbezogen werden, d. h. weitere vier Tage. Denn nur so wird der tatsächliche Zeitraum der Arbeitsunfähigkeit und damit das Ausmaß der krankheitsbedingten Belastung erfasst. In diesem Beispiel ist die insgesamt sieben Tage andauernde Arbeitsunfähigkeit für den Arbeitgeber auch offenkundig.

Den Arbeitgeber trifft bei fehlender Offenkundigkeit aber keine Verpflichtung im Einzelnen nachzuforschen, ob die tatsächliche Zahl der Arbeitsunfähigkeitstage den von Seiten des Arztes bescheinigten Tagen entspricht. Er kann sich an der Zahl der ihm gemeldeten Arbeitsunfähigkeitstage orientieren. Nach § 5 Abs. 5 der Richtlinien des Gemeinsamen Bundesausschusses über die Beurteilung der Arbeitsunfähigkeit[19] sind Ärzte verpflichtet, ggf. eine Arbeitsunfähigkeitsbescheinigung auch für Wochenenden, Feiertage oder für arbeitsfreie Tage aufgrund einer flexiblen Arbeitszeitregelung auszustellen, wenn an diesen Tagen Arbeitsunfähigkeit besteht. Bescheinigt ein Arzt eine Arbeitsunfähigkeit nur von Montag bis Freitag, obwohl er von einer einwöchigen Arbeitsunfähigkeit – einschließlich des arbeitsfreien Wochenendes – ausgeht, kann der Arbeitgeber die lediglich bescheinigten fünf Arbeitsunfähigkeitstage für die Ermittlung des 6-Wochen-Zeitraums i. S. d. § 167 Abs. 2 SGB IX zugrunde legen.[20]

Unterstellt man, dass Ärzte sich an die o. g. Richtlinie halten, ergeben sich bei der Ermittlung der für ein betriebliches Eingliederungsmanagement relevanten Arbeitsunfähigkeitszeiten von Teilzeitkräften, die nicht an allen betrieblich üblichen Tagen ihrer Tätigkeit nachgehen, keine Besonderheiten gegenüber Vollzeitbeschäftigten. Das heißt, auch bei ihnen sind die dem Arbeitgeber gemeldeten Kalendertage für die Berechnung von 42 Arbeitsunfähigkeitstagen maßgeblich. Zum Teil wird die Auffassung vertreten, dass nicht auf Kalendertage, sondern generell auf Arbeitstage abgestellt werden solle. In der Folge müssten die für ein betriebliches Eingliederungsmanagement relevanten Arbeitsunfähigkeitstage – vergleichbar einer anteiligen Berechnung von Urlaubstagen – dann für die Über-

19 Einzusehen unter *https://www.g-ba.de/informationen/richtlinien/2/#tab/beschluesse/details/2739/listContext/beschluesse.*

20 Schian/Gagel/Schian, »Zur Berechnung der 6-Wochen-Frist des § 84 Abs. 2 SGB IX« in Diskussionsforum B, Beitrag 10/2005 des Instituts für Qualitätssicherung in Prävention und Rehabilitation (iqpr) an der deutschen Sportschule Köln, S. 3.

schreitung der Grenze des 6-Wochen-Zeitraums des § 167 Abs. 2 SGB IX anteilig ermittelt werden.[21] Das heißt, es müsste die Formel *42 Kalendertage : 7 Wochentage × individuelle Arbeitstage* mit folgenden Ergebnissen angewandt werden:

- Arbeit in einer 6-Tage-Woche: 36 Arbeitsunfähigkeitstage
- Arbeit in einer 5-Tage-Woche: 30 Arbeitsunfähigkeitstage
- Arbeit in einer 4-Tage-Woche: 24 Arbeitsunfähigkeitstage
- Arbeit in einer 3-Tage-Woche: 18 Arbeitsunfähigkeitstage etc.

Welche Berechnungsgrundlage herangezogen wird, gibt das Gesetz nicht vor. In jedem Fall sollte eine Verständigung auf eine einheitliche Berechnungsvariante erfolgen und in einer entsprechenden Betriebsvereinbarung geregelt werden.

Unabhängig von der Berechnungsgrundlage für die Ermittlung des 6-Wochen-Zeitraums gilt im Übrigen, dass nicht nur ärztlich bescheinigte, sondern auch beim Arbeitgeber angezeigte Arbeitsunfähigkeitstage ohne entsprechende ärztliche Bescheinigung in die Berechnung mit einzubeziehen sind.[22]

cc. Erneutes Angebot eines betrieblichen Eingliederungsmanagements

In der Praxis stellt sich häufig die Frage, wann ein betriebliches Eingliederungsmanagement wieder angeboten werden muss, wenn ein vorangegangenes Verfahren bereits beendet ist oder der Beschäftigte die Durchführung eines betrieblichen Eingliederungsmanagements zu einem früheren Zeitpunkt abgelehnt hatte. Dabei ist zunächst festzuhalten, dass die Betrachtung der Arbeitsunfähigkeitszeiten innerhalb eines Zeitraums von 12 Monaten ein fortlaufender Prozess ist. Der Gesundheitszustand von Menschen und dessen subjektive Wahrnehmung sind selten so statisch, dass aus der Ablehnung eines betrieblichen Eingliederungsmanagements die Vergeblichkeit eines Angebots solcher Verfahren auch in den nächsten Jahren mit Sicherheit geschlossen werden kann.[23] Mit der Beendigung des Berechnungszeitraums, d. h. dem Zeitpunkt, in dem eine sechswöchige Arbeitsunfähigkeit eingetreten ist, setzt zugleich ein neuer ein.[24]

---

21 Baßlsperger, PersV 2010, 129.

22 Wullenkord, S. 34.

23 Kohte, Anm. 2 zu LAG Düsseldorf, Urteil v. 20. 10. 2016 – 13 Sa 356/16, jurisPR-ArbR 11/2018.

24 LAG Düsseldorf, Urteil v. 20. 10. 2016 – 13 Sa 356/16, ZTR 2017, 322; Wullenkord, S. 40.

Ein früheres Verfahren zum betrieblichen Eingliederungsmanagement oder die Ablehnung eines betrieblichen Eingliederungsmanagements wirkt nur so lange fort, bis sich in einem Zeitraum von maximal 365 Tagen erneut Fehlzeiten im in § 167 Abs. 2 Satz 1 SGB IX genannten Umfang angesammelt haben. Denn die neuen Arbeitsunfähigkeitszeiten können das Ergebnis des betrieblichen Eingliederungsmanagements ändern. Die bisherigen Ergebnisse können überholt oder entfallen sein.[25] Die Rechtsprechung[26] hat das praxisrelevante Thema der Verpflichtung zum erneuten Angebot eines betrieblichen Eingliederungsmanagements wie folgt präzisiert:

- Der Arbeitgeber muss nach einem durchgeführten betrieblichen Eingliederungsmanagement erneut ein betriebliches Eingliederungsmanagement durchführen, wenn der Arbeitnehmer nach Abschluss des ersten betrieblichen Eingliederungsmanagements innerhalb eines Jahres erneut länger als 6 Wochen ununterbrochen oder wiederholt arbeitsunfähig wird.
- Der Abschluss eines betrieblichen Eingliederungsmanagements ist dabei der »Tag Null« für einen neuen Referenzzeitraum von einem Jahr.
- Ein »Mindesthaltbarkeitsdatum« hat ein betriebliches Eingliederungsmanagement nicht. Eine Begrenzung der rechtlichen Verpflichtung auf eine nur einmalige Durchführung des betrieblichen Eingliederungsmanagements im Jahreszeitraum des § 167 Abs. 2 Satz 1 SGB IX lässt sich dem Gesetz nicht entnehmen.

dd. Abschluss eines betrieblichen Eingliederungsmanagements

Für die häufig in diesem Zusammenhang auftretende Frage, wann ein betriebliches Eingliederungsmanagement abgeschlossen ist, gilt, dass ein betriebliches Eingliederungsmanagement jedenfalls dann abgeschlossen ist, wenn sich Arbeitgeber und Arbeitnehmer einig sind, dass der Suchprozess durchgeführt ist oder nicht weiter durchgeführt werden soll. Bevor Arbeitnehmer eine Erklärung abgeben, dass sie das Verfahren des betrieblichen Eingliederungsmanagements als beendet ansehen, sollten sie diese Entscheidung sorgfältig prüfen. Denn die übereinstimmende Beendigungserklärung kann Fehler im vorangegangenen Verfahren gegenstandslos werden lassen.[27] Das Verfahren des betrieblichen Ein-

25 LAG Hamm, Urteil v. 22.3.2018 – 15 Sa 1787/17.

26 LAG Düsseldorf, Urteil v. 9.12.2020 – 12 Sa 554/20, NZA-RR 2021, 221; BAG, Urteil v. 18.11.2021 – 2 AZR 138/21, NZA-RR 2022, 222.

27 LAG Düsseldorf, Urteil v. 17.5.2022 – 14 Sa 825/21, NZA-RR 2022, 522 mit kritischer Anm. Kiesche, jurisPR-ArbR 45/2022, Anm. 4.

gliederungsmanagements ist ebenfalls als beendet ansehen, wenn der Arbeitnehmer seine Zustimmung für die weitere Durchführung nicht erteilt. Dagegen kann der Arbeitgeber den Suchprozess grundsätzlich nicht einseitig beenden. Gibt es aus seiner Sicht keine Ansätze mehr für zielführende Präventionsmaßnahmen, ist der Klärungsprozess erst dann als abgeschlossen zu betrachten, wenn auch vom Arbeitnehmer und den übrigen beteiligten Stellen keine ernsthaft weiterzuverfolgenden Ansätze für zielführende Präventionsmaßnahmen aufgezeigt wurden; Um dies abzuklären, ist ihnen seitens des Arbeitgebers hierzu Gelegenheit binnen einer ggf. zu bestimmenden Frist zu geben.[28]

ee. Anforderungen an die Betriebsgröße

Auf die Größe des Betriebs oder Unternehmens und die Anzahl der dort beschäftigten Arbeitnehmer kommt es für das Verfahren des betrieblichen Eingliederungsmanagements nicht an. § 167 Abs. 2 SGB IX gilt auch in Kleinbetrieben mit weniger als zehn Arbeitnehmern.[29]

---

28 BAG, Urteil v. 18.11.2021 – 2 AZR 138/21, NZA-RR 2022, 222.

29 LAG Schleswig-Holstein, Urteil v. 17.11.2005 – 4 Sa 328/05, Behindertenrecht 2006, 170; Gaul, ArbRB 2004, 308, 310.

3. Verfahren des betrieblichen Eingliederungsmanagements

a. Das Verfahren im Überblick[30]

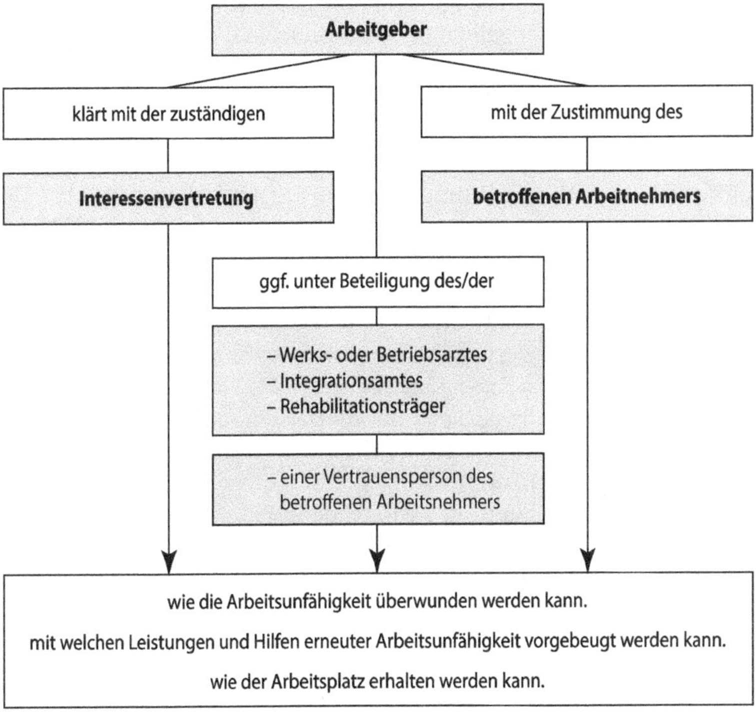

b. Das Verfahren im Einzelnen

Den Arbeitgeber trifft gem. § 167 Abs. 2 Satz 1 SGB IX die Klärungspflicht und damit auch die Verpflichtung, das betriebliche Eingliederungsmanagement einzuleiten, soweit dessen Anwendungsbereich eröffnet ist. Er ist bei Vorliegen der oben angesprochenen Voraussetzungen gehalten, den Betriebsrat – und bei betroffenen schwerbehinderten Beschäftigten auch – die Schwerbehindertenvertretung einzuschalten.
Wem gegenüber der Arbeitgeber verpflichtet ist, wird nicht ausdrücklich gesagt, es dürfte sich in erster Linie um eine öffentlich-rechtliche Ver-

30 Angelehnt an Darstellung in Stegmann u. a., »Prävention und Eingliederungsmanagement«, S. 15.

pflichtung handeln. Der Arbeitgeber wird im Rahmen der Gesundheits- und Behindertenpolitik für die Vermeidung von Arbeitsunfähigkeit, Behinderung und Arbeitsplatzverlust »in Dienst genommen«.[31] Wird das betriebliche Eingliederungsmanagement konsequent verfolgt, dürfte damit solchen Zeiten eine Absage erteilt werden, in denen Arbeitgeber nach Ablauf ihrer Entgeltfortzahlungspflicht von sechs Wochen (§ 3 EFZG) die betroffenen Arbeitnehmer bestenfalls als Namenseintrag auf einer Personalliste behandeln. Zeiträume, in denen Arbeitnehmer arbeitsunfähig sind, sollen nicht mehr durch bloßes passives Abwarten gekennzeichnet sein, sondern Phasen der Suche nach Möglichkeiten zur Beseitigung von Störungen im Arbeitsverhältnis und im Arbeitsumfeld darstellen.[32]
Da bei diesen Sachverhalten sensible Bereiche aus der Persönlichkeitssphäre der Beschäftigten betroffen sind, schreibt § 167 Abs. 2 Satz 1 SGB IX die Zustimmung und Beteiligung des betroffenen Arbeitnehmers am Verfahren zwingend vor. Dabei ist der Beschäftigte zuvor auf die Ziele des betrieblichen Eingliederungsmanagements sowie auf Art und Umfang der hierfür erhobenen Daten hinzuweisen (§ 167 Abs. 2 Satz 4 SGB IX). Abhängig von den individuellen Umständen kann zudem noch der Werks- oder Betriebsarzt hinzugezogen werden (§ 167 Abs. 2 Satz 3SGB IX).
Kommen Leistungen zur Teilhabe oder begleitende Hilfen im Arbeitsleben zur Verwirklichung der Zielsetzung in Betracht, werden vom Arbeitgeber gem. § 167 Abs. 2 Satz 5 SGB IX die Rehabilitationsträger[33] und bei schwerbehinderten Arbeitnehmern das Integrationsamt bzw. dessen ortsnaher Ansprechpartner in das Verfahren eingebunden.
Durch die Neuregelung in § 167 Abs. 2 Satz 2 SGB IX kann weiterer Beteiligter des Verfahrens eine Vertrauensperson nach Wahl des betroffenen Arbeitnehmers sein.
Gemäß der Zielsetzung des § 167 Abs. 2 SGB IX,

- Arbeitsunfähigkeit möglichst zu überwinden,
- erneuter Arbeitsunfähigkeit vorzubeugen,
- den Arbeitsplatz zu erhalten,

findet eine Klärung der Möglichkeiten unter den Beteiligten statt, die einen individuellen Hilfeplan für die Maßnahmengestaltung umfassen sollen.

31 Gagel, »Bedeutung des Eingliederungsmanagements für den Kündigungsschutz Teil I« in Diskussionsforum B, Beitrag 4/2004 des Instituts für Qualitätssicherung in Prävention und Rehabilitation (iqpr) an der Deutschen Sportschule Köln, S. 3.
32 Deinert, NZA 2010, 969, 971.
33 Bis 2018: die örtlichen gemeinsamen Servicestellen.

c. Ziele des Verfahrens

Welche Möglichkeiten dabei in Betracht kommen, lässt das Gesetz offen. Folgende Struktur kann dabei als Handlungshilfe unter Berücksichtigung der Zielsetzungen dienen:

Zielsetzung Maßnahmen	**Arbeitsunfähigkeit vorbeugen** ↓ Prävention	**Arbeitsunfähigkeit überwinden** ↓ Rehabilitation	**Arbeitsplatz erhalten** ↓ Integration
Beispiele	• Vermeidung von arbeitsbedingten Gesundheitsgefahren	• Ambulante oder stationäre Maßnahmen der medizinischen und beruflichen Rehabilitation	• Veränderung des Arbeitsplatzes und/oder der Arbeitszeit
	• Gesundheitsförderungsmaßnahmen	• Stufenweise Wiedereingliederung	• Versetzung
	• Filterung von Fehlbeanspruchungen	• Arbeits- und Belastungserprobung	• Innerbetriebliche Qualifizierung
	• Informationspolitik		

Die Zielsetzungen verdeutlichen, dass das betriebliche Eingliederungsmanagement ein neues Verständnis von Zeiten der Arbeitsunfähigkeit erfordert, was sich in folgenden drei Thesen[34] zusammenfassen lässt:

- Zeiten der Arbeitsunfähigkeit sind keine Zeiten des Stillstands, sondern Zeiten für verstärkte Aktivitäten.
- Zeiten der Arbeitsunfähigkeit sind keine Zeiten der Trennung vom Betrieb, sondern Teil des betrieblichen Arbeits- und Kooperationsprozesses.
- Zeiten der Arbeitsunfähigkeit verknüpfen das betriebliche Geschehen mit Angeboten sozialer Leistungssysteme.

Darüber hinaus ist zu berücksichtigen, dass der wachsende Mangel an fachlich qualifizierten Arbeitskräften, aber auch die Heraufsetzung des Renteneintrittsalters die Bedeutung der Elemente Prävention und

34 Gagel, NZA 2004, 1359, 1360.

Integration unterstreichen: Die Arbeits- und Erwerbsfähigkeit von Beschäftigten muss perspektivisch gefördert werden; durch geeignete Gesundheitsprävention sollen Arbeitsverhältnisse möglichst dauerhaft gesichert und Entlassungen vermieden werden.[35] Die sich aus § 167 Abs. 2 SGB IX ergebenden Verpflichtungen sind dabei nicht nur im Vorfeld krankheitsbedingter Kündigungen von Bedeutung, sondern auch – soweit die Voraussetzungen des betrieblichen Eingliederungsmanagements im Übrigen vorliegen – immer dann, wenn gesundheitliche Beeinträchtigungen eines Arbeitnehmers die Weiterbeschäftigungsmöglichkeit beeinflussen können.[36] Die Möglichkeiten eines betrieblichen Eingliederungsmanagements können demnach auch bei einer betriebsbedingten Kündigung Bedeutung erlangen. Unterbleibt das betriebliche Eingliederungsmanagement, steht dies einer Kündigung jedoch dann nicht entgegen, wenn die Kündigung – wie z. B. eine außerordentliche Kündigung aus verhaltensbedingten Gründen – auch durch das betriebliche Eingliederungsmanagement nicht hätte verhindert werden können.[37]

Die Aufgabenstruktur des betrieblichen Eingliederungsmanagements beinhaltet Information und Sensibilisierung aller unmittelbar, aber auch mittelbar Beteiligten, d. h. z. B. auch von den Teilen der Belegschaft, die im Arbeitsprozess von den Konsequenzen der Leistungsminderung ihrer längerfristig erkrankten Kollegen betroffen sind, wenn sie verstärkt herangezogen werden, um die Leistungsminderung auszugleichen. Des Weiteren sind fallbezogene Beratung und Prozessbegleitung, Vernetzung und Koordination von Leistungen und Angeboten Elemente des betrieblichen Eingliederungsmanagements. Eine sinnvolle Umsetzung bedeutet, über den »betrieblichen Tellerrand« hinaus zu sehen und dabei betriebliche und außerbetriebliche vorbeugende Strukturen, Angebote und Möglichkeiten aufeinander abzustimmen und zu nutzen. Welche außerbetrieblichen Angebote es dabei gibt, bedarf im Einzelfall der Abstimmung vor Ort. Zuständige Ansprechpartner sind dabei die Rehabilitationsträger und Integrationsämter. Mit dem Sozialgesetzbuch IX in der Fassung des Bundesteilhabegesetzes sind die gesetzlichen Regelungen zu den gemeinsamen Servicestellen ersatzlos entfallen. Die Bundesarbeits-

35 BT-Drucks. 15/1783, S. 16; Kohte, DB 2008, 582; Gundermann/Oberberg, AuR 2007, 19.

36 LAG Berlin-Brandenburg, Urteil v. 4. 1. 2010 – 10 Sa 2071/09, ASR 2011, 16.

37 LAG Hamm, Urteil v. 19. 4. 2012 – 15 Sa 248/12.

gemeinschaft für Rehabilitation hat eine Liste von Ansprechstellen zur Veröffentlichung bereitgestellt.[38]

4. Rechte und Pflichten der Beteiligten

a. Rechte und Pflichten des Arbeitgebers

aa. Durchführungspflicht des betrieblichen Eingliederungsmanagements

Wie bereits unter I. 3. gezeigt, obliegt die Einleitung des betrieblichen Eingliederungsmanagements dem Arbeitgeber. Er ist bei Vorliegen der sachlichen Voraussetzungen verpflichtet, auf den betroffenen Beschäftigten unter Einbindung der Interessen- und ggf. Schwerbehindertenvertretung zuzugehen. Wird das betriebliche Eingliederungsmanagement durch Betriebs- oder Inklusionsvereinbarung geregelt, wird es sich aus vertrauensbildenden Maßnahmen empfehlen, für einleitende Gespräche einen Ansprechpartner für den Betroffenen zu benennen, der kein Vorgesetzter ist.

Die Aktivität des Arbeitgebers entspricht der Idealvorstellung des Gesetzgebers. Die Realität wird oftmals anders aussehen. Unmittelbare Konsequenzen brauchen reformresistente Arbeitgeber, die kein betriebliches Eingliederungsmanagement einleiten, indes nicht zu fürchten: Ein Verstoß des Arbeitgebers gegen die Vorschrift des § 167 Abs. 2 SGB IX stellt keine Ordnungswidrigkeit gem. § 238 SGB IX dar.[39]

Der Gesetzgeber hat sich vielmehr für eine Art Anreizsystem entschieden. Nach § 167 Abs. 3 SGB IX können die Rehabilitationsträger und die Integrationsämter Arbeitgeber, die ein betriebliches Eingliederungsmanagement einführen, durch Prämien oder einen Bonus fördern. Die Gewährung von Prämien gem. § 185 Abs. 3 Satz 1 Nr. 2d SGB IX i. V. m. § 26c Schwerbehinderten-Ausgleichsabgabeverordnung kann im Fall der Einführung eines betrieblichen Eingliederungsmanagements erfolgen. Ziel ist dabei, den Arbeitgeber wegen der mit der Einführung verbundenen Kosten zu entlasten.[40] Nach der Prognose der Bundesarbeitsgemein-

---

38 *https://www.bar-frankfurt.de/themen/arbeitsleben/betriebliches-eingliederungsmanagement/wo/ansprechstellen-fuer-rehabilitation-und-teilhabe-12sgbix.html*

39 Feldes, Soziale Sicherheit 2004, S. 270, 278; Oppolzer, AiB 2007, 37.

40 Gagel, »Eingliederungsmanagement auf Basis der Novelle zum SGB IX und der gemeinsamen Empfehlungen nach § 13 Abs. 2 Nr. 8 und 9 SGB IX« in Diskus-

schaft der Integrationsämter und Hauptfürsorgestellen wird voraussichtlich aber nur solchen Arbeitgebern eine Prämie gem. § 167 Abs. 3 SGB IX gewährt, deren Eingliederungsmanagement Regelungen zu folgenden Phasen enthält:

- Ein System zur Erkennung von Problemen (Frühwarnsystem).
- Instrumente zur Erfassung und Spezifizierung von typischen betriebsbedingten Belastungsfaktoren.
- Einrichtung einer Schaltstelle im Unternehmen für die Entwicklung und Umsetzung von individuellen und generellen Maßnahmen.
- Vornahme einer Dokumentation und Evaluierung, d.h. Auswertung des Systems des betrieblichen Eingliederungsmanagements.[41]

Mit einem Bonus wird auf eine Beitragsentlastung abgezielt, z.B. durch Zuschüsse oder Beitragssenkung.[42] Ein Rechtsanspruch auf die Förderung durch Prämien- oder Bonussysteme besteht allerdings nicht.[43] Überwiegend wird vielmehr die Auffassung vertreten, dass Prämien und Boni nur dann in Betracht kommen, wenn der Arbeitgeber über die gesetzlich vorgesehenen Verpflichtungen hinausgeht.[44] Ausweislich der Studie zur Umsetzung des betrieblichen Eingliederungsmanagements wird in der Praxis das Vergabesystem für einen Bonus bislang als kompliziert angesehen. Von 438 befragten Betrieben haben nur 11 % einen Bonus beantragt. Einer der Verbesserungsvorschläge lautet dahingehend, dass Prämien zukünftig an die Ergebnisse eines betrieblichen Eingliederungsmanagements geknüpft werden und nicht nur an die Einrichtung eines betrieblichen Eingliederungsmanagements.[45]

Arbeitgeber, die den Regelungsgehalt des § 167 Abs. 2 SGB IX ignorieren, werden jedoch mittelbar, d.h. in anderem Zusammenhang, Konsequenzen entgegensehen. Schon nach der Rechtsprechung[46] der

---

sionsforum B, Beitrag 2/2004 des Instituts für Qualitätssicherung in Prävention und Rehabilitation (iqpr) an der Deutschen Sportschule Köln, S. 11.

41 Arbeitsgemeinschaft der Hauptschwerbehindertenvertretungen und Schwerbehindertenvertretungen der obersten Landesbehörden Nordrhein-Westfalen, Prävention nach § 84 SGB IX, Aufgabe für Personalrat und Schwerbehindertenvertretung, S. 6f.

42 Gagel, »Eingliederungsmanagement auf Basis der Novelle zum SGB IX und der gemeinsamen Empfehlungen nach § 13 Abs. 2 Nr. 8 und 9 SGB IX« in Diskussionsforum B, Beitrag 2/2004 des Instituts für Qualitätssicherung in Prävention und Rehabilitation (iqpr) an der Deutschen Sportschule Köln, S. 11.

43 Hauck/Noftz-*Gutzler*, § 167 SGB IX, Rn. 77.

44 Feldes/Kohte/Stevens-Bartol-*Feldes*, § 167 SGB IX, Rn. 86; Deinert, NZA 2010, 969, 971.

45 Niehaus/Magin/Marfels/Vater/Werkstetter, S. 55.

46 OVG Mecklenburg-Vorpommern, Beschluss v. 9.10.2003 – 2 M 105/03, n.v.

Verwaltungsgerichte zum § 84 SGB IX a. F. wurde hervorgehoben, dass ein Verstoß gegen das Präventionsgebot dieser Vorschrift zur formalen Rechtswidrigkeit einer Personalmaßnahme führen kann. Dies betrifft nicht nur die Frage der Wirksamkeit einer Kündigung aus krankheitsbedingten Gründen, auf die noch gesondert in Kapitel I. 8. eingegangen wird. Bereits eine ungünstige dienstliche Beurteilung, die auf personenbedingte, vor allem gesundheitliche Schwierigkeiten zurückzuführen sein kann, ist ohne Berücksichtigung des Verfahrens nach § 167 Abs. 2 SGB IX unwirksam.[47]

Jenseits der per Gesetz auferlegten Verpflichtung des Arbeitgebers, die Initiative zur Durchführung des betrieblichen Eingliederungsmanagements zu ergreifen, gibt es keine konkreten gesetzlichen Vorgaben zum weiteren Ablauf. Nach der Rechtsprechung des BAG[48] handelt es sich um ein nicht formalisiertes Verfahren, für dessen Durchführung folgende Eckpunkte gelten:

- Der Arbeitgeber hat bei der Durchführung des betrieblichen Eingliederungsmanagements die in § 167 Abs. 2, Satz 1–5 SGB IX zu beteiligenden Stellen, Ämter und Personen einzubeziehen.
- Die von den Teilnehmern während des Verfahrens eingebrachten Vorschläge müssen sachlich erörtert werden.
- Im Verfahren selbst darf keine in Betracht kommende Anpassungs- oder Änderungsmöglichkeit ausgeschlossen werden.

In der konkreten Umsetzung heißt das: Der Arbeitgeber ist nicht verpflichtet, bestimmte Vorschläge im Rahmen des betrieblichen Eingliederungsmanagements zu unterbreiten.[49] Er muss aber einen Vorschlag, auf den sich die Teilnehmer eines betrieblichen Eingliederungsmanagements verständigt oder den sie empfohlen haben, umsetzen, bevor er eine krankheitsbedingte Kündigung ausspricht.[50]

bb. Datenschutz

Die datenschutzrechtlichen Anforderungen des betrieblichen Eingliederungsmanagements ergeben sich aus einem Zusammenspiel der Rechtsgrundlagen EU-DSGVO und des Bundesdatenschutzgesetzes in der am

47 OVG Mecklenburg-Vorpommern, Beschluss v. 9. 10. 2003 – 2 M 105/03, n. v.

48 BAG, Urteil v. 10. 12. 2009 – 2 AZR 400/08, NZA 2010, 398, 399.

49 BAG, Urteil v. 10. 12. 2009 – 2 AZR 198/09, NZA 2010, 639, 641; entgegen Urteil des LAG Düsseldorf v. 30. 1. 2009 – 9 Sa 699/08, LAGE § 1 KSchG Krankheit Nr. 44.

50 BAG, Urteile v. 10. 12. 2009 – 2 AZR 400/08, NZA 2010, 398, 399; 2 AZR 198/09, NZA 2010, 639, 641; LAG Schleswig-Holstein, Urteil v. 11. 4. 2018 – 6 Sa 361/17; Schiefer/Borchard, DB 2010, 1884, 1887.

25.5.2018 in Kraft getretenen Fassung – nachfolgend BDSG-neu. Sie sind sowohl für den individuell betroffenen Beschäftigten als auch unter kollektivrechtlichen Belangen zu berücksichtigen. Die seit dem 25.5.2018 geltende »Europäische Verordnung zum Schutz natürlicher Personen bei der Verarbeitung personenbezogener Daten, zum freien Datenverkehr und zur Aufhebung der Richtlinie 95/46/EG (Datenschutz-Grundverordnung)« – EU-DSGVO – beinhaltet die europaweit geltenden grundlegenden datenschutzrechtlichen Anforderungen und Voraussetzungen und bildet damit die Basis des europäischen Datenschutzrechts. Die EU-DSGVO enthält ca. 70 Öffnungsklauseln. Dabei handelt es sich um Regelungen, die dazu führen, dass bestimmte Datenschutzthemen auf nationaler Ebene geregelt werden können bzw. müssen. Der deutsche Gesetzgeber hat von diesen Öffnungsklauseln im BDSG-neu Gebrauch gemacht.

§ 167 Abs. 2 SGB IX enthält als Erfordernis, dass der betroffene Beschäftigte dem Verfahren zum betrieblichen Eingliederungsmanagement zustimmt. Schon nach früherem Datenschutzrecht bestand weitgehend Einigkeit, dass diese Zustimmung allein keine ausreichende Rechtsgrundlage für die Erhebung, Speicherung und Verarbeitung personenbezogener sensibler Daten darstellt. Es bedarf vielmehr neben der Zustimmung des Beschäftigten gemäß § 167 Abs. 2 SGB IX noch einer weiteren ausdrücklichen Einwilligung, deren Anforderungen sich nach den Art. 6, 7 und 9 EU-DSGVO richten. Im Rahmen des betrieblichen Eingliederungsmanagements sind Gesundheitsdaten im Sinne des Art. 9 Abs. 1 EU-DSGVO betroffen. Deren Erhebung, Speicherung oder Verarbeitung ist nur zulässig, wenn eine Einwilligung des Beschäftigten vorliegt. Der Arbeitgeber muss den betroffenen Beschäftigten darauf hinweisen, dass die Einwilligung jederzeit widerrufbar ist. Außerdem muss er über den Zweck der Datenverarbeitung aufklären.

Soweit Hinweise zum Datenschutz allein auf die Rechtsgrundlage des § 26 BDSG-neu Bezug nehmen, laufen sie nach dem Urteil des Europäische Gerichtshofes vom 30.3.2023[51] Gefahr, dass diese nationale Vorschrift einer rechtlichen Überprüfung nicht Stand hält. Grundsätzlich ist der Bereich des Schutzes personenbezogener Daten durch die EU-DSGVO abschließend und mit dem Ziel einer europäischen Harmonisierung geregelt. Die nationalen Gesetzgeber sind nur noch in Ausnahmefällen berechtigt, eigenständige Regelungen zum Datenschutz zu erlassen. Dies

51 EuGH, Urteil v. 30.3.2023 – Rs. C-34/21, AiB 7-8/2023, 46.

ist ausschließlich im Rahmen von Öffnungsklauseln zulässig. Für den Beschäftigtendatenschutz ist dies Art. 88 EU-DSGVO. Öffnungsklauseln in der EU-DSGVO ermöglichen den Mitgliedstaaten, strengere oder einschränkende nationale Vorschriften zum Beschäftigtendatenschutz vorzusehen. Diese Vorschriften dürfen sich aber (ebenso wie Kollektivvereinbarungen) nicht darauf beschränken, Vorschriften der EU-DSGVO zu wiederholen.[52] Nach der Entscheidung des EuGH vom 30.3.2023 bestehen erhebliche Zweifel daran, dass § 26 BDSG-neu insgesamt den Anforderungen aus Art. 88 Abs. 2 EU-DSGVO entspricht. Unter Anwendung der im EuGH-Urteil dargelegten Grundsätze lässt sich festhalten, dass verlässlich nur § 26 Abs. 2 BDSG-neu (Vorgaben für Einwilligungen im Beschäftigungskontext) konkrete Vorgaben für Einwilligungserklärungen im Beschäftigungskontext macht, die die besondere Schutzbedürftigkeit von Beschäftigten in den Fokus nehmen und das Machtungleichgewicht zwischen Arbeitgeber und Arbeitnehmer berücksichtigen. Die übrigen Vorschriften – insbesondere § 26 Abs. 1 Satz 1 BDSG-neu – genügen vielfach nicht den Anforderungen aus dem EuGH-Urteil. Verantwortliche – im konkreten Fall Arbeitgeber – sollten sich daher für jede Datenverarbeitung auf einen der Rechtmäßigkeitstatbestände in Art. 6 Abs. 1 EU-DSGVO und für den Fall der Verarbeitung von Gesundheitsdaten auf Art. 9 Abs. 2 EU-DSGVO stützen.

Der Arbeitgeber muss auch darauf hinweisen, dass es sich um (Gesundheits-)Daten handelt, die dem besonderen Schutz des Art. 9 EU-DSGVO unterliegen. Es muss mitgeteilt werden, welche Krankheitsdaten erhoben und gespeichert werden und inwieweit und für welche Zwecke sie dem Arbeitgeber zugänglich gemacht werden.[53]
Wurde der Hinweis nach § 167 Abs. 2 Satz 4 SGB IX nicht oder nicht vollständig erteilt, ist die Einwilligung des Betroffenen unwirksam.[54] Die Einwilligung kann der Betroffene jederzeit widerrufen. Die bis zum Widerruf erhobenen Daten bzw. Unterlagen sind in diesem Fall zu löschen und zu vernichten.[55] Für den Fall des Widerrufs muss sich der Arbeitnehmer allerdings so behandeln lassen, als sei das betriebliche Eingliederungsmanagement von vornherein an seiner fehlenden Einwilligung gescheitert.[56] Davon zu unterscheiden ist die Fallgestaltung, dass

52 Wedde, CuA 5/2023, 31.
53 LAG Hamburg, Urteil v. 8.6.2017 – 7 Sa 20/17.
54 Deinert, NZA 2010, 969, 973.
55 Beseler, S. 54.
56 Gundermann/Oberberg, AuR 2007, 19, 23.

betroffene Arbeitnehmer mit der Durchführung eines betrieblichen Eingliederungsmanagements einverstanden sind, aber nicht mit dem Inhalt einer vom Arbeitgeber vorgefertigten datenschutzrechtlichen Einwilligungserklärung. In diesen Fällen kann sich der Arbeitgeber nicht darauf berufen, er könne ohne die Einwilligungserklärung das betriebliche Eingliederungsmanagement nicht beginnen. Es ist ihm möglich und zumutbar, das Verfahren zu starten und in einem Erstgespräch die möglichen Verfahrensabläufe zu besprechen und zu versuchen, mögliche Vorbehalte auszuräumen.[57]

Im Vorfeld eines betrieblichen Eingliederungsmanagements ist eine Erfassung der Arbeitsunfähigkeitsdaten erforderlich. Dazu kann in eingeschränktem Umfang auf einen sogenannten Erlaubnistatbestand zurückgegriffen werden, der – auch ohne vorherige Zustimmung des Betroffenen – die Datenerfassung aufgrund gesetzlicher Bestimmung rechtfertigt. Hier ist nach den oben dargestellten Schlussfolgerungen aus dem Urteil des EuGH vom 30. 3. 2023 nicht mehr § 26 Abs. 1 Satz 1 BDSG-neu einschlägig,[58] sondern der direkte Rückgriff auf die Erlaubnistatbestände der Art. 6 Abs. 1 Satz 1 lit. b) und c), Art. 9 Abs. 2 lit. b) EU-DSGVO. Danach dürfen personenbezogene Daten für Zwecke des Beschäftigungsverhältnisses erhoben, verarbeitet oder genutzt werden, wenn dies u. a. für die Erfüllung eines Vertrages oder zur Erfüllung einer sich aus einem Gesetz ergebenden Verpflichtung erforderlich ist. Nach überwiegender Auffassung haben Arbeitgeber ein berechtigtes Interesse festzustellen und per Datenerhebung zu erfassen, inwiefern Krankheits- und Fehlzeiten das Arbeitsverhältnis beeinflussen.[59] Andernfalls könnte der Arbeitgeber auch nicht feststellen, wann er seiner Verpflichtung zum Angebot eines betrieblichen Eingliederungsmanagements nachkommen muss. Unabhängig von § 167 Abs. 2 SGB IX bedarf eine solche Datenerfassung als elektronische Auswertung krankheitsbedingter Ausfallzeiten allerdings der Mitbestimmung des Betriebsrats im Rahmen des § 87 Abs. 1 Nr. 6 BetrVG.[60]

Der Betriebsrat hat darüber hinaus einen Auskunftsanspruch gegenüber dem Arbeitgeber, welche Mitarbeiter länger als sechs Wochen arbeitsunfähig erkrankt sind.[61] Andernfalls würde sein durch § 167 Abs. 2 Satz 8

---

57 BAG, Urteil v. 15. 12. 2022 – 2 AZR 162/22, NJW 2023, 1233.

58 So noch zur früheren Rechtslage: Beseler, S. 45; Deinert, NZA 2010, 969, 972.

59 ErfK-*Franzen*, § 26 BDSG, Rn. 28.

60 BAG, Urteil v. 11. 3. 1986 – 1 ABR 12/84, in AP Nr. 14 zu § 87 BetrVG Überwachung; Müller, AuR 2009, 29, 30.

61 BAG, Beschluss v. 7. 2. 2012 – 1 ABR 46/10, AiB 2012, 605; LAG München, Beschluss v. 24. 11. 2010 – 11 TaBV 48/10, n. v.; Deinert, NZA 2010, 969, 973.

SGB IX untermauertes Überwachungsmandat leerlaufen. Dieses Informationsrecht setzt nicht erst nach einer Zustimmung des betroffenen Arbeitnehmers zum betrieblichen Eingliederungsmanagement ein. Wurde der Betriebsrat im Einzelfall nicht darüber informiert, dass Arbeitsunfähigkeit von mehr als sechs Wochen binnen zwölf Monaten bestand, liegt bereits kein ordnungsgemäß durchgeführtes betriebliches Eingliederungsmanagement vor.[62]

Soweit der Arbeitgeber Daten erheben will, die über Informationen wie Krankheitsdauer- und -ursache (Ersterkrankung, Folgeerkrankung) hinausgehen, ist dies durch die Erlaubnistatbestände der Art. 6 Abs. 1 Satz 1 lit. b) und c), Art. 9 Abs. 2 lit. b) EU-DSGVO nicht mehr gedeckt.

Bei der weiteren Verwendung der gewonnenen Daten ist zu berücksichtigen, dass die Einwilligung des Betroffenen sich nur auf die Nutzung der Daten im Rahmen des betrieblichen Eingliederungsmanagements erstreckt. Gesundheitsinformationen, die im Rahmen des betrieblichen Eingliederungsmanagements bekannt werden, dürfen nur für die Vorsorge und zum Arbeitsplatzerhalt genutzt werden.[63] Setzt der Arbeitgeber die aus den Daten gewonnenen Erkenntnisse im Rahmen einer krankheitsbedingten Kündigung ein, um die Kündigung zu begründen, führt dies zu einer Zweckänderung, die nur unter den Voraussetzungen des § 24 BDSG-neu zulässig wäre, die aber regelmäßig nicht vorliegen dürften.[64]

Ein besonderes Augenmerk muss auch auf die Aufbewahrung der gewonnenen Daten gerichtet werden. Nach einer Studie zur Umsetzung des betrieblichen Eingliederungsmanagements haben von 484 befragten Stellen 132 angegeben, dass diese Frage noch ungeklärt ist. Bei 125 erfolgt die Aufbewahrung in der Personalakte, lediglich 108 gaben an, eine spezielle Akte zum betrieblichen Eingliederungsmanagement zu führen.[65] Tatsächlich erfordert die strikte Zweckbindung der im Rahmen des betrieblichen Eingliederungsmanagements erhobenen Daten aber, dass diese Daten nicht mit sonstigen Daten in der Personalakte zusammen geführt werden

---

62 Schian, »Betriebliches Eingliederungsmanagement nur bei Beteiligung des Betriebsrats ordnungsgemäß« in Diskussionsforum B, Beitrag 14/2008 des Instituts für Qualitätssicherung in Prävention und Rehabilitation (iqpr) an der Deutschen Sportschule Köln, S. 2; ArbG Marburg, Urteil v. 11.4.2008 – 2 Ca 466/07, Streit, 2008, S. 86.

63 Wedde, AiB 2012, 509, 511.

64 Gundermann/Oberberg, AuR 2007, 19, 23; Deinert, NZA 2010, 969, 973; Oberthür, ArbRB 2018, 301, 303 zur Rechtslage auf Basis des § 24 BDSG n.F.; Beseler, S. 52ff.

65 Niehaus/Magin/Marfels/Vater/Werkstetter, S. 51.

dürfen. In die Personalakte dürfen nur folgende Eckdaten aufgenommen werden:

- Angebot zur Durchführung eines betrieblichen Eingliederungsmanagements
- Einverständnis/Nichteinverständnis des betroffenen Beschäftigten

Zum Teil wird auch vertreten, dass die angebotenen und vorgenommenen konkreten Maßnahmen in der Personalakte genannt werden dürfen – allerdings dürfe die Darstellung der Maßnahmen keine Rückschlüsse auf die konkrete Erkrankung zulassen.[66] Um dieser Anforderung gerecht zu werden, würde es einer hohen Sensibilität bei den entsprechenden Formulierungen bedürfen, die in der betrieblichen Praxis oftmals nicht geleistet werden kann. Um Missbrauch und Missverständnissen vorzubeugen, sollte daher auf die Benennung von Maßnahmen in der Personalakte verzichtet werden. Sie sollten stattdessen ebenso wie Protokolle der BEM-Gespräche, Stellungnahmen der Rehabilitationsträger etc. separat in einer anderen – ausschließlich für das individuelle BEM-Verfahren geführten – Akte aufbewahrt und nur einem näher definierten, eingeschränkten Personenkreis zugänglich sein.[67] In der Umsetzung des betrieblichen Eingliederungsmanagements hat sich dafür der Begriff der BEM-Akte etabliert. Idealerweise ist sie nur den mit der Begleitung des Fallmanagements beauftragten und zur besonderen Verschwiegenheit verpflichteten Personen zugänglich, kann aber auch beim Betriebsrat aufbewahrt werden. Auch dort sollte aber gewährleistet sein, dass nicht alle Mitglieder des Betriebsrats darauf Zugriff haben, sondern nur die mit dem konkreten Fallmanagement befassten Personen.

Ist das betriebliche Eingliederungsmanagement im konkreten Fall abgeschlossen, sollte die Akte nach einem näher zu definierenden Zeitraum vernichtet werden. Gesundheitsdaten, BEM-Daten und Leistungsdaten dürfen in der Regel höchstens bis zum Ablauf des dritten Jahres nach Beendigung des BEM-Verfahrens gespeichert werden. Enthält der Arbeitsvertrag oder ein einschlägiger Tarifvertrag Ausschluss- oder Verfallklauseln, ist diese Frist ggfs. kürzer zu bemessen, da es nicht erforderlich ist, zu verjährten bzw. von der Geltendmachung ausgeschlossenen Ansprüchen noch Daten zu speichern.[68] Denn nach den Vorschriften des Bundesdatenschutzgesetzes (BDSG-neu) sind personenbezogene Daten zu löschen, sobald sie für die Erfüllung des Zwecks

66 Schiefer, RdA 2016, 196.
67 Gundermann/Oberberg, AuR 2007, 19, 24; Deinert, NZA 2010, 969, 973; Kiesche, AiB 2008, 380, 382.
68 Wall/Johannsen, CuA 12/2023, 8.

nicht mehr erforderlich sind. Um die Möglichkeit der Überprüfung der Wirksamkeit etwaiger Maßnahmen im Rahmen des betrieblichen Eingliederungsmanagements zu gewährleisten, sollte diese Frist aber auch nicht zu knapp bemessen werden. Eine papierhafte Akte kann nach Abschluss des BEM-Verfahrens auch an den betroffenen Beschäftigten herausgegeben werden.

Unter dem Geltungsbereich der EU-DSGVO ist für den Umgang mit Gesundheitsdaten über Art. 9 EU-DSGVO eine erhöhte Sensibilität erforderlich. Denn Art. 9 Abs. 3 EU-DSGVO bestimmt, dass Gesundheitsdaten nur von Fachpersonal oder unter dessen Verantwortung verarbeitet werden dürfen und dieses Fachpersonal nach dem Unionsrecht oder dem Recht eines Mitgliedstaats oder den Vorschriften nationaler zuständiger Stellen dem Berufsgeheimnis unterliegt, oder wenn die Verarbeitung durch eine andere Person erfolgt, die ebenfalls nach dem Unionsrecht oder dem Recht eines Mitgliedstaats oder den Vorschriften nationaler zuständiger Stellen einer Geheimhaltungspflicht unterliegt. Vor diesem Hintergrund wird empfohlen, Unterlagen mit medizinischen Aussagen, Daten und Gutachten nicht in einer BEM-Akte – und erst recht nicht in der Personalakte – aufzubewahren, zu der andere Personen als die in Art. 9 Abs. 3 EU-DSGVO genannten, Zugang haben könnten, sondern durch den Betriebsarzt verwalten zu lassen.[69]

cc. Ordnungsgemäßes Angebot eines betrieblichen Eingliederungsmanagements

Die Weichenstellung für ein ordnungsgemäßes betriebliches Eingliederungsmanagement beginnt mit der sorgfältigen Ausgestaltung des Angebots und sollte nicht unterschätzt werden. Adressat dieser Aufgabe ist der Arbeitgeber. Fehlerhafte Einladungsschreiben gehen bei einer etwaigen späteren Auseinandersetzung über die Frage der Rechtmäßigkeit einer krankheitsbedingten Kündigung zu Lasten des Arbeitgebers. Eine genaue gesetzliche Vorgabe zur Ausgestaltung des Angebots existiert zwar nicht. In der Rechtsprechung sind zwischenzeitlich dazu folgende Anforderungen entwickelt worden:

Der Arbeitgeber muss den Beschäftigten auf die Ziele des betrieblichen Eingliederungsmanagements sowie die Art und den Umfang der erhobenen und verwendeten Daten hinweisen. Der Hinweis erfordert eine Darstellung der Ziele, die inhaltlich über eine bloße Bezugnahme auf die Vorschrift des § 167 Abs. 2 Satz 1 SGB IX oder dessen wörtliche Wiedergabe hinausgeht. Zu diesen Zielen zählt die Klärung, wie die Arbeitsunfä-

69 Dau/Düwell/Joussen/Luik-*Düwell*, § 164 SGB IX, Rn. 109; Beseler, S. 58.

higkeit möglichst überwunden, erneuter Arbeitsunfähigkeit vorgebeugt und wie das Arbeitsverhältnis erhalten werden kann. Dem Beschäftigten muss verdeutlicht werden, dass es um die Grundlagen seiner Weiterbeschäftigung geht und dazu ein ergebnisoffenes Verfahren durchgeführt werden soll, in das auch er Vorschläge einbringen kann. Der Hinweis auf eine Betriebsvereinbarung zum betrieblichen Eingliederungsmanagement, die ihrerseits Regelungen zu den Zielen des betrieblichen Eingliederungsmanagements und dem Datenschutz enthält, ersetzt die konkrete Information des Arbeitnehmers nicht.[70]

Daneben ist ein Hinweis zur Datenerhebung und Datenverwendung erforderlich, der klarstellt, dass nur solche Daten erhoben werden, deren Kenntnis erforderlich ist, um ein zielführendes, der Gesundung und Gesunderhaltung des Betroffenen dienendes betriebliches Eingliederungsmanagement durchführen zu können. Dem Arbeitnehmer muss mitgeteilt werden, welche Krankheitsdaten als sensible Daten erhoben und gespeichert und inwieweit und für welche Zwecke sie dem Arbeitgeber zugänglich gemacht werden.[71] Nach der bis zum 25.5.2018 geltenden Rechtslage wurde dies aus § 3 Abs. 9 BDSG a. F. abgeleitet. Die Zuordnung von Gesundheitsdaten zu den besonders geschützten personenbezogenen Daten findet sich jetzt in Art. 9 Abs. 1 EU-DSGVO. Außerdem muss dem Beschäftigten mitgeteilt werden, dass die Teilnahme an dem Verfahren freiwillig ist, und zwar zu jedem Zeitpunkt.[72] Datenschutzrechtlich angreifbar ist auch eine zu weit gefasste Erklärung, wem der Zugang zu den im Rahmen des betrieblichen Eingliederungsmanagements erhobenen Daten, insbesondere den Gesundheitsdaten, gewährt werden kann. In der Praxis kommt es immer wieder vor, dass Arbeitgeber dazu neigen, in den weiteren Verlauf des Verfahrens zum betrieblichen Eingliederungsmanagement verschiedene Personen (Vorgesetzte, Standortleitungen etc.) mit einbeziehen zu wollen, die ihrer Auffassung nach über die Inhalte und Ergebnisse des betrieblichen Eingliederungsmanagements informiert werden müssten, aber am eigentlichen Verfahren zum betrieblichen Eingliederungsmanagement nicht beteiligt sind. Für eine »Bekanntmachung« jedenfalls aller offenbarter Gesundheitsdaten (insbesondere Diagnosen) gegenüber nicht unmittelbar am Verfahren des betrieblichen Eingliederungsmanagements Beteiligter besteht kein nachvollziehbarer Grund. Es reicht aus, wenn der Arbeitgeber weiß, auf welche Einschrän-

---

70 LAG Hamburg, Urteil v. 8.6.2017 – 7 Sa 20/17.

71 BAG, Urteil v. 20.11.2014 – 2 AZR 755/13, NZA 2015, 612; LAG Schleswig-Holstein, Urteil v. 22.9.2015 – 1 Sa 48a/15, AiB 2016, 58.

72 Vossen, DB 2016, 1814, 1816.

kungen er bei einer etwa gebotenen Umgestaltung von Arbeitsplätzen zu achten hat. Einer Kenntnis, auf welcher Diagnose diese Einschränkung beruht, bedarf er nicht. Beschäftigten muss in solchen Fällen in besonderem Maße deutlich gemacht werden, dass dieser Teil der Einwilligung nur freiwillig ist, weil sie für die Zwecke der Durchführung des BEM nicht erforderlich ist (vergleiche Art. 7 Abs. 4 EU-DSGVO). Folge solcher zu weitgehender Einwilligungserklärung ist, dass die Voraussetzungen über eine ordnungsgemäße Unterrichtung über die Datenverwendung nicht erfüllt ist.[73]

Das Einladungsschreiben zum betrieblichen Eingliederungsmanagement ist des Weiteren nicht korrekt, wenn der Hinweis fehlt, dass der Arbeitnehmer darüber bestimmen kann, ob zu dem BEM-Verfahren der Betriebsrat bzw. ein Betriebsratsmitglied hinzugezogen werden soll.[74]

Eine ordnungsgemäße Einladung erfordert außerdem, dass der Arbeitgeber den Beschäftigten über die Möglichkeit informieren muss, eine Vertrauensperson hinzuziehen. Fehlt dieser Hinweis, wird man nicht von einer ordnungsgemäßen Einleitung des Verfahrens zum betrieblichen Eingliederungsmanagement ausgehen können.[75]

Vielfach nehmen Arbeitgeber in Einladungsschreiben Formulierungen auf, die sinngemäß zum Inhalt haben, dass die Ablehnung des betrieblichen Eingliederungsmanagements die krankheitsbedingte Kündigung zur Folge haben könnte. Dies ist nicht nur falsch, es kann auch dazu führen, dass das Element der Freiwilligkeit damit ausgehebelt wird. Die Ablehnung eines betrieblichen Eingliederungsmanagements ist kündigungsneutral.[76] Das betriebliche Eingliederungsmanagement darf nicht als Disziplinierungsmittel eingesetzt werden.

b. Rechte und Pflichten des Beschäftigten

aa. Zustimmung des Beschäftigten

Die Rechte der betroffenen Beschäftigten müssen vor dem Hintergrund betrachtet werden, dass das SGB IX – und damit auch § 167 Abs. 2 SGB IX in seinem erweiterten Anwendungsbereich über den Personenkreis der

---

73 LAG Baden-Württemberg, Urteil v. 28.7.2021 – 4 Sa 68/20, Gute Arbeit 2022, Nr. 3, 40; LAG Baden-Württemberg, Urteil v. 20.10.2021 – 4 Sa 70/20 (Revision anhängig).

74 ArbG Braunschweig, Urteil v. 29.11.2022 – 2 Ca 173/22, Behinderung und Recht 2023, 87 mit zustimmender Anm. Kiesche, jurisPR-ArbR 42/2023, Anm. 6.

75 Britschgi, AiB 9/2022, 30.

76 BAG, Urteil v. 24.3.2011 – 2 AZR 170/10, NZA 2011, 993; LAG Hamm, Urteil v. 20.8.2015 – 11 Sa 553/15.

Schwerbehinderten und ihnen Gleichgestellter hinaus – vom Prinzip der Selbstbestimmung behinderter Menschen ausgeht. Die Durchführung der Rehabilitations- und Präventionsmaßnahmen ist daher von der Zustimmung, d.h. vom Willen des Betroffenen und von seiner Beteiligung abhängig. Die einmal im Vorfeld erteilte Zustimmung kann und darf ihn nicht unabänderlich binden, denn der betroffene Arbeitnehmer hat in jeder Phase das Bestimmungsrecht über Art und Umfang von ihn betreffenden Eingliederungsmaßnahmen.[77] Verweigert der Arbeitnehmer die Zustimmung oder äußert er sich überhaupt nicht, kann ein betriebliches Eingliederungsmanagement nicht durchgeführt werden.[78] Soweit vereinzelt[79] mit dem Hinweis auf arbeitsrechtliche Treuepflicht oder »arbeitsvertraglicher Rücksichtnahme« eine Mitwirkungspflicht des Arbeitnehmers am betrieblichen Eingliederungsmanagement verlangt wird, übersieht diese in der Fachliteratur vertretene Mindermeinung, dass das Recht auf informationelle Selbstbestimmung nicht durch unscharf konstruierte Nebenpflichten im Arbeitsverhältnis pauschal und entgegen dem Wortlaut des § 167 Abs. 2 SGB IX außer Kraft gesetzt werden kann.[80]
In der Praxis wird das Kriterium der Freiwilligkeit zur Teilnahme am betrieblichen Eingliederungsmanagement noch nicht in einem ausreichenden Maße umgesetzt. Nach einer im Jahr 2008 durchgeführten Studie zur Umsetzung des betrieblichen Eingliederungsmanagements haben von 452 befragten Betrieben nur 79 % auf die Freiwilligkeit hingewiesen.[81]
Das Erfordernis der Zustimmung des betroffenen Beschäftigten beinhaltet, dass zunächst Voraussetzungen geschaffen werden, die das Vertrauen und die Bereitschaft des leistungsgeminderten Arbeitnehmers in Eingliederungsmaßnahmen stärken. Es darf nicht unterschätzt werden, dass die Betroffenen bereits durch die Tatsache eines geschwächten Gesundheitszustands beeinträchtigt sind. Hinzu tritt bei längerer oder häufig auftretender Arbeitsunfähigkeit sodann noch die Sorge um den Bestand des Arbeitsverhältnisses. Daher ist ein behutsames Herangehen erforderlich, das zunächst einmal nur als Angebot gestaltet wird und das weitere Aufklärungsarbeit über die Rechtsposition des erkrankten Arbeitnehmers

---

77 Gagel, NZA 2004, 1359, 1360.

78 Gaul, ArbRB 2004, 308, 311; Britschgi, AiB 2005, 284, 286; Deinert, NZA 2010, 969, 972.

79 Wetzling/Habel, NZA 2007, 1129, 1130f.

80 Wolf, »Die Mitwirkungspflicht des Arbeitnehmers bei Maßnahmen des betrieblichen Eingliederungsmanagements nach § 84 Abs. 2 SGB IX« in Diskussionsforum B, Beitrag 1/2008 des Instituts für Qualitätssicherung in Prävention und Rehabilitation (iqpr) an der Deutschen Sportschule Köln, S. 5.

81 Niehaus/Magin/Marfels/Vater/Werkstetter, S. 47.

und die Möglichkeiten – aber auch Risiken – eines betrieblichen Eingliederungsmanagements leistet.
In arbeitsgerichtlichen Auseinandersetzungen steht vielfach die Argumentation der Arbeitgeber im Vordergrund, der betroffene Arbeitnehmer habe die Zustimmung zur Durchführung des betrieblichen Eingliederungsmanagements verweigert, daher könne dem Arbeitgeber das Unterbleiben der Durchführung des betrieblichen Eingliederungsmanagements nicht entgegengehalten werden. Hier sollte ein besonderes Augenmerk darauf gerichtet werden, ob der betroffene Arbeitnehmer zuvor ordnungsgemäß über die Zielsetzung des betrieblichen Eingliederungsmanagements sowie über Art und Umfang der erhobenen Daten hingewiesen wurde (siehe oben unter I. 4. a. cc.). Ist dies nicht der Fall, ist die mangelnde Zustimmung des Arbeitnehmers ohne Auswirkung, es liegt bereits kein ordnungsgemäßes betriebliches Eingliederungsmanagement vor.[82]
Ebenso wenig darf die fehlende Zustimmung dem Beschäftigten zum Vorwurf gemacht werden, wenn er die Durchführung des betrieblichen Eingliederungsmanagements verweigert, weil es sein Krankheitszustand bei objektiver Betrachtung auf absehbare Zeit nicht zulässt, an einem betrieblichen Eingliederungsmanagement teilzunehmen.[83] Die Einladung zu einem betrieblichen Eingliederungsmanagement ist in zeitlicher Hinsicht zwar nicht davon abhängig, ob ein Beschäftigter bereits wieder arbeitsfähig ist. Dennoch sollte man den erkrankten Beschäftigten je nach Krankheitsbild die Option offenlassen, mit Rücksicht auf die bestehende Krankheit das Verfahren erst zu einem späteren Zeitpunkt aufzunehmen, wenn der Genesungsprozess andernfalls beeinträchtigt werden würde.[84] Das Verfahren zum betrieblichen Eingliederungsmanagement ist in diesem Fall nicht beendet, sondern lediglich ausgesetzt.[85]

bb. Die Kontaktaufnahme zum Beschäftigten

Erforderlich ist daher, dass der Beschäftigte zunächst einmal informativ angeschrieben wird. Inhalt des Schreibens[86] sollte der Hinweis darauf sein, dass er innerhalb der letzten zwölf Monate mehr als sechs Wochen

82 LAG Schleswig-Holstein, Urteil v. 18.9.2013 – 3 Sa 133/13, AA 2013, 206; Hessisches LAG, Urteil v. 13.12.2011 – 12 Sa 170/11; LAG Berlin-Brandenburg, Urteil v. 8.12.2011 – 26 Sa 1437/10; LAG Hamburg, Urteil v. 22.9.2011 – 1 Sa 34/11, ArbuR 2012, 137.

83 Schiefer/Borchard, DB 2011, 2435, 2437.

84 Vossen, DB 2016, 1814, 1819f; a. A. Hoffmann-Remy, NZA 2017 159, 161.

85 Beseler, S. 62f.

86 Siehe Beispiel in Kapitel V., Musterschreiben 1.

arbeitsunfähig war. Außerdem muss der Beschäftigte über die wesentlichen Regeln – vor allem über die Freiwilligkeit der Teilnahme – eines betrieblichen Eingliederungsmanagements informiert und über Art und Umfang der hierfür erhobenen und verwendeten Daten aufgeklärt werden.[87] Zu den Einzelheiten dieser Verpflichtung des Arbeitgebers siehe oben unter I. 4. a. cc. Sodann sollte ihm die Möglichkeit angeboten werden, von sich aus Kontakt zu einem näher bezeichneten Ansprechpartner aufzunehmen, um unverbindlich und vertraulich über etwaige Zusammenhänge zwischen der Arbeitsunfähigkeit und von der Arbeitstätigkeit bzw. der Arbeitsplatzgestaltung ausgehenden gesundheitlichen Störungen zu reden. Wichtig ist dabei, dass dieser Ansprechpartner idealerweise weder der Arbeitgeber noch ein Vorgesetzter des Betroffenen ist. Dieses erste Gesprächsangebot ist richtungsweisend für alle weiteren Entscheidungen und sollte nicht durch die möglicherweise existenzbedrohende Frage des Arbeitsplatzverlustes wegen Arbeitsunfähigkeit dominiert werden. Eine sich daraus ergebende Schwellenangst kann nur durch einen Gesprächspartner überwunden werden, der Vertraulichkeit zusichern kann und nicht zu dem Personenkreis gehört, der Entlassungsbefugnis oder entscheidenden Einfluss auf Kündigungen hat.[88] Dieser Gesprächspartner sollte gegenüber dem Arbeitgeber allenfalls verpflichtet sein, präventionsgeeignete Ergebnisse aus dem Gespräch mit dem Betroffenen mitzuteilen, keinesfalls jedoch die Verpflichtung haben, Krankheitsmodalitäten weiterzugeben.[89] Ebenfalls von Bedeutung ist der Hinweis in diesem Schreiben, dass es sich bei diesem Gesprächsangebot nicht um ein sogenanntes Krankenrückkehrgespräch mit etwaigen Disziplinierungsmaßnahmen handelt.

Vertrauensbildend ist weiterhin die Aufklärung des Arbeitnehmers über seine Rechte und Pflichten im Zusammenhang mit seiner Erkrankung. Hierzu kann ein Merkblatt[90] erstellt werden, das die häufigsten Fragestellungen zu diesem Thema erfasst.

Sind diese Voraussetzungen geschaffen und nimmt der Beschäftigte das Angebot wahr, können sodann im Bedarfsfall von dem gewählten Ansprechpartner die Zielsetzungen, Möglichkeiten und etwaige Risiken des Eingliederungsmanagements erläutert werden.

---

87 Kohte, DB 2008, 582, 586.

88 In diesem Sinne auch: Dau/Düwell/Joussen/Luik-*Düwell*, § 167 SGB IX, Rn. 87.

89 Wolf, »Die Mitwirkungspflicht des Arbeitnehmers bei Maßnahmen des betrieblichen Eingliederungsmanagements nach § 84 Abs. 2 SGB IX« in Diskussionsforum B, Beitrag 1/2008 des Instituts für Qualitätssicherung in Prävention und Rehabilitation (iqpr) an der Deutschen Sportschule Köln, S. 5.

90 Siehe Beispiel für ein Merkblatt in Kapitel IV. 1.

cc. Anordnung ärztlicher Untersuchung nach tarifvertraglichen Regelungen

In Arbeitsverhältnissen, die dem Anwendungsbereich des TVöD, TV-L oder BAT unterfallen, bestehen tarifvertragliche Regelungen (§ 3 Abs. 4 TVöD, § 3 Abs. 5 TV-L, § 7 Abs. 2 BAT), die dem Arbeitgeber das Recht geben, den Arbeitnehmer auf seine Dienstfähigkeit hin untersuchen zu lassen. Von diesem Recht darf der Arbeitgeber nicht willkürlich oder missbräuchlich Gebrauch machen, sondern nur, wenn er ein berechtigtes Interesse, bzw. begründete Zweifel hat, die Untersuchung des Arbeitnehmers zu veranlassen.[91] Ein berechtigtes Interesse oder begründete Zweifel sind z. B. anzunehmen, wenn der Arbeitgeber – vor allem nach länger andauernder Krankheit – Veranlassung hat daran zu zweifeln, dass der Arbeitnehmer überhaupt noch dienstfähig ist. Er muss die begründete Annahme haben, dass der Arbeitnehmer aus gesundheitlichen Gründen den Anforderungen auf seinem Arbeitsplatz auf Dauer nicht gerecht werden kann (z. B. schwindende Sehkraft eines Fluglotsen). Liegt ein berechtigtes Interesse vor, muss der Angestellte der Aufforderung seines Arbeitgebers i. d. R. nachkommen. Er kann allerdings die Mitteilung der Gründe für die Anordnung vom Arbeitgeber verlangen.[92]

Der in diesem Fall betroffene Arbeitnehmer läuft unter Umständen Gefahr, durch die arbeitgeberseitig angeordnete Untersuchung unabhängig von seinem Verhalten seinen Arbeitsplatz zu verlieren. Kommt er der Aufforderung nach und ergibt eine ärztliche Untersuchung tatsächlich eine Dienstunfähigkeit, könnte das Arbeitsverhältnis nach § 33 Abs. 2 TVöD/TV-L, § 59 Abs. 1 BAT enden. Denn nach diesen Bestimmungen endet das Arbeitsverhältnis automatisch, wenn durch Bescheid eines Rentenversicherungsträgers, der in bestimmten Fällen durch ein (amts-)ärztliches Gutachten ersetzt werden kann, die Erwerbsunfähigkeit festgestellt wurde.[93] Kommt der Arbeitnehmer der Aufforderung nicht nach, weil er die Anordnung wegen der zuvor geschilderten Konsequenz fürchtet oder die Aufforderung fälschlicherweise für unberechtigt erachtet, kann

---

91 Dassau/Wiesend-Rothbrust, § 7 BAT, Rn. 5; Dassau/Wiesend-Rothburst, § 3 TVöD, Rn. 29.

92 Gagel, »Eingliederungsmanagement im Öffentlichen Dienst – Verpflichtung zur Mitwirkung bei der ärztlichen Untersuchung nach § 7 Abs. 2 BAT« in Diskussionsforum B, Beitrag 3/2004 des Instituts für Qualitätssicherung in Prävention und Rehabilitation (iqpr) an der Deutschen Sportschule Köln, S. 4.

93 Der EuGH hat solche nationalen Regelungen als Verstoß gegen Art. 5 der Richtlinie 2000/78/EG gewertet, EuGH, Urteil v. 18. 1. 2024 – C-631/22.

die Weigerung eine Abmahnung, im Wiederholungsfall auch eine ordentliche oder gar fristlose Kündigung des Beschäftigten zur Folge haben.[94] Ein berechtigtes Interesse muss dem Arbeitgeber allerdings unter der nunmehrigen Vorschrift des § 167 Abs. 2 SGB IX abgesprochen werden, wenn er die ärztliche Untersuchung ohne Rücksicht auf ein betriebliches Eingliederungsmanagement anordnet. Zu Recht wird daher in der arbeitsrechtlichen Fachliteratur die Auffassung vertreten, dass der im Anwendungsbereich der eingangs genannten Tarifverträge beschäftigte Arbeitnehmer eine arbeitgeberseitig nach § 3 Abs. 4 TVöD, § 3 Abs. 5 TV-L, § 7 Abs. 2 BAT angeordnete Untersuchung verweigern kann, wenn deren Erforderlichkeit nicht im Rahmen eines betrieblichen Eingliederungsmanagements festgestellt worden ist. § 3 Abs. 4 TVöD, § 3 Abs. 5 TV-L, § 7 Abs. 2 BAT sind danach nur anwendbar, wenn sie in Fällen des § 167 Abs. 2 SGB IX in das Eingliederungsmanagement eingebunden sind.[95] In der Rechtsprechung wird diese Frage bislang dahingehend entschieden, dass die Anordnung einer ärztlichen Untersuchung nach den tarifvertraglichen Bestimmungen der Durchführung eines betrieblichen Eingliederungsmanagements vorausgehen dürfe, weil sie darauf abzielen würde festzustellen, ob überhaupt noch mit einer Wiederherstellung der Arbeits- bzw. Dienstfähigkeit gerechnet werden könne.[96] Diese Auffassung ist bedenklich. Sie billigt einer vom Arbeitgeber einseitig anzuordnenden (amts-)ärztlichen Untersuchung ohne plausiblen Grund größere Kompetenz zu als einem ggf. mit mehreren Personen besetztem Integrationsteam, das die Frage der Arbeitsfähigkeit aus verschiedenen Blickwinkeln prüfen und fördern kann. Zumindest bei schwerbehinderten Beschäftigten ist in Erwägung zu ziehen, ob die Weigerung, eine amtsärztliche Untersuchung durchführen zu lassen, ohne weiteres zur Begründung einer Kündigung ausreicht. Denn bei ihnen ist auch ein Präventionsverfahren nach § 167 Abs. 1 SGB IX in Erwägung zu ziehen. Im Arbeitsverhältnis der Arbeitsvertragsparteien bestehen im Regelfall spätestens zu dem Zeitpunkt verhaltensbedingte Schwierigkeiten i. S. v. § 167 Abs. 1 SGB

94 BAG, Urteil v. 25. 1. 2018 – 2 AZR 382/17, PersR 1/2019, 41; LAG Düsseldorf, Urteil v. 8. 4. 1993 – 12 Sa 74/93, ZTR 1994, 73, 74; LAG Köln, Urteil v. 11. 6. 2008 – 3 Sa 1505/07, EzA-SD 2008, Nr. 16, S. 4 (Leitsatz); BAG, Urteil v. 6. 11. 1997 – 2 AZR 801/96, in AP Nr. 142 zu § 626 BGB; BAG, Urteil v. 7. 11. 2002 – 2 AZR 475/01, NZA 2003, 719, 720.

95 Gagel, »Eingliederungsmanagement im Öffentlichen Dienst – Verpflichtung zur Mitwirkung bei der ärztlichen Untersuchung nach § 7 Abs. 2 BAT« in Diskussionsforum B, Beitrag 3/2004 des Instituts für Qualitätssicherung in Prävention und Rehabilitation (iqpr) an der Deutschen Sportschule Köln, S. 4.

96 VG Gelsenkirchen, Urteil v. 25. 6. 2008 – 1 K 3679/07, ZfPR 2009, 10 (Leitsatz).

IX, wenn Beschäftigte sich weigern, an der vom Arbeitgeber angeordneten amtsärztlichen Untersuchung mitzuwirken. Die Durchführung des Präventionsverfahrens nach § 167 Abs. 1 SGB IX ist zwar keine formelle Wirksamkeitsvoraussetzung für eine Kündigung. Sie konkretisiert aber den Verhältnismäßigkeitsgrundsatz im Rahmen der Prüfung des § 1 Abs. 2 KSchG beziehungsweise § 626 Abs. 1 BGB. Arbeitgeber, die pflichtwidrig die Durchführung eines Präventionsverfahrens nach § 167 Abs. 1 SGB IX unterlassen haben, trifft insofern eine erweiterte Darlegungs- und Beweislast im Kündigungsschutzprozess. Sie müssen im Fall einer auf Gründe im Verhalten des Arbeitnehmers gestützten Kündigung von sich aus darlegen und ggf. beweisen, dass das Verhalten des gekündigten Beschäftigten (Weigerung der Teilnahme an einer amtsärztlichen Untersuchung) auch durch die frühzeitige Einschaltung der in § 167 Abs. 1 SGB IX genannten Stellen nicht hätte positiv beeinflusst werden können.[97]

dd. Initiativrecht des Beschäftigten

Vor allem langzeiterkrankte Arbeitnehmer sehen sich des Öfteren der Situation ausgesetzt, dass sie mit Eintritt in die Phase des reinen Krankengeldbezugs für den Arbeitgeber nur noch zu einem Namenseintrag in der Personalliste werden. Ein aktives Bemühen um Rückkehr und Wiedereingliederung in den Arbeitsprozess fand unter solchen Umständen bislang nur in Ausnahmefällen statt. Mit den oben geschilderten Zielsetzungen des betrieblichen Eingliederungsmanagements, die Arbeitsunfähigkeit zu überwinden und den Arbeitsplatz zu erhalten, ist es an sich unvereinbar den Beschäftigten darauf zu verweisen, dass die Initiative für ein betriebliches Eingliederungsmanagement allein vom Arbeitgeber ausgehen muss und kann. Vor diesem Hintergrund wurde bislang vielfach die Auffassung vertreten, dass leistungsgeminderte Arbeitnehmer, die dem Anwendungsbereich des § 167 Abs. 2 SGB IX unterfallen und für sich die Möglichkeit erkennen, z. B. durch Reha-Maßnahmen, Veränderungen des Arbeitsplatzes, innerbetriebliche Qualifizierung etc. in den Arbeitsprozess zurückkehren zu können, bei Untätigkeit des Arbeitgebers das Recht haben, die Durchführung eines betrieblichen Eingliederungsmanagements von ihm einzufordern und erforderlichenfalls auch einzuklagen.[98] Das LAG Hamm[99] hat einen solchen Anspruch aus der ar-

97 BAG, Urteil v. 25. 1. 2018 – 2 AZR 382/17, PersR 1/2019, 41; LAG Schleswig-Holstein, Urteil v. 13. 9. 2018 – 4 Sa 129öD/18.

98 Gagel, NZA 2004, 1359, 1361; Deinert, NZA 2010, 969, 972, der sich für eine Anregung durch den Arbeitnehmer ausspricht.

99 LAG Hamm, Urteil v. 13. 11. 2014 – 15 Sa 979/14, LAGE § 84 SGB IX Nr. 8.

beitgeberseitigen Fürsorgepflicht abgeleitet. Das LAG Nürnberg[100] sah das anders und begründete dies wie folgt: die gesetzliche Regelung des § 167 Abs. 2 SGB IX enthält zum Anspruch auf Durchführung des betrieblichen Eingliederungsmanagements für den im Einzelfall betroffenen Beschäftigten keine ausdrückliche Regelung. Demgegenüber sei den Mitarbeitervertretungen ausdrücklich ein Initiativrecht (§ 167 Abs. 2 Satz 7 SGB IX) eingeräumt worden. Hätte der Gesetzgeber Arbeitnehmern einen klagbaren Anspruch zuerkennen wollen, hätte es nahegelegen, einen solchen in § 167 SGB IX ausdrücklich zu formulieren.
Das BAG[101] hat sich der letztgenannten Argumentation angeschlossen und entschieden, dass Arbeitnehmer, die mehr als sechs Wochen ununterbrochen oder wiederholt arbeitsunfähig waren, keinen individuell durchsetzbaren Anspruch auf Durchführung eines betrieblichen Eingliederungsmanagements gegen den Arbeitgeber haben. Soweit schwerbehinderte Beschäftigte betroffen sind, sieht das BAG mit dieser Auslegung des § 167 Abs. 2 SGB IX keinen Widerspruch zu den Bestimmungen der europäischen Richtlinie 2000/78/EG zur Verwirklichung der Gleichbehandlung in Beschäftigung und Beruf.

ee. Konsequenzen der Zustimmungsverweigerung

In Anbetracht der Vielschichtigkeit der Thematik des betrieblichen Eingliederungsmanagements muss damit gerechnet werden, dass betroffene Beschäftigte auf die Fragestellung, ob sie einer Durchführung dieser Maßnahmen in ihrem Fall zustimmen, mit Ablehnung reagieren. Das Gesetz selbst lässt die Konsequenzen einer verweigerten Zustimmung des Beschäftigten völlig offen. Bei einer derartigen Entscheidung wird der Betroffene folgende Aspekte berücksichtigen müssen: Das BAG hat bereits in seiner Entscheidung vom 13. 5. 2004[102] (deren Sachverhalt noch nicht in den Anwendungsbereich des § 167 Abs. 2 SGB IX fiel) für den Fall einer krankheitsbedingten Kündigung eines Arbeitnehmers ausgeführt, dass diesen die Obliegenheit trifft, an den Versuchen des Arbeitgebers, für ihn eine anderweitige Beschäftigungsmöglichkeit zu finden, selbst kooperativ mitzuwirken, wenn er aus gesundheitlichen Gründen an seinem bisherigen Arbeitsplatz nicht mehr tätig sein kann. Weigert sich ein Arbeitnehmer – nach ordnungsgemäßer Information durch den Arbeitgeber – am Verfahren des betrieblichen Eingliederungsmanagements teilzunehmen und spricht der Arbeitgeber in der Folge eine krankheits-

100 LAG Nürnberg, Urteil v. 8. 10. 2020 – 5 Sa 117/20, NZA 2021, 213.
101 BAG, Urteil v. 7. 9. 2021 – 9 AZR 571/20, NZA-RR 2022, 161.
102 BAG, Urteil v. 13. 5. 2004 – 2 AZR 36/04, NZA 2004, 1271.

bedingte Kündigung aus, kann sich der Arbeitnehmer bzgl. der Kündigung nicht darauf berufen, dass der Arbeitgeber kein betriebliches Eingliederungsmanagement durchgeführt hat.[103] Dies kann gleichermaßen für den Fall gelten, dass sich der Beschäftigte zum Angebot der Durchführung eines betrieblichen Eingliederungsmanagements nicht äußert. Aber auch hier ist eine differenzierte Betrachtung erforderlich: Grundsätzlich ist ein bloßes Schweigen auf die Einladung zu einem betrieblichen Eingliederungsmanagement nicht als Ablehnung zu werten. Anders kann die Sachlage beurteilt werden, wenn im Einladungsschreiben oder einem wiederholten Schreiben darauf hingewiesen wird, dass nach Ablauf einer näher bezeichneten Frist ohne Reaktion auf das Schreiben von einer Ablehnung ausgegangen wird.[104] Wie bereits oben – zu Kapitel I. 4. b. aa. – gezeigt, wirkt sich eine verweigerte Zustimmung aber nicht nachteilig für den Arbeitnehmer aus, wenn seitens des Arbeitgebers vorab keine ordnungsgemäße Information über die Zielsetzung des betrieblichen Eingliederungsmanagements sowie Art und Umfang der erhobenen Daten erfolgt ist.

Ebenso wenig wirkt eine Ablehnung fort, wenn in einem Zeitraum von maximal 365 Tagen abermals Arbeitsunfähigkeitszeiten von insgesamt mehr als sechs Wochen entstanden sind. Denn die neuen Arbeitsunfähigkeitszeiten können die Haltung des Beschäftigten zum betrieblichen Eingliederungsmanagement ändern. Seine ehemals bestandenen Ablehnungsgründe können überholt oder entfallen sein.[105]

ff. Schadensersatzanspruch

Bei der Frage, ob dem Arbeitnehmer Schadensersatzansprüche wegen einem unterbliebenen betrieblichen Eingliederungsmanagement zustehen, sind zwei Sachverhaltsvarianten zu unterscheiden: Die erste Variante betrifft Ansprüche im weiterhin bestehenden Arbeitsverhältnis. Die zweite Variante bezieht sich auf Ansprüche wegen Verlust des Arbeitsplatzes.

Denkbar sind Fallkonstellationen, in denen der Arbeitnehmer längere Zeit krankheitsbedingt die geschuldete Arbeitsleistung nicht erbringt, kein betriebliches Eingliederungsmanagement durchgeführt wird und auf Seiten des Arbeitnehmers nach Fortfall von Entgeltfortzahlungsansprüchen Einkommenseinbußen entstehen. § 167 Abs. 2 SGB IX ist selbst keine unmittelbare Anspruchsgrundlage für einen Schadensersatz-

103 Deinert, NZA 2010, 969, 974; Einzelheiten dazu im Kapitel I. 8.

104 LAG Schleswig-Holstein, Urteil v. 3.6.2015 – 6 Sa 396/14, ArbRB 2015, 325; Anton-Dyck/Böhm, ArbRB 2016, 210, 213.

105 LAG Schleswig-Holstein, Urteil v. 3.6.2015 – 6 Sa 396/14, ArbRB 2015, 325.

anspruch. Ordnet man § 167 Abs. 2 SGB IX in diesem Zusammenhang als arbeitsvertragliche Nebenpflicht des Arbeitgebers ein, ergibt sich i. V. m. § 280 BGB eine Rechtsgrundlage, die ein Verschulden des Arbeitgebers voraussetzt. Außerdem muss das unterlassene betriebliche Eingliederungsmanagement ursächlich für den fehlenden Einsatz des Arbeitnehmers auf einem – ggf. alternativen – Arbeitsplatz gewesen sein.[106] Aus der Rechtsprechung sind dazu bislang nur wenige für Arbeitnehmer erfolgreich geführte Verfahren bekannt. Daher lassen sich derzeit vor allem negative Abgrenzungskriterien für einen Schadensersatzanspruch in der ersten Variante ableiten: Ein Arbeitnehmer, der selbst nichts zur Klärung seiner Einsatzmöglichkeiten beiträgt, kann sich gegenüber dem Arbeitgeber nicht auf Schadensersatz wegen eines unterbliebenen betrieblichen Eingliederungsmanagements berufen.[107] Besteht kein ausreichendes Restleistungsvermögen des Arbeitnehmers, kommt ein sinnvolles betriebliches Eingliederungsmanagement nicht in Frage, so dass von einer schuldhaften Verletzung der Verpflichtung zur Durchführung des Verfahrens nach § 167 Abs. 2 SGB IX nicht ausgegangen werden kann.[108] Ein Schadensersatzanspruch des Beschäftigten kann aber dann in Betracht kommen, wenn der Arbeitgeber eine ärztlich empfohlene stufenweise Wiedereingliederung ablehnt, die als mögliche Maßnahme eines betrieblichen Eingliederungsmanagements in Betracht kommt.[109] Wegen der Einzelheiten wird auf die Ausführungen in Kapitel I. 9. d. verwiesen. In der zweiten Variante ergibt sich der Schaden dadurch, dass der Arbeitnehmer seinen Arbeitsplatz frühzeitig verloren und durch den Bezug von Arbeitslosengeld weniger Einkünfte zur Verfügung hat. Die Geltendmachung von entsprechenden Schadensersatzansprüchen kommt auch hier in Betracht. Voraussetzung ist wiederum, dass der Arbeitgeber ein betriebliches Eingliederungsmanagement pflichtwidrig unterlassen hat und dieses Verfahren – hypothetisch – zum Ergebnis gehabt hätte, dass Handlungsmöglichkeiten bestanden und bei ihrer Durchführung auch Erfolg gehabt hätten. Der Arbeitnehmer muss sich in diesem Fall Sozial-

---

106 Shafaei, »Annahmeverzug und Schadensersatz bei Betrieblichem Eingliederungsmanagement, Teil II – Anmerkung zu: LAG Rheinland-Pfalz vom 7. 3. 2008, Az.: 6 Sa 665/07« in Diskussionsforum B, Beitrag 6/2009 des Instituts für Qualitätssicherung in Prävention und Rehabilitation (iqpr) an der Deutschen Sportschule Köln, S. 3 f.

107 LAG Schleswig-Holstein, Urteil v. 6. 9. 2007 – 4 Sa 204/07, n. v.

108 LAG Rheinland-Pfalz, Urteil v. 7. 3. 2008 – 6 Sa 665/07, n. v.

109 LAG Hamm, Urteil v. 4. 7. 2011 – 8 Sa 726/11, ASR 2012, 150.

leistungen, die er im Zusammenhang mit dem Arbeitsplatzverlust und der Krankheit erhalten hat, anrechnen lassen.[110]
Eine weitere Variante kann die Fallgestaltung darstellen, dass ein schwerbehinderter Arbeitnehmer auf einen gesundheitlich ungeeigneten Arbeitsplatz versetzt wird und deswegen die Gefahr einer weiteren Verschlechterung der Gesundheit besteht. Dann ist die nachhaltige Nichtbeachtung eines BEM-Verfahrens eine schwerwiegende Pflichtverletzung, die den Arbeitnehmer zur außerordentlichen Kündigung berechtigt. Nach § 628 Abs. 2 BGB schuldet der Arbeitgeber Schadensersatz, wenn der Arbeitnehmer das Arbeitsverhältnis wegen schuldhaft vertragswidrigen Verhaltens des Arbeitgebers außerordentlich gekündigt hat. Als Schadensersatz ist – bei schweren Pflichtverletzungen – eine Abfindung analog §§ 9, 10 KSchG, das heißt in Abhängigkeit von Beschäftigungszeit und Gehaltshöhe zu zahlen.[111] Bevor Beschäftigte diesen Weg wählen, sollten sie die Risiken sorgfältig durch eine Rechtsberatung prüfen lassen.

gg. Anspruch auf externen Beistand

Im Hinblick auf die für viele Beschäftigte zunächst undurchsichtige Thematik des betrieblichen Eingliederungsmanagements und die oftmals einhergehende Angst vor dem Verlust des Arbeitsplatzes wird gegebenenfalls der Wunsch bestehen, externen Beistand hinzuzuziehen, z. B. durch die Begleitung eines Rechtsanwalts in den Gesprächen. Das war in der früheren Fassung des § 167 Abs. 2 SGB IX jedoch problematisch, weil danach grundsätzlich kein durchsetzbarer Anspruch des Beschäftigten auf Hinzuziehung anwaltlichen Beistands zu Gesprächen im Rahmen des betrieblichen Eingliederungsmanagements bestand. Lediglich im Einvernehmen zwischen Arbeitgeber und Beschäftigten konnte auch ein Rechtsanwalt des betroffenen Beschäftigten das Verfahren begleiten. Sofern sich der Arbeitgeber selbst juristischen Sachverstands im Verfahren bedient – z. B. durch einen Vertreter des Arbeitgeberverbands – verlangte bereits das Gebot der »Waffengleichheit«, dass auch der betroffene Beschäftigte einen Rechtsanwalt hinzuziehen kann.[112]
Diese Problematik wurde durch die seit 10.6.2021 geltende Gesetzesänderung gelöst: Durch die Neufassung des Gesetzes in § 167 Abs. 2 Satz 2 SGB IX: »Beschäftigte können zusätzlich eine Vertrauensperson eigener Wahl hinzuziehen« wird nunmehr gelten, dass z. B. ein Ehe- oder Lebens-

---

110 Schils, S. 258 f.; Deinert, NZA 2010, 969, 974.

111 ArbG Gelsenkirchen, Urteil v. 10.12.2021 – 5 Ca 1321/21; Kothe, Beitrag B5-2023, *www.reha-recht.de*.

112 LAG Hamm, Urteil v. 13.11.2014 – 15 Sa 979/14, LAGE Nr. 8 zu § 84 SGB IX.

partner, ein Verwandter, Bekannter oder auch ein Physiotherapeut, Arzt oder Rechtsanwalt die betroffenen Beschäftigten begleiten können. Laut Gesetzesbegründung[113] steht es den Beschäftigten frei, »selbst zu wählen, wer als Vertrauensperson am BEM-Verfahren teilnehmen soll. Dabei kann es sich um ein Mitglied der Interessenvertretung, eine Person aus dem Betrieb oder um eine Person außerhalb des Betriebes handeln. Die Entscheidung, ob und gegebenenfalls wer hinzugezogen wird, liegt allein bei den BEM-Berechtigten.« Der Gesetzgeber hat die Frage, wer die Kosten der Hinzuziehung der Vertrauensperson zu tragen hat, leider nicht geregelt. Auch die Rechtsprechung hat bislang dazu keine Entscheidung getroffen. In Ermangelung einer Regelung ist es naheliegend, entsprechend der gesetzlichen Vorschrift des § 12a Abs. 1 Satz 1 ArbGG zu verfahren: Im Urteilsverfahren erster Instanz besteht kein Anspruch auf Erstattung der Kosten für die Hinzuziehung eines Prozessbevollmächtigten oder Beistands, selbst wenn man in diesem Verfahren gewinnt. Dann wird es für die Kosten eines Beistands im BEM-Verfahren ebenfalls keinen durchsetzbaren Erstattungsanspruch geben.[114] Soweit sich BEM-Berechtigte entscheiden, eine externe Vertrauensperson hinzuziehen, ist ihnen damit nicht verwehrt, auch die Begleitung des Verfahrens durch ein Betriebsratsmitglied und ggf. die Schwerbehindertenvertretung zu fordern. Dies ergeben bereits Wortlaut und Systematik des § 167 Abs. 2 Satz 2 SGB IX. Zum einen heißt es in § 167 Abs. 2 Satz 2 SGB IX »zusätzlich« kann der Beschäftigte eine Vertrauensperson seiner Wahl hinzuziehen. Zum anderen sind in Satz 1 die Interessenvertretungen und die Schwerbehindertenvertretung bereits genannt, so dass aus dieser Systematik das Wort »zusätzlich« nur in dem Sinne verstanden werden kann, dass die Vertrauensperson neben dem Betriebsrat und ggf. der Schwerbehindertenvertretung das Verfahren begleiten kann.

Wichtig ist in diesem Zusammenhang, dass der Hinweis auf die Option der Hinzuziehung der Vertrauensperson im Einladungsschreiben enthalten sein muss. Denn laut Gesetzesbegründung ist vorgesehen, dass die Arbeitgeber die Beschäftigten über die Möglichkeit informieren müssen, eine Vertrauensperson hinzuziehen. Fehlt dieser Hinweis, wird man nicht von einer ordnungsgemäßen Einleitung des Verfahrens zum betrieblichen Eingliederungsmanagement ausgehen können.[115]

113 BT-Drucks. 19/28834, S. 57.
114 Albert, NZA 2024, 302, 303.
115 Britschgi, AiB 9/2022, 30.

c. Rechte und Pflichten des Betriebsrats

aa. Informationsanspruch gem. § 167 Abs. 2 Satz 8 SGB IX, § 80 Abs. 1 BetrVG

Den betrieblichen Interessenvertretungen kommt im Rahmen des § 167 Abs. 2 SGB IX eine hervorgehobene Rolle zu. Nach der Vorstellung des Gesetzgebers stellt sich der Idealfall gem. § 167 Abs. 2 Satz 1 SGB IX so dar, dass seitens des Arbeitgebers die Einbindung von Betriebsrat und ggf. Schwerbehindertenvertretung erfolgt, sobald ein Beschäftigter sechs Wochen ununterbrochen bzw. wiederholt arbeitsunfähig ist, um entsprechende Maßnahmen zur Überwindung der Arbeitsunfähigkeit und Erhaltung des Arbeitsplatzes zu klären. Zur Absicherung dieser Idealvorstellung hat der Gesetzgeber dem Betriebsrat gem. § 167 Abs. 2 Satz 8 SGB IX den Auftrag erteilt, darüber zu wachen, dass der Arbeitgeber seinen gesetzlichen Verpflichtungen und etwaigen weiteren Verpflichtungen aus betrieblichen Vereinbarungen nachkommt. Diese ausdrücklich normierte Überwachungspflicht korrespondiert mit dem Schutzauftrag des Betriebsrats nach § 80 Abs. 1 Nr. 1 und 4 BetrVG, wonach es zu den allgemeinen Aufgaben des Betriebsrats gehört, dass die zugunsten der Arbeitnehmer geltenden Gesetze und Betriebsvereinbarungen durchgeführt werden (Nr. 1) sowie die Eingliederung Schwerbehinderter und sonstiger besonders schutzbedürftiger Personen zu fördern (Nr. 4). Zu sonstigen besonders schutzbedürftigen Personen wurden bislang vor allem behinderte Menschen gezählt, deren GdB weniger als 50 beträgt oder auch Langzeitarbeitslose, die aufgrund von Eingliederungszuschüssen im Betrieb tätig sind.[116] Dieser Personenkreis wird in Ansehung der Regelung des § 167 Abs. 2 SGB IX zukünftig auch auf Langzeiterkrankte und leistungsgeminderte Personen mit wiederholter oder langandauernder Arbeitsunfähigkeit auszudehnen sein.

Losgelöst von den Eingangsvoraussetzungen des § 167 Abs. 2 SGB IX lässt sich der Informationsanspruch und der Überwachungsauftrag des Betriebsrats nicht einordnen. Denn zwingende Voraussetzung für die Einleitung eines betrieblichen Eingliederungsmanagements ist die Dauer der Arbeitsunfähigkeit des betroffenen Beschäftigten von mehr als sechs Wochen.

In diesem Zusammenhang stellt sich die Frage, in welcher Form dabei dem Selbstbestimmungsrecht des Betroffenen Rechnung getragen werden muss. Die Erfüllung des Überwachungsauftrags des Betriebsrats setzt notwendig voraus, dass die Interessenvertretung zunächst einmal die er-

116 Fitting, Engels u. a., § 80 BetrVG, Rn. 30.

forderlichen Informationen erlangen kann, also vor allem Daten darüber, welche Arbeitnehmer dauerhaft arbeitsunfähig i. S. d. § 167 Abs. 2 Satz 1 SGB IX sind. Bereits an dieser Stelle den Betriebsrat darauf zu verweisen, dass der Klärungsprozess nach dem reinen Wortlaut der Regelung des Satzes 1 eine Zustimmung der betroffenen Arbeitnehmer zur Weitergabe ihrer Arbeitsunfähigkeitsdaten verlangt, hätte zur Folge, dass der Informationsanspruch des Betriebsrats nach § 80 Abs. 1 BetrVG in nicht zu vertretender Weise unterlaufen werden würde.[117] Dies gilt bei Betrachtung der Systematik des § 167 Abs. 2 SGB IX umso mehr, als den Interessenvertretungen durch Satz 8 der Vorschrift nochmals der ausdrückliche Auftrag erteilt wird, die Einhaltung dieser Vorschriften durch den Arbeitgeber zu überwachen. Die Basisdaten zu Arbeitsunfähigkeitszeiten der Beschäftigten müssen daher ohne weitere Voraussetzungen vom Arbeitgeber dem Betriebsrat bzw. der Schwerbehindertenvertretung zugänglich gemacht werden.[118] Das Erheben von Daten über die krankheitsbedingten Fehlzeiten durch den Arbeitgeber und ihre Übermittlung an den Betriebsrat wurde schon nach früherem Datenschutzrecht auch bei fehlender Einwilligung der betroffenen Arbeitnehmer nach § 28 Abs. 6 Nr. 3 BDSG a. F. als zulässig angesehen.[119] Ebenso haben die Interessenvertretungen Anspruch darauf, dass ihnen die Informationsschreiben an die betroffenen Beschäftigten zugeleitet werden, mit denen im jeweiligen Einzelfall auf die Ziele des betrieblichen Eingliederungsmanagements sowie auf Art und Umfang der hierfür erhobenen und verwendeten Daten hingewiesen wird.[120] Der vom BAG und BVerwG festgestellte Anspruch auf Unterrichtung über die Zeiten der Arbeitsunfähigkeit und Namen der betroffenen Beschäftigten hat sich durch die seit Mai 2018 geltende EU-DSGVO im Ergebnis nicht geändert. Die datenschutzrechtliche Zulässigkeit wird nunmehr aus § 26 Abs. 1 BDSG-neu abgeleitet.[121] Denn der Betriebsrat kann nur bei Kenntnis von jedem Informationsschreiben umfassend überprüfen, ob der jeweils betroffene Arbeitnehmer überhaupt und auch vollständig gem. § 167 Abs. 2 Satz 4 SGB IX informiert worden ist. Es genügt dabei nicht, dass der Arbeitgeber dem Betriebsrat eine Kopie des Musterschreibens überlässt und/oder eine Liste der angeschriebenen Mitarbeiter, die die 6-Wochen-Grenze des § 167 Abs. 2 Satz 1 SGB IX überschritten haben.[122] Der Informationsanspruch steht

117 Feldes, Soziale Sicherheit 2004, 270, 275.
118 LAG München, Beschluss v. 24. 11. 2010 – 11 TaBV 48/10, n. v.
119 BAG, Beschluss v. 7. 2. 2012 – 1 ABR 46/10, AiB 2012, 605.
120 BVerwG, Beschluss v. 23. 6. 2010 – 6 P 8/09, ArbRB 2010, 198.
121 Dau/Düwell/Joussen/Luik-*Düwell*, § 167 SGB IX, Rn. 96.
122 Dau/Düwell/Joussen/Luik-*Düwell*, § 167 SGB IX, Rn. 97.

dem Gremium in seiner Gesamtheit zu und ist nicht auf den oder die Vorsitzende beschränkt.[123]
Alle weiteren Maßnahmen bedürfen im konkreten Einzelfall sodann allerdings der Zustimmung des Betroffenen. Dazu gehört u. a. auch die Information, wie sich der betroffene Beschäftigte zum Informationsschreiben geäußert hat.[124] Die Zustimmung muss nicht zwangsläufig durch den Betriebsrat oder durch die Schwerbehindertenvertretung eingeholt werden. Denn grundsätzlich verbleibt es bei der durch das Gesetz festgelegten Aufgabenzuweisung, dass der Arbeitgeber die Zustimmung des Betroffenen einholen muss.[125] Werden im Laufe des Verfahrens des betrieblichen Eingliederungsmanagements aber weitere Mitbestimmungs- bzw. Mitwirkungsrechte des Betriebsrats berührt – z. B. eine Versetzung eines betroffenen Arbeitnehmers i. S. d. § 99 BetrVG – kann die fehlende Zustimmung des Arbeitnehmers bzgl. der Einbindung des Betriebsrats in das betriebliche Eingliederungsmanagement die weitere Beteiligung des Betriebsrats nach den Regelungen des BetrVG nicht beseitigen.[126]

bb. Initiativrecht gem. § 167 Abs. 2 Satz 7 SGB IX, § 87 Abs. 1 Nr. 1, 6 und Nr. 7 BetrVG

Die betrieblichen Interessenvertretungen sind aber keinesfalls darauf beschränkt, erst auf eine entsprechende Initiative des Arbeitgebers tätig zu werden.

§ 167 Abs. 2 Satz 7 SGB IX

§ 167 Abs. 2 Satz 7 SGB IX konkretisiert die Aufgabenstellung von Betriebsrat und Schwerbehindertenvertretung vielmehr dahingehend, dass im Einzelfall diesen Gremien bei Untätigkeit des Arbeitgebers das Recht zusteht, die Durchführung eines betrieblichen Eingliederungsmanagements zu fordern.[127] Ihnen steht somit ein am jeweiligen Fall orientiertes

---

123 VG Oldenburg, Beschluss v. 3. 5. 2011 – 8 A 2967/10, PersR 2011, 486; a. A. BVerwG, Beschluss v. 4. 9. 2012 – 6 P 5.11, NZA-RR 2013, 164.

124 BVerwG, Beschluss v. 23. 6. 2010 – 6 P 8/09, ArbRB 2010, 198.

125 Gagel, »Bedeutung des Eingliederungsmanagement für den Kündigungsschutz Teil I« in Diskussionsforum B, Beitrag 4/2004 des Instituts für Qualitätssicherung in Prävention und Rehabilitation (iqpr) an der Deutschen Sportschule Köln, S. 5.

126 Schian, »Betriebliches Eingliederungsmanagement nur bei Beteiligung des Betriebsrats ordnungsgemäß« in Diskussionsforum B, Beitrag 14/2008 des Instituts für Qualitätssicherung in Prävention und Rehabilitation (iqpr) an der Deutschen Sportschule Köln, S. 4.

127 BAG, Urteil v. 7. 9. 2021 – 9 AZR 571/20, NZA 2022, 257–261.

Initiativrecht zu.[128] Lehnt der Betroffene allerdings die Durchführung des betrieblichen Eingliederungsmanagements im Weiteren ab, enden damit auch die weiteren Mitwirkungsrechte des Betriebsrats im Rahmen des § 167 Abs. 2 SGB IX.[129]

Jenseits der speziell geregelten Rechte des Betriebsrats gem. § 167 Abs. 2 SGB IX kommen vor allem die Mitbestimmungsrechte in sozialen Angelegenheiten gem. § 87 Abs. 1 BetrVG in Betracht. Sie werden entgegen einer vereinzelt vertretenen Auffassung[130] nicht durch § 167 Abs. 2 SGB IX als abschließende Regelung verdrängt. Bei der Ausgestaltung des betrieblichen Eingliederungsmanagements ist für jede einzelne Regelung zu prüfen, ob ein Mitbestimmungsrecht besteht. Ein solches kann sich bei allgemeinen Verfahrensfragen aus § 87 Abs. 1 Nr. 1 BetrVG, in Bezug auf die Nutzung und Verarbeitung von Gesundheitsdaten aus § 87 Abs. 1 Nr. 6 BetrVG und hinsichtlich der Ausgestaltung des Gesundheitsschutzes aus § 87 Abs. 1 Nr. 7 BetrVG ergeben.[131] Denn § 167 Abs. 2 SGB IX regelt lediglich die Rechte des Betriebsrats im individuellen Einzelfall, nicht aber die Rechte des Betriebsrats mit kollektiven Bezügen, die kennzeichnend für den überwiegenden Teil der Tatbestände des § 87 Abs. 1 BetrVG sind. Dafür spricht u. a. § 166 Abs. 3 Nr. 5 SGB IX, nach dem einer der Regelungsbereiche einer Inklusionsvereinbarung (bis zum 31. 12. 2016: Integrationsvereinbarung) ein Verfahren zum betrieblichen Eingliederungsmanagement sein kann.[132] Der im Rahmen des § 87 Abs. 1 BetrVG erforderliche kollektive Bezug liegt vor, wenn sich die Regelungen abstrakt auf den ganzen Betrieb, auf eine Gruppe von Arbeitnehmern oder auf einen Arbeitsplatz (ohne Anknüpfung an eine bestimmte Person) erstrecken.[133]

§ 87 Abs. 1 Nr. 1 BetrVG

Der Bereich des Mitbestimmungsrechts des Betriebsrats nach § 87 Abs. 1 Nr. 1 BetrVG ist eröffnet. Die Mitbestimmung des Betriebsrats gem. § 87 Abs. 1 Nr. 1 BetrVG umfasst Fragen der Ordnung und des Verhaltens

---

128 Kohte, DB 2008, 582, 583; Gagel, »Bedeutung des Eingliederungsmanagements für den Kündigungsschutz Teil I« in Diskussionsforum B, Beitrag 4/2004 des Instituts für Qualitätssicherung in Prävention und Rehabilitation (iqpr) an der Deutschen Sportschule Köln, S. 6.

129 Dau/Düwell/Joussen/Luik-*Düwell*, § 167 SGB IX, Rn. 75; Nassibi, NZA 2012, 720, 722.

130 Balders/Lepping, NZA 2005, 854, 855 f.

131 BAG, Beschluss v. 13. 3. 2012 – 1 ABR 78/10, AiB 2013, 64.

132 Deinert, NZA 2010, 969, 971.

133 Fitting, Engels u. a., § 87 BetrVG, Rn. 15.

im Betrieb. Das betriebliche Eingliederungsmanagement betrifft nicht Weisungen oder Regeln, die bei der Ausführung der Arbeitsleistung zu beachten sind und deshalb nur das (mitbestimmungsfreie) Arbeitsverhalten betreffen. Das betriebliche Eingliederungsmanagement entspricht dem Zweck des Mitbestimmungsrechts nach § 87 Abs. 1 Nr. 1 BetrVG, der eine gleichberechtigte Teilhabe an der Gestaltung des betrieblichen Zusammenlebens gewährleisten soll. Durch das betriebliche Eingliederungsmanagement sind Arbeitnehmer so in die Aufklärung und Überwindung individueller Defizite eingebunden, dass das Ordnungsverhalten im Betrieb tangiert ist.[134] § 167 Abs. 2 SGB IX regelt, wann der Arbeitgeber ein betriebliches Eingliederungsmanagement vornehmen muss. Das »Ob« der Durchführung eines betrieblichen Eingliederungsmanagements ist gesetzlich normiert. Allerdings fehlt eine gesetzliche Regelung zu den Einzelheiten der Durchführung. Zwar regelt § 167 Abs. 2 SGB IX wer, wann und unter welchen Voraussetzungen zu beteiligen ist. Dabei verbleibt gleichwohl ein Regelungsspielraum für die Betriebsparteien zur näheren Bestimmung des »Wie« eines betrieblichen Eingliederungsmanagements.[135] Regelmäßig wird bei einem standardisierten Eingliederungsmanagement das Verhalten der betroffenen Arbeitnehmer mitgeregelt und damit das Mitbestimmungsrecht des Betriebsrats nach § 87 Abs. 1 Nr. 1 BetrVG betroffen.[136] Wie das Verfahren des betrieblichen Eingliederungsmanagements ausgestaltet wird, ist in vielfältiger Weise denkbar und damit auch regelungsbedürftig.[137] Beispielhaft kann dazu genannt werden:

- Welche Stellen sollen im Rahmen des Verfahrens eingeschaltet werden?
- Wie und durch wen erfolgt die Kontaktaufnahme zum betroffenen Arbeitnehmer?
- Wer hat Zugang zu den erhobenen Daten?
- Wie werden die Daten aufbewahrt?

Zum Teil wird in diesem Zusammenhang die Auffassung vertreten, der Betriebsrat habe kein Initiativrecht, die Ausübung seines Mitbestimmungsrechts sei daran geknüpft, dass der Arbeitgeber ein formalisiertes

134 LAG Hamburg, Beschluss v. 15.1.2013 – 2 TaBV 13/11; LAG Berlin-Brandenburg, Beschluss v. 23.9.2010 – 25 TaBV 1155/10, ArbR 2011, 178.

135 LAG Nürnberg, Beschluss v. 16.1.2013 – 2 TaBV 6/12, ArbR 2013, 136; LAG Berlin-Brandenburg, Beschluss v. 23.9.2010 – 25 TaBV 1155/10, ArbR 2011, 178.

136 LAG Hamburg, Beschluss v. 21.5.2008 – H 3 TaBV 1/08, AiB 2009, 232; Müller, AuR 2009, 29, 30.

137 Gundermann/Oberberg, AuR 2007, 19, 25.

Verfahren überhaupt einführen wolle.[138] Zur Begründung wird dabei auf § 87 Abs. 1 Nr. 6 BetrVG verwiesen, nach dem das Mitbestimmungsrecht des Betriebsrats nicht auf Einführung einer technischen Kontrolleinrichtung gerichtet sein könne. Ob die letztgenannte Auslegung des § 87 Abs. 1 Nr. 6 BetrVG zutreffend ist, kann dahingestellt bleiben. Denn der Begriff »Einführung« findet sich in § 87 Abs. 1 Nr. 1 BetrVG nicht wieder. Allein aus diesem Grund kann bereits kein Zweifel daran bestehen, dass das Mitbestimmungsrecht des § 87 Abs. 1 Nr. 1 BetrVG umfassend in der Praxis zu berücksichtigen ist und dem Betriebsrat auch Initiativrechte zur Durchführung des betrieblichen Eingliederungsmanagements zustehen.[139]

§ 87 Abs. 1 Nr. 7 BetrVG

Bestand hinsichtlich des Mitbestimmungsrechts des Betriebsrats nach § 87 Abs. 1 Nr. 1 BetrVG in der Rechtsprechung und Literatur nach Inkrafttreten des § 167 Abs. 2 SGB IX noch weitgehend Einigkeit, war die Frage des Mitbestimmungsrechts des Betriebsrats gem. § 87 Abs. 1 Nr. 7 BetrVG sehr umstritten. Nach § 87 Abs. 1 Nr. 7 BetrVG hat der Betriebsrat ein Mitbestimmungsrecht bei Regelungen über die Verhütung von Arbeitsunfällen und Berufskrankheiten sowie über den Gesundheitsschutz im Rahmen der gesetzlichen Vorschriften oder der Unfallverhütungsvorschriften. Der gesetzlich nicht näher definierte Begriff des Gesundheitsschutzes umfasst alle Maßnahmen, die der Erhaltung der körperlichen und seelischen Unversehrtheit des Arbeitnehmers gegenüber arbeitsbedingten Beeinträchtigungen dienen, die zu medizinisch feststellbaren Verletzungen oder Erkrankungen führen oder führen können.[140] Das Mitbestimmungsrecht des Betriebsrats setzt dabei das Bestehen einer Rechtsnorm voraus, die dem Arbeitgeber einen Rahmen mit einem Gestaltungsspielraum vorgibt. Zum Teil wurde ein aus § 87 Abs. 1 Nr. 7 BetrVG abgeleitetes Mitbestimmungsrecht im Zusammenhang mit dem Verfahren des betrieblichen Eingliederungsmanagements mit der Begründung abgelehnt, § 167 Abs. 2 SGB IX sei keine Rechtsnorm in diesem Sinne. Es mangele an einem abstrakt generell kollektiven Tatbestand, die Vorschrift sei auf individuelle Maßnahmen ausgerichtet.[141] Nach anderer Auffassung

---

138 Leuchten, DB 2007, 2482, 2484.

139 LAG Nürnberg, Beschluss v. 16. 1. 2013 – 2 TaBV 6/12, ArbR 2013, 136.

140 Fitting, Engels u. a., § 87 BetrVG, Rn. 272 m. w. N.; a. A. Balders/Lepping, NZA 2005, 854, 856 unter Zugrundelegung eines zu engen Begriffes des Gesundheitsschutzes.

141 LAG Hamburg, Beschluss v. 21. 5. 2008 – H 3 TaBV 1/08, AiB 2009, 232; Leuchten, DB 2007, 2482, 2485; Müller, AuR 2009, 29, 31.

reicht aus, dass § 167 Abs. 2 SGB IX mittelbar dem Gesundheitsschutz und der gesundheitsgerechten Gestaltung der Arbeitsbedingungen dient. Mitentscheidend ist danach, dass das Verfahren des betrieblichen Eingliederungsmanagements gem. § 167 Abs. 2 SGB IX nicht nur der Überwindung von Arbeitsunfähigkeit, sondern auch der Vermeidung künftiger Arbeitsunfähigkeiten dient.[142] Das BAG hat die Streitfrage dahingehend entschieden, dass § 167 Abs. 2 SGB IX eine Rahmenvorschrift im Sinne des § 87 Abs. 1 Nr. 7 BetrVG ist.[143] Die Auffassung, dass der Betriebsrat im Verfahren des betrieblichen Eingliederungsmanagements ein Mitbestimmungsrecht gem. § 87 Abs. 1 Nr. 7 BetrVG hat, ist zutreffend. Sie wird auch dadurch gestützt, dass die Ziele des betrieblichen Eingliederungsmanagements nicht nur auf Rehabilitation und Integration ausgerichtet sind, sondern auch präventiven Charakter haben, der sich auf eine Vielzahl von Arbeitsplätzen erstrecken kann.[144] Die Vielfalt der Gestaltungsmöglichkeiten des betrieblichen Eingliederungsmanagements zeigt, dass ein Regelungsspielraum eröffnet wird, den der Arbeitgeber nicht durch einseitige Maßnahmen ausfüllen darf. Als Instrument des Gesundheitsschutzes fällt das betriebliche Eingliederungsmanagement daher in den Bereich der zwingenden betrieblichen Mitbestimmung des Betriebsrats gem. § 87 Abs. 1 Satz 1 Nr. 7 BetrVG.

Der erzwingbaren Mitbestimmung ist allerdings die Frage der Einleitung des betrieblichen Eingliederungsmanagements im Sinne des § 167 Abs. 2 Satz 1 SGB IX entzogen, da die Regelung den Begriff der Arbeitsunfähigkeit zwingend und ohne Regelungsspielraum vorgibt. Für die Bemessung des 6-Wochen-Zeitraums des § 167 Abs. 2 Satz 1 SGB IX sind deshalb die dem Arbeitgeber vom Arbeitnehmer nach § 5 Abs. 1 EFZG angezeigten Arbeitsunfähigkeitszeiten maßgeblich. Eine andere Definition des Begriffs der Arbeitsunfähigkeit durch die Betriebsparteien ist nicht gem. § 87 Abs. 1 Nr. 7 BetrVG erzwingbar.[145]

§ 87 Abs. 1 Nr. 6 BetrVG

Das BAG hat in der Entscheidung vom 13. 3. 2012 im Weiteren auch bestätigt, dass in Bezug auf die Nutzung und Verarbeitung von Gesund-

142 LAG Schleswig-Holstein, Beschluss v. 19. 12. 2006 – 6 TaBV 14/06, AiB 2007, 425, wonach ein Mitbestimmungsrecht zumindest in Betracht kommt; Faber, AiB 2010, 550, 553; Gundermann/Oberberg, AuR 2007, 19, 25; Kohte, DB 2008, 582, 587; Schils, S. 195ff.

143 BAG, Beschluss v. 13. 3. 2012 – 1 ABR 78/10, AiB 2013, 64.

144 Nassibi, NZA 2012, 720, 723.

145 BAG, Beschluss v. 13. 3. 2012 – 1 ABR 78/10, AiB 2013, 64.

heitsdaten ein Mitbestimmungsrecht des Betriebsrats nach § 87 Abs. 1 Nr. 6 BetrVG zu berücksichtigen ist.[146]

Daraus ergeben sich folgende Konsequenzen:

1. Der Betriebsrat hat gem. § 87 Abs. 1 Nr. 1 und Nr. 7 BetrVG ein Initiativrecht auf Einführung einer generellen Regelung zur Ausführung des betrieblichen Eingliederungsmanagements und – soweit die Nutzung und Verarbeitung von Gesundheitsdaten dabei betroffen ist – ein Mitbestimmungsrecht gem. § 87 Abs. 1 Nr. 6 BetrVG. Im Bereich der sozialen Angelegenheiten des § 87 Abs. 1 BetrVG gibt es keine Beschränkung auf mitbestimmungspflichtige Angelegenheiten mit und ohne Initiativrechte. Daraus folgt, dass der Betriebsrat eine Regelung zur Durchführung und vor allem Gestaltung eines betrieblichen Eingliederungsmanagements dem Arbeitgeber als Vorschlag unterbreiten kann.[147] Kommt eine Einigung zwischen den Betriebspartnern nicht zustande, kann der Betriebsrat die Einigungsstelle anrufen, die sodann eine verbindliche Entscheidung trifft (§ 87 Abs. 2 BetrVG i. V. m. § 76 Abs. 5 BetrVG). Nach überwiegender Auffassung ist die Einigungsstelle in diesen Fallkonstellationen nicht offensichtlich unzuständig.[148] Hinsichtlich der Anzahl der Beisitzer der Einigungsstelle ist eine Besetzung mit jeweils drei Beisitzern für jede Betriebspartei sinnvoll und wird auch als angemessen angesehen.[149] Nach anderer Auffassung[150] sollen zwei Beisitzer für jede Seite ausreichend sein.
2. Führt der Arbeitgeber ein betriebliches Eingliederungsmanagement oder Teile davon ohne Zustimmung des Betriebsrats ein, hat der Betriebsrat einen Anspruch auf Unterlassung.[151] Für die Umsetzung des Unterlassungsanspruchs gibt es zwei Möglichkeiten:
   a) Der Betriebsrat macht einen Unterlassungsanspruch gem. § 23 Abs. 3 BetrVG geltend. Dies setzt voraus, dass dem Arbeitgeber ein grober Verstoß gegen seine Verpflichtungen aus dem BetrVG vorzuwerfen ist. Leichtere Verstöße (z. B. wiederholte Missachtung des Mitbestimmungsrechts) können bei Wiederholungen

---

146 BAG, Beschluss v. 13. 3. 2012 – 1 ABR 78/10, AiB 2013, 64.

147 LAG Nürnberg, Beschluss v. 16. 1. 2013 – 2 TaBV 6/12, ArbR 2013, 136.

148 LAG Düsseldorf, Beschluss v. 4. 2. 2013 – 9 TaBV 129/12, LAGE Nr. 65 zu § 98 ArbGG; LAG Hamm, Beschluss v. 18. 12. 2009 – 13 TaBV 52/09, ArbuR 2010, 393; LAG Schleswig-Holstein, Beschluss v. 19. 12. 2006 – 6 TaBV 14/06, AiB 2007, 425.

149 ArbG Frankfurt, Beschluss v. 30. 1. 2012 – 15 BV 20/12, n. v.

150 LAG Düsseldorf, Beschluss v. 4. 2. 2013 – 9 TaBV 129/12, LAGE Nr. 65 zu § 98 ArbGG.

151 Feldes, Soziale Sicherheit 2004, 270, 278; Gaul, ArbRB 2004, 308, 311.

zu einem groben Verstoß werden.[152] Die Problematik des Vorgehens nach § 23 Abs. 3 BetrVG liegt darin, dass bereits Verletzungen des Mitbestimmungsrechts des Betriebsrats durch den Arbeitgeber vorliegen müssen. Der Betriebsrat läuft sozusagen dem Problem hinterher. Aus diesem Dilemma kann die zweite Möglichkeit helfen.

b) Aus der Verpflichtung des Arbeitgebers, Anordnungen ohne Zustimmung und unter Verletzung des Mitbestimmungsrechts des Betriebsrats zu unterlassen, besteht nach der Rechtsprechung des BAG[153] des Weiteren ein allgemeiner Unterlassungsanspruch, den der Betriebsrat ggf. auch durch eine einstweilige Verfügung durchsetzen kann.[154] Hierbei muss ein Verstoß des Arbeitgebers lediglich bevorstehen. Im Fall einer einstweiligen Verfügung muss zudem die besondere Voraussetzung des Verfügungsgrundes im Sinne einer Eilbedürftigkeit einer gerichtlichen Entscheidung vorliegen.

Problematisch könnte sich in der Praxis die Fallgestaltung entwickeln, ob ein Unterlassungsanspruch des Betriebsrats bereits besteht, wenn der Arbeitgeber erstmals bei einem Beschäftigten Maßnahmen zur Durchführung eines betrieblichen Eingliederungsmanagements ergreift. Das Mitbestimmungsrecht des Betriebsrats gem. § 87 Abs. 1 Nr. 1 und Nr. 7 BetrVG knüpft zwar grundsätzlich an einen kollektiven Tatbestand an und erfasst dementsprechend i. d. R. nicht personelle Maßnahmen des Arbeitgebers gegenüber einem einzelnen Beschäftigten. Im Anwendungsbereich des betrieblichen Eingliederungsmanagements ist aber zu berücksichtigen, dass bereits die für den Klärungsprozess erforderlichen Vorbereitungsmaßnahmen in Form der Datenerfassung der Arbeitsunfähigkeitszeiten einen kollektiven Anknüpfungspunkt haben, der – wie oben in Kapitel I. 4. a. bb. gezeigt – mitbestimmungspflichtig ist. Ein weiteres Beispiel einer mitbestimmungspflichtigen Maßnahme in diesem Zusammenhang kann vorliegen, wenn der Arbeitgeber Formulare einführt, auf denen Arbeitnehmer durch ihren behandelnden Arzt bescheinigen lassen, ob eine Fortsetzungserkrankung vorliegt.[155] Diese Beispiele zeigen,

---

152 BAG, Beschluss v. 16. 7. 1991 – 1 ABR 69/90, in AP Nr. 44 zu § 87 BetrVG Arbeitszeit. Ein schuldhaftes Verhalten des Arbeitgebers ist dabei nicht erforderlich.

153 BAG, Beschluss v. 3. 5. 1994 – 1 ABR 24/93, in AP Nr. 23 zu § 23 BetrVG.

154 Im Ergebnis auch Schils, S. 208 ff; a. A. ArbG Köln, Beschluss v. 10. 1. 2008 – 12 BVGa 2/08, n. v., mit der Begründung, es liege eine schwierige und ungeklärte Rechtslage vor, bei der keine einstweilige Verfügung ergehen könne.

155 LAG Hessen, Beschluss v. 6. 9. 2001 – 5 TaBV 5/01 rkr., DB 2002, 1224.

dass die gegenüber einem einzelnen Arbeitnehmer angewandte Maßnahme oft bereits in einem vom betrieblichen Eingliederungsmanagement untrennbaren kollektiven Zusammenhang steht.

3. § 167 Abs. 2 Satz 7 SGB IX normiert ein ausdrückliches Initiativrecht des Betriebsrats zur Klärung, ob es Maßnahmen zur Überwindung der Arbeitsunfähigkeit und Erhaltung des Arbeitsplatzes gibt. Aus dem Wesen eines Initiativrechts folgt als Spiegelbild der Anspruch, Maßnahmen gegenüber einem einzelnen Beschäftigten zu unterlassen, die ohne Mitbestimmung des Betriebsrats erfolgen. Nach diesseitiger Auffassung ist daher der Unterlassungsanspruch des Betriebsrats bereits bei Maßnahmen gegenüber einem einzelnen Arbeitnehmer denkbar, wenn der Arbeitgeber ohne Mitbestimmung des Betriebsrats ein betriebliches Eingliederungsmanagement durchführt.

cc. Sonstige Rechte und Aufgaben des Betriebsrats

Der Betriebsrat hat im Zusammenhang mit dem Arbeits- und Gesundheitsschutz folgende Rechte und Aufgaben:[156]

- Die Überwachung der zugunsten der Arbeitnehmer geltenden Vorschriften einschließlich eines umfassenden Informationsrechts gem. § 80 Abs. 1 Nr. 1, Abs. 2 BetrVG.
- Die Zusammenarbeit mit den für den Arbeits- und Gesundheitsschutz zuständigen Behörden und sonstigen Personen nach § 89 BetrVG.
- Die Möglichkeit des Abschlusses freiwilliger Betriebsvereinbarungen über zusätzliche Maßnahmen zur Verhütung von Arbeitsunfällen und Gesundheitsschädigungen nach § 88 BetrVG.
- Beteiligung des Betriebsrats bei der Gestaltung von Arbeitsplatz, Arbeitsablauf und Arbeitsumgebung gem. §§ 90f. BetrVG und die in diesem Zusammenhang vorgeschriebene Berücksichtigung der gesicherten arbeitswissenschaftlichen Erkenntnisse über die menschengerechte Gestaltung der Arbeit.
- Unterrichtungsanspruch gegenüber Betriebsärzten und Fachkräften für Arbeitssicherheit sowie Zustimmungserfordernis des Betriebsrats bei deren Bestellung und Abberufung gem. § 9 ASiG.

Im speziellen Zusammenhang mit dem Erfordernis eines betrieblichen Eingliederungsmanagements ist zu berücksichtigen, dass die Anforderungen des § 167 Abs. 2 SGB IX den Kreis der Widerspruchsgründe des Betriebsrats bei seiner Anhörung zu einer Kündigung gem. § 102 BetrVG erweitern. Beabsichtigt der Arbeitgeber eine Kündigung aus krankheits-

---

156 Vgl. Fitting, Engels u. a., § 87 BetrVG, Rn. 268.

bedingten Gründen gegenüber einem Beschäftigten auszusprechen, bei dem die Voraussetzungen des § 167 Abs. 2 SGB IX vorliegen (Einzelheiten dazu unter Kapitel I. 8.), ohne dass zuvor von Seiten des Arbeitgebers die Möglichkeiten eines betrieblichen Eingliederungsmanagements geklärt wurden, kann der Betriebsrat seine Bedenken gegen die Kündigung u.a. darauf stützen, dass der Arbeitgeber seinen ihm obliegenden gesetzlichen Verpflichtungen nach § 167 Abs. 2 SGB IX nicht nachgekommen ist.[157]
Im Bereich der Zustimmungsverweigerungsgründe des § 99 Abs. 2 BetrVG kann sich ein konkret behandeltes betriebliches Eingliederungsmanagement ebenfalls auswirken – und das im Fall einer beabsichtigten Einstellung oder Versetzung. Gibt der Betriebsrat an, dass nach der Klärung im Verfahren eines betrieblichen Eingliederungsmanagements der zu besetzende Arbeitsplatz die einzige Möglichkeit der behinderungsgerechten Beschäftigung des vom betrieblichen Eingliederungsmanagement betroffenen Beschäftigten darstellt, kann der Betriebsrat die Zustimmungsverweigerung zur Besetzung dieses Arbeitsplatzes mit einem anderen Arbeitnehmer gem. § 99 Abs. 2 Nr. 3 BetrVG auf die Besorgnis stützen, dass der Beschäftigte aus dem Verfahren des betrieblichen Eingliederungsmanagements durch die beabsichtigte anderweitige Besetzung des Arbeitsplatzes benachteiligt wird.[158] Davon zu unterscheiden ist die Fallgestaltung, dass ein Beschäftigter, der die Voraussetzungen eines betrieblichen Eingliederungsmanagements erfüllt, vom Arbeitgeber aus gesundheitlichen Gründen versetzt wird, ohne dass zuvor ein betriebliches Eingliederungsmanagement durchgeführt wurde. Nach der Rechtsprechung handelt es sich bei § 167 Abs. 2 SGB IX nicht um ein Verbotsgesetz. Das betriebliche Eingliederungsmanagement ist im Fall einer Versetzung oder einer anderen Ausübung des Direktionsrechts, die auf gesundheitliche Gründe gestützt wird, auch keine formelle oder unmittelbare materielle Wirksamkeitsvoraussetzung für die Maßnahme.[159]
Zustimmungsverweigerungen eines Betriebsrats, die sich in solchen Fällen allein auf die Begründung stützen, es sei kein betriebliches Eingliederungsmanagement durchgeführt worden, können angreifbar werden.
Sind Betriebsratsmitglieder für das Führen von BEM-Gesprächen zuständig, sind Seminare, die spezielle Kenntnisse zu diesem Thema ver-

157 Gagel, »Bedeutung des Eingliederungsmanagements für den Kündigungsschutz Teil I« in Diskussionsforum B, Beitrag 4/2004 des Instituts für Qualitätssicherung in Prävention und Rehabilitation (iqpr) an der Deutschen Sportschule Köln, S. 6.
158 Klose, Anm. 4 zu OVG Koblenz, Beschluss v. 17.10.2012 – 5 A 10523/12, jurisPR-ArbR 6/2013.
159 BAG, Urteil v. 18.10.2017 – 10 AZR 47/17, AiB 2018, Nr. 1, 63.

mitteln, für diese Betriebsratsmitglieder erforderlich.[160] Es hängt dabei maßgeblich von der Größe und personellen Zusammensetzung sowie von der Geschäftsverteilung des Betriebsrats ab, ob und inwieweit eines oder mehrere Mitglieder über Spezialkenntnisse verfügen müssen Die Erforderlichkeit der Schulungsteilnahme setzt dabei nicht notwendig voraus, dass die Durchführung eines betrieblichen Eingliederungsmanagements im Zeitpunkt des Entsendebeschlusses des Betriebsrats aktuell bevorstand. Der erforderliche konkrete betriebsbezogene Anlass ist nicht im Sinne eines akuten Ereignisses, sondern im Sinne eines gegenwärtigen Bedürfnisses zu verstehen. Ein solches gegenwärtiges Bedürfnis ergibt sich aus den Aufgaben des Betriebsrats.[161]

dd. Zuständiges Gremium

In der praktischen Umsetzung des Mitbestimmungsrechts gewinnt zunehmend die Frage an Bedeutung, welches Gremium für den Abschluss von Betriebsvereinbarungen zum betrieblichen Eingliederungsmanagement zuständig ist – der örtliche Betriebsrat, der Gesamtbetriebsrat oder der Konzernbetriebsrat. Dabei ist zunächst von folgenden Grundsätzen auszugehen:

Die Zuständigkeitsverteilung innerhalb der betriebsverfassungsrechtlichen Gremien regelt das BetrVG selbst. Die Ausübung der Mitbestimmungsrechte nach dem Betriebsverfassungsgesetz steht danach grundsätzlich dem von den Arbeitnehmern unmittelbar gewählten Betriebsrat zu. Er hat die Interessen der Belegschaften wahrzunehmen.[162]

Nach § 50 BetrVG ist der Gesamtbetriebsrat für die Behandlung von Angelegenheiten zuständig, die das Gesamtunternehmen oder mehrere Betriebe betreffen und nicht durch die einzelnen Betriebsräte innerhalb ihrer Betriebe geregelt werden können. Dabei ist z. B. im Rahmen der wirtschaftlichen Angelegenheiten bei Betriebsänderungen anerkannt, dass der Gesamtbetriebsrat zu beteiligen ist, wenn die Maßnahmen das ganze Unternehmen oder mehrere Betriebe des Unternehmens betreffen und notwendigerweise nur einheitlich geregelt werden können, etwa bei der Zusammenlegung mehrerer Betriebe oder bei der Stilllegung aller Betriebe des Unternehmens.[163]

---

160 Hessisches LAG, Beschluss v. 5. 8. 2013 – 16 TaBVGa 120/13, n. v.

161 LAG Berlin-Brandenburg, Beschluss v. 16. 1. 2020 – 26 Ta BV 865/19, LAGE § 87 BetrVG 2001 Gesundheitsschutz Nr. 11.

162 BAG, Beschluss v. 19. 6. 2012 – 1 ABR 19/11, NZA 2012, 1237.

163 BAG, Beschluss v. 19. 6. 2012 – 1 ABR 19/11, NZA 2012, 1237.

Der Konzernbetriebsrat ist nach § 58 Abs. 1 BetrVG für die Behandlung von Angelegenheiten zuständig, die den Konzern oder mehrere Konzernunternehmen betreffen und die nicht durch die einzelnen Gesamtbetriebsräte innerhalb ihrer Unternehmen geregelt werden können. Dabei ist ein Konzernbetriebsrat originär zuständig, wenn die Angelegenheit den Konzern oder mehrere Konzernunternehmen betrifft und das Regelungsziel nur durch eine einheitliche Regelung auf Konzernebene erreicht werden kann. Ein entsprechendes zwingendes Erfordernis für die konzerneinheitliche Regelung kann sich aus technischen oder rechtlichen Gründen ergeben. Entscheidend sind der Inhalt sowie das Ziel, das durch die Regelung erreicht werden soll.[164]

Ob und auf welche Weise ein betriebs- oder unternehmensübergreifender Regelungsbedarf besteht, richtet sich nach den Umständen des Einzelfalls. Entscheidend sind der Inhalt der Regelung sowie das angestrebte Ziel. Erforderlich ist, dass es sich zum einen um mehrere Betriebe bzw. um das Unternehmen betreffende Angelegenheit handelt, zum anderen, ob objektiv ein zwingendes Erfordernis für eine unternehmenseinheitliche oder betriebsübergreifende Regelung besteht. Das Vorliegen eines zwingenden Erfordernisses bestimmt sich nach Inhalt und Zweck des Mitbestimmungstatbestands, der einer zu regelnden Angelegenheit zugrunde liegt. Allein der Wunsch des Arbeitgebers nach einer unternehmenseinheitlichen oder betriebsübergreifenden Regelung, sein Kosten- oder Koordinierungsinteresse sowie reine Zweckmäßigkeitsgesichtspunkte genügen nicht, um in Angelegenheiten der zwingenden Mitbestimmung die Zustimmung des Gesamtbetriebsrats zu begründen.[165]

Für den Abschluss einer Betriebsvereinbarung zum betrieblichen Eingliederungsmanagement ist grundsätzlich von der Zuständigkeit des Betriebsrats auszugehen. Denn das betriebsverfassungsrechtliche Eingliederungsmanagement ist nicht auf den ersten Blick zwingend betriebsübergreifend organisiert. Dies ergibt sich schon aus der Legaldefinition in § 167 Abs. 2 Satz 1 SGB IX. Dort wird der Vorgang als »betriebliches Eingliederungsmanagement« definiert. Dies zeigt deutlich, dass der Gesetzgeber von einer Betriebsbezogenheit des Eingliederungsmanagements ausgeht. Zudem verweist § 167 Abs. 2 Satz 1 SGB IX auf die Beteiligung der »zuständigen« Interessenvertretung. Welche Stelle dies grundsätzlich ist, regelt § 176 SGB IX. Danach fördert vor allem der Betriebsrat die Eingliederung schwerbehinderter Menschen. Dies ergibt sich auch aus dem

164 BAG, Beschluss v. 22.7.2008 – 1 ABR 40/07, NZA 2008, 1248.

165 BAG, Beschluss v. 19.6.2012 – 1 ABR 19/11, NZA 2012, 1237; BAG, Beschluss v. 22.7.2008 – 1 ABR 40/07, NZA 2008, 1248.

Zweck des Eingliederungsmanagements. Die Beurteilung der einzelnen Arbeitsplätze und die zur Durchführung des Eingliederungsmanagements erforderlichen Maßnahmen (Leistungen und Hilfen) sind betriebsbezogen. Für die Leistungen und Hilfen nach § 167 Abs. 2 SGB IX ist nicht die Organisationsstruktur des Arbeitgebers entscheidend, sondern es sind die betrieblichen Gegebenheiten vor Ort. Denn oftmals geht es im Rahmen des betrieblichen Eingliederungsmanagements um konkrete Hilfen direkt vor Ort am Arbeitsplatz, etwa um andere Sitzmöbel, Beleuchtungstechnik, Erreichbarkeit des Arbeitsplatzes etc.[166]

d. Rechte und Pflichten der Schwerbehindertenvertretung

aa. Einrichtung einer Schwerbehindertenvertretung

Eine Schwerbehindertenvertretung ist gem. § 177 Abs. 1 SGB IX immer dann einzurichten, wenn in einem Betrieb mindestens fünf schwerbehinderte Menschen nicht nur vorübergehend beschäftigt werden, wobei – abweichend von den Regelungen des BetrVG – leitende Angestellte in den Kreis der zu berücksichtigenden Personen mit einzubeziehen sind.[167] Wird diese Schwelle in einem Betrieb nicht erreicht, besteht nach § 177 Abs. 1 Satz 4 SGB IX die Möglichkeit, mehrere Betriebe eines Arbeitgebers bei räumlicher Nähe zusammenzufassen. Gewählt werden von den schwerbehinderten Arbeitnehmern eine Vertrauensperson sowie mindestens ein stellvertretendes Mitglied, das die Vertrauensperson bei Verhinderung vertritt.

bb. Aufgaben und Rechte der Schwerbehindertenvertretung

Die Aufgabenzuweisung der Schwerbehindertenvertretung ergibt sich aus einem Zusammenwirken der Vorschriften der §§ 167 Abs. 2 und 178 SGB IX. Die Schwerbehindertenvertretung ist grundsätzlich vor jeder Entscheidung des Arbeitgebers zu hören, die schwerbehinderte Menschen betrifft. Sie muss gem. § 178 Abs. 1 Nr. 1 SGB IX und § 167 Abs. 2 Satz 8 SGB IX darüber wachen, dass der Arbeitgeber seine gesetzlichen Verpflichtungen erfüllt. Mit Wirkung ab 1. 1. 2017 wurde in § 178 Abs. 2 SGB IX ein neuer Satz 3 eingefügt, nach dem die Kündigung eines schwerbehinderten Menschen, die der Arbeitgeber ohne eine vorherige Beteiligung der Schwerbehindertenvertretung ausspricht, unwirksam ist. Nach der Rechtsprechung kann die Anhörung der Schwerbehindertenvertretung

---

166 LAG Düsseldorf, Beschluss v. 4. 2. 2013 – 9 TaBV 129/12, LAGE Nr. 65 zu § 98 ArbGG; Beschluss v. 29. 9. 2009 – 17 TaBV 107/09, ArbR 2010, 510.

167 Neumann/Pahlen/Winkler/Jabben-Pahlen, § 177 SGB IX, Rn. 4.

auch noch nach dem Antrag des Arbeitgebers an das Integrationsamt auf Erteilung der Zustimmung zur Kündigung erfolgen. Der Arbeitgeber muss die Schwerbehindertenvertretung nicht nur ausreichend unterrichten, sondern ihr auch genügend Gelegenheit zur Stellungnahme geben. Für eine Anhörung der Schwerbehindertenvertretung zur Kündigung eines schwerbehinderten Arbeitnehmers genügt es regelmäßig nicht, der Schwerbehindertenvertretung lediglich das an den Betriebsrat gerichtete Anhörungsschreiben zur Kenntnisnahme zuzuleiten.[168] Hinsichtlich der Stellungnahmefristen enthält § 178 SGB IX keine Regelung. Nach Auffassung des BAG ist die für Betriebsräte geltende einwöchige Anhörungsfrist des § 102 Abs. 2 BetrVG entsprechend zugrunde zu legen.[169]

Wesentlich ist die nach § 167 Abs. 2 Satz 7 SGB IX[170] bestehende Möglichkeit, dass die Schwerbehindertenvertretung ebenso wie der Betriebsrat die Durchführung eines betrieblichen Eingliederungsmanagements verlangen kann, also ebenfalls ein Initiativrecht hat, wenn der Arbeitgeber den Beschäftigten kein Verfahren zur Durchführung eines betrieblichen Eingliederungsmanagements anbietet.[171] Etwas undurchsichtig ist die Möglichkeit, dieses Recht der Schwerbehindertenvertretung im Streitfall gerichtlich durchzusetzen. Allein in Betracht kommen kann ein Beschlussverfahren. Die Zuständigkeit der Arbeitsgerichte in Beschlussverfahren ist in § 2a ArbGG geregelt. Nach § 2a Abs. 1 Nr. 3a ArbGG gehören dazu auch die Angelegenheiten aus den §§ 177, 178 und 222 SGB IX. § 167 Abs. 2 SGB IX wird an dieser Stelle zwar nicht ausdrücklich erwähnt, durch die Bezugnahme auf § 178 Abs. 1 Nr. 1 SGB IX wird man allerdings einen Zusammenhang für die Anwendbarkeit eines arbeitsgerichtlichen Beschlussverfahrens herleiten können: § 178 Abs. 1 Nr. 1 SGB IX nimmt ausdrücklich darauf Bezug, dass die Schwerbehindertenvertretung darüber zu wachen hat, dass der Arbeitgeber die ihm gegenüber schwerbehinderten Menschen obliegenden Verpflichtungen aus § 167 SGB IX erfüllt.[172]

---

168 LAG Mecklenburg-Vorpommern, Urteil v. 7.3.2023 – 5 Sa 127/22, ArbR 2023, 611; Rabe-Rosendahl, Anm. zu LAG Mecklenburg-Vorpommern, Urteil v. 7.3.2023 – 5 Sa 127/22, *www.reha-recht*.

169 BAG, Urteil v. 13.12.2018 – 2 AZR 378/18, ArbRB 2019, 67.

170 Ab 2018: § 167 Abs. 2 Satz 6 SGB IX.

171 BAG, Urteil v. 7.9.2021 – 9 AZR 571/20, NZA 2022, 257–261; Kohte, DB 2008, 582, 583; Schils, S. 117.

172 Dau/Düwell/Joussen/Luik-*Düwell*, § 167 SGB IX, Rn. 124; Gagel, »Bedeutung des Eingliederungsmanagements für den Kündigungsschutz Teil II« in Diskussionsforum B, Beitrag 5/2004 des Instituts für Qualitätssicherung in Prävention und Rehabilitation (iqpr) an der Deutschen Sportschule Köln, S. 4.

Da die Schwerbehindertenvertretung die Durchführung des Eingliederungsmanagements verlangen kann, besteht auch ein Mitwirkungsrecht bei der Ausgestaltung des Eingliederungsmanagements. Die Regelungen zur Ausgestaltung können als Rahmenbestimmungen oder auch im Detail in Form einer Inklusionsvereinbarung gem. § 166 Abs. 3 Nr. 5 SGB IX gestaltet werden.
Schließlich ist noch auf die Möglichkeit der Schwerbehindertenvertretung gem. § 178 Abs. 4 SBG IX sowie § 170 SGB IX hinzuweisen, auf die Entscheidungen des Betriebsrats und des Integrationsamtes einzuwirken. Die Schwerbehindertenvertretung ist die gewählte Interessenvertretung der Beschäftigten mit Schwerbehinderung und ihnen gleichgestellten (§§ 177–180 SGB IX). Sie hat oft vertiefte Kenntnisse, insbesondere hinsichtlich möglicher Unterstützungen und Hilfsmaßnahmen seitens der Rehabilitationsträger. Beschäftigte, die nicht schwerbehindert oder gleichgestellt sind, können die Schwerbehindertenvertretung dennoch zum Kreis der Beteiligten ihres betrieblichen Eingliederungsmanagements machen, indem sie die Schwerbehindertenvertretung als Vertrauensperson im Sinne des § 167 Abs. 2 Satz 2 SGB IX benennen.[173] Da es den Betroffenen eines betrieblichen Eingliederungsmanagements freisteht, wen sie als Vertrauensperson hinzuziehen wollen[174], kann sich der Arbeitgeber in diesem Fall der Teilnahme der Schwerbehindertenvertretung nicht mit dem Argument widersetzen, die Schwerbehindertenvertretung wäre kraft ihres Amtes nicht zu beteiligen.

e. Rechte und Pflichten des Werks- oder Betriebsarztes

Im Gegensatz zu Betriebsrat und Schwerbehindertenvertretung ist ein Werks- oder Betriebsarzt gem. § 167 Abs. 2 Satz 3 SGB IX zur Beratung nur hinzuzuziehen, wenn dies erforderlich ist.[175] Wann dies der Fall ist, wird im Gesetz nicht näher genannt. Ausgehend davon, dass das betriebliche Eingliederungsmanagement sich nicht in reinem Formalismus erschöpfen darf, vielmehr ein rechtlich regulierter »Suchprozess« ist, verlangt die Rechtsprechung, dass es zu den Mindestanforderungen eines ordnungsgemäßen Verfahrens gehört, die gesetzlich vorgesehenen Stellen, Ämter und Personen zu beteiligen.[176] Nur so wird es gelingen,

173 Rabe-Rosendahl/Kothe, RP-Reha 2023, Nr. 1, 38.
174 BT-Drucks. 19/28834, S. 57; siehe auch Kap. I. 4. B. gg.
175 Dau/Düwell/Joussen/Luik-*Düwell*, § 167 SGB IX, Rn. 40; Lorenz/Kissel, ArbRB 2008, 382, 384.
176 BAG, Urteil v. 10.12.2009 – 2 AZR 400/08, NZA 2010, 398, 399.

auch inhaltlich alle in Betracht kommenden Mittel zur Verwirklichung der Ziele des betrieblichen Eingliederungsmanagements auszuschöpfen. Sollte sich im Laufe des Verfahrens herausstellen, dass Lösungsansätze zur Beseitigung bzw. Vorbeugung erneuter Arbeitsunfähigkeit und/oder Erhaltung des Arbeitsplatzes möglicherweise bestehen, zur Beurteilung dieser Fragen aber medizinischer Sachverstand erforderlich ist, ist die Hinzuziehung eines Werks- oder Betriebsarztes i. d. R. erforderlich.[177]

aa. Bestellung des Betriebsarztes

Nach den Regelungen des ASiG ist der Arbeitgeber unter bestimmten Voraussetzungen verpflichtet, Betriebsärzte zu bestellen, die ihn beim Arbeitsschutz und bei der Unfallverhütung beraten und unterstützen sollen. Betriebsärzte sind zu bestellen, wenn ihr Einsatz im Betrieb erforderlich ist. Ausschlaggebend ist dabei gem. § 2 Abs. 1 ASiG die Betriebsart und die damit für die Arbeitnehmer verbundenen Unfall- und Gesundheitsgefahren. Des Weiteren spielen eine Rolle die Zahl der beschäftigten Arbeitnehmer, die Zusammensetzung der Belegschaft (z. B. Anteil schwerbehinderter Menschen) und die Betriebsorganisation, vor allem im Hinblick auf die Zahl und die Art der für den Arbeitsschutz und die Unfallverhütung verantwortlichen Personen. In Anbetracht der Vielzahl der Möglichkeiten sind die Einzelheiten in der von den Berufsgenossenschaften erlassenen Unfallverhütungsvorschrift DGUV Vorschrift 2 »Betriebsärzte und Fachkräfte für Arbeitssicherheit« geregelt. Der Einsatz von Betriebsärzten ist nach folgenden Fallgestaltungen möglich:

- Der Betriebsarzt wird haupt- oder nebenberuflich vom Arbeitgeber eingestellt;
- Der Betriebsarzt wird als freier Mitarbeiter tätig;
- Der Arbeitgeber beauftragt einen überbetrieblichen Dienst von Betriebsärzten.

Der Betriebsrat hat unter anderem ein Mitbestimmungsrecht hinsichtlich der Art der Beauftragung, d. h. ob ein externer Dienst beauftragt wird, ein Betriebsarzt als freier Mitarbeiter oder eine betriebsinterne Beschäftigung eines Betriebsarztes erfolgt.[178]

bb. Aufgaben und Pflichten des Betriebsarztes

Der Aufgabenbereich des Betriebsarztes ist im Einzelnen nicht abschließend, sondern beispielhaft in § 3 ASiG beschrieben. Neben der Beratung des Arbeitgebers in allen Fragen des Gesundheitsschutzes ist hier von

177 Schils, S. 141.
178 Küttner-*Poeche*, Betriebsarzt, Rn. 18; Glomm, AiB 2016, 23, 25.

besonderer Bedeutung die Beratung bei Fragen des Arbeitsplatzwechsels sowie bei der Eingliederung und Wiedereingliederung Behinderter in den Arbeitsprozess (§ 3 Abs. 1 Nr. 1f ASiG). Außerdem hat der Betriebsarzt nach § 3 Abs. 1 Nr. 2 ASiG den Arbeitnehmer arbeitsmedizinisch zu untersuchen, zu beurteilen und zu beraten. Die Untersuchungsergebnisse sind vom Betriebsarzt zu erfassen und auszuwerten. Wichtig ist dabei die ausdrücklich in § 3 Abs. 3 ASiG gezogene Grenze des Aufgabenkreises: Zu den Aufgaben des Betriebsarztes gehört nicht, Krankmeldungen der Arbeitnehmer auf ihre Berechtigung hin zu untersuchen.

Um das Vertrauen des Beschäftigten in die Zusammenarbeit mit dem Betriebsarzt zu stärken, muss für alle Beteiligten klargestellt werden, dass der Betriebsarzt der ärztlichen Schweigepflicht unterliegt. Darauf verweist § 8 Abs. 1 ASiG ausdrücklich. Dem Arbeitgeber dürfen Untersuchungsergebnisse nur mit Einwilligung des Arbeitnehmers mitgeteilt werden, die für den jeweiligen Einzelfall erteilt werden muss. Weder pauschale Einwilligungserklärungen im Arbeitsvertrag noch stillschweigende Einwilligungen – weil sich der Arbeitnehmer mit der Durchführung der Untersuchung als solcher einverstanden erklärt – sind ausreichend für die wirksame Befreiung von der ärztlichen Schweigepflicht. Eine bereits erteilte Befreiungserklärung darf der Arbeitnehmer jederzeit zurücknehmen.[179] Eine Ausnahme von diesem Grundsatz wird man nur dann annehmen können, wenn die weitere Beschäftigung des Arbeitnehmers Leben oder Gesundheit Dritter gefährden kann (z. B. die Fahrtauglichkeit eines Berufskraftfahrers ausschließende Sehkraft) oder bei Krankheiten, die aufgrund Gesetzes meldepflichtig sind.[180]

Vor diesem Hintergrund kann im konkreten Einzelfall die Einbindung des Betriebsarztes sinnvoll sein, damit das Eingliederungsmanagement vom Grundsatz vertrauensvoller Zusammenarbeit aller Beteiligten getragen wird. Der Betriebsarzt kann z. B. – mit Einverständnis des Betroffenen – Kontakte zu den Rehabilitationsträgern, zu dem behandelnden Arzt oder zu etwaigen Reha-Kliniken aufnehmen. Des Weiteren kann er für eine konkret am Einzelfall orientierte Abstimmung von medizinischer Rehabilitation in ihm näher bekannten betrieblichen Alltag sorgen und damit zu einer Art »Lotse« der medizinischen Seite des Eingliederungsmanagements werden.[181] Folgt man der oben, unter I. 4. a. bb. geschilderten Auffassung, dass Unterlagen mit medizinischen Aussagen, Daten und Gutachten nicht in einer BEM-Akte – und erst recht nicht in der

179 Küttner-*Poeche*, Betriebsarzt, Rn. 14.

180 Küttner-*Poeche*, Betriebsarzt, Rn. 15.

181 Glomm, AiB 2016, 23; Feldes, Soziale Sicherheit 2004, 270, 276.

Personalakte – aufbewahrt werden dürften, sondern durch den Betriebsarzt verwalten werden sollten, wird die Hinzuziehung des Betriebsarztes zumindest für diese Aufgabenstellung obligatorisch werden.
Problematisch dürfte jedoch sein, die Durchführung und Leitung eines betrieblichen Eingliederungsmanagements allein dem Betriebsarzt bzw. dessen Tätigkeitsbereich zuzuordnen. Die Inanspruchnahme des Sachverstands eines Betriebsarztes kann der Klärung dienen, ob vom Arbeitsplatz Gefahren für die Gesundheit des Arbeitnehmers ausgehen und künftig durch geeignete Maßnahmen vermieden werden können (§ 3 Abs. 1 Satz 2 ASiG). Die Inanspruchnahme des betriebsärztlichen Sachverstands steht einem betrieblichen Eingliederungsmanagement als Ganzem aber nicht gleich.[182] Arbeitsmedizinische Untersuchungen allein würden den Blick auf die Gewinnung anderer Erkenntnisse im Rahmen eines in alle Richtungen offenen betrieblichen Eingliederungsmanagements verstellen.[183]

f. Rechte und Pflichten der Rehabilitationsträger und des Integrationsamtes

aa. Rehabilitationsträger

Seit 1.1.2018 sind die in der früheren Fassung des § 84 Abs. 2 SGB IX genannten gemeinsamen Servicestellen weggefallen.
§ 167 Abs. 2 SGB IX bestimmt nunmehr, dass vom Arbeitgeber die Rehabilitationsträger oder bei schwerbehinderten Beschäftigen das Integrationsamt hinzugezogen werden, wenn Leistungen zur Teilhabe oder begleitende Hilfen im Arbeitsleben in Betracht kommen. Diese wirken darauf hin, dass die erforderlichen Leistungen oder Hilfen unverzüglich beantragt und innerhalb der Frist des § 14 Abs. 2 Satz 2 SGB IX erbracht werden.
Rehabilitationsträger können gem. § 6 Abs. 1 SGB IX folgende Stellen sein:

- die gesetzlichen Krankenkassen;
- die Bundesagentur für Arbeit;
- die Träger der gesetzlichen Unfallversicherung;
- die Träger der gesetzlichen Rentenversicherung;
- die Träger der Kriegsopferversorgung und der Kriegsopferfürsorge;
- die Träger der öffentlichen Jugendhilfe;
- die Träger der Sozialhilfe.

182 BAG, Urteil v. 20.11.2014 – 2 AZR 755/13, NZA 2015, 612.
183 Schmidt, RdA 2016, 166, 169.

Für das Verfahren des betrieblichen Eingliederungsmanagements sind insbesondere die nachfolgend beschriebenen Rehabilitationsträger von Bedeutung:

Träger der gesetzlichen Rentenversicherung
Für Antragstellerinnen und Antragsteller mit 15 Jahren Wartezeit oder die eine Rente wegen (teilweise) verminderter Erwerbsfähigkeit beziehen, sind die Träger der Rentenversicherung zuständig (siehe § 16 SGB VI i. V. m. § 49 SGB IX). Die Träger der Rentenversicherung gewähren auch Leistungen zur Teilhabe am Arbeitsleben, wenn ohne diese Leistungen eine Rente wegen verminderter Erwerbsfähigkeit zu leisten wäre oder wenn sie für die erfolgreiche Sicherung einer medizinischen Rehabilitation unmittelbar im Anschluss erforderlich sind. Da die Rehabilitation in der Rentenversicherung u. a. das Ziel hat, Rente wegen verminderter Erwerbsfähigkeit abzuwenden oder hinauszuzögern (»Reha vor Rente«), können auch jüngere Versicherte ohne Erfüllung der 15 Jahre Wartezeit Leistungen zur Teilhabe am Arbeitsleben erhalten (§ 11 Abs. 2a SGB VI).

Bundesagentur für Arbeit
Für antragstellende Personen mit weniger als 15 Jahren sozialversicherungspflichtiger Beschäftigung und Auszubildende ist die Bundesagentur für Arbeit zuständig. Im Rahmen der beruflichen Rehabilitation ist die Bundesagentur für Arbeit auch für erwerbsfähige Hilfebedürftige mit Behinderung zuständig, die Leistungen zur Grundsicherung nach SGB II durch die Jobcenter (früher ARGEn) oder zugelassenen kommunalen Träger erhalten, sofern kein anderer Rehabilitationsträger zuständig ist.

Träger der gesetzlichen Unfallversicherung
Für die berufliche Wiedereingliederung nach Arbeits- und Wegeunfällen oder Berufskrankheiten sind die Träger der gesetzlichen Unfallversicherung zuständig. Dazu zählen die nach Branchen gegliederten Berufsgenossenschaften, die landwirtschaftlichen Berufsgenossenschaften sowie die Unfallkassen.
Hinsichtlich der Maßnahmen im Rahmen eines betrieblichen Eingliederungsmanagements ist nicht nur für den Laien oftmals unklar, welcher Leistungsträger zuständig ist. § 14 SGB IX regelt die Zuständigkeit der Leistungsträger, damit die Leistung schneller erbracht wird.
Wenn unklar ist, wer der zuständige Leistungsträger ist, kann zunächst ein Antrag auf Förderleistungen für die berufliche Teilhabe bei irgendeinem der möglichen Rehabilitationsträger oder beim Integrationsamt

gestellt werden. Diese sind verpflichtet, innerhalb bestimmter Fristen die Zuständigkeit zu klären und über die Leistung zu entscheiden.

Mit dem Bundesteilhabegesetz hat der Gesetzgeber seit dem 1. 1. 2018 alle Rehabilitationsträger verpflichtet, Ansprechstellen für Rehabilitation und Teilhabe zu benennen (§ 12 SGB IX). Diese Verpflichtung betrifft auch Jobcenter, Integrationsämter und Pflegekassen.

Die Ansprechstellen sollen dabei unterstützen, einen Rehabilitationsbedarf möglichst frühzeitig zu erkennen und darauf hinwirken, dass entsprechende Anträge gestellt werden. Die Ansprechstellen befinden sich zum Teil noch in der Gründungsphase. Die Bundesarbeitsgemeinschaft für Rehabilitation (BAR) stellt ein bundesweites Online-Verzeichnis der Ansprechstellen zur Verfügung.[184]

Leistungen zur Teilhabe sind in § 5 SGB IX im Einzelnen aufgeführt. Es handelt sich dabei um

- Nr. 1 Leistungen zur medizinischen Teilhabe
- Nr. 2 Leistungen zur Teilhabe am Arbeitsleben (bislang bekannt unter dem Begriff der berufsfördernden Leistungen)
- Nr. 3 unterhaltssichernde und andere ergänzende Leistungen
- Nr. 4 Leistungen zur Teilhabe am Leben in der Gemeinschaft.

Hinsichtlich der zu Nr. 2 genannten Leistungen zur Teilhabe am Arbeitsleben führt § 49 Abs. 3 SGB IX einen nicht abschließenden Leistungskatalog auf, der z. B. Hilfen zur Erhaltung oder Erlangung eines Arbeitsplatzes nennt, einschließlich Leistungen zur Beratung und Vermittlung, Trainingsmaßnahmen und Mobilitätshilfen. Des Weiteren werden Leistungen zur beruflichen Anpassung und Weiterbildung genannt, auch soweit die Leistungen einen zur Teilnahme erforderlichen schulischen Abschluss einschließen.

Der in § 167 Abs. 2 SGB IX gewählte Begriff »in Betracht kommen« ist dabei weit auszulegen. Es reichen Situationen aus, in denen durch Leistungen zur Teilhabe eine Sicherung des Arbeitsplatzes für möglich gehalten wird.[185]

Die Beratungs- und Unterstützungspflicht besteht nicht nur gegenüber den behinderten oder von Behinderung bedrohten Menschen, sondern auch gegenüber deren Vertrauenspersonen, zu denen u. a. auch Betriebsräte, Vertrauensleute der Schwerbehinderten und Gewerkschaftssekretäre zu zählen sind.

In der 2018 herausgegebenen Gemeinsamen Empfehlung der Bundesarbeitsgemeinschaft für Rehabilitation zum Thema Prävention heißt es

184 *https://www.ansprechstellen.de/suche.html*

185 Gagel, NZA 2004, 1359, 1361.

darüber hinaus in § 9 Abs. 3: »Die Rehabilitationsträger und Integrationsämter unterstützen die Arbeitgeber proaktiv bei der Implementierung des Betrieblichen Eingliederungsmanagements, ggf. als Bestandteil eines umfassenden Betrieblichen Gesundheitsmanagements. Ziel sollte dabei sein, den für die Betriebe gesetzlich verpflichtenden Arbeitsschutz und das gesetzlich verpflichtende Betriebliche Eingliederungsmanagement ggf. mit einer für Betriebe freiwilligen Betrieblichen Gesundheitsförderung zu verzahnen.«[186]

Aus der vorgenannten Zielsetzung ist ein wichtiger Ansatzpunkt für wirkungsvolle Arbeit im Fall eines Eingliederungsmanagements herauszuarbeiten: Es bedarf eines qualifizierten Ansprechpartners im Betrieb, der die Kontakte zu den oben beschriebenen Einrichtungen hält und deren Hilfestellungen aufnimmt und umsetzt.

Ebenso wie bei der Frage, wann die Einschaltung eines Werks- oder Betriebsarztes erforderlich ist, gilt auch für Integrationsämter und Rehabilitationsträger, dass der Arbeitgeber die Mindestanforderungen des betrieblichen Eingliederungsmanagements nicht erfüllt, wenn er nicht an diese Stellen herantritt, um die Möglichkeiten zu klären die bestehen, um die Arbeitsunfähigkeit zu überwinden oder einer erneuten Arbeitsunfähigkeit vorzubeugen.[187]

bb. Handlungsspektrum des Integrationsamtes bei Kündigungen

Dem Integrationsamt kommt im Fall der Kündigung eines schwerbehinderten Beschäftigten eine hervorgehobene Rolle zu. Denn ohne die Zustimmung des Integrationsamtes ist die Kündigung gem. § 168 SGB IX unwirksam.

Soweit Schwerbehinderte mit einer beabsichtigten Kündigung aus krankheitsbedingten Gründen konfrontiert sind, werden Integrationsämter im Rahmen des im Vorfeld durchzuführenden Verfahrens auf Erteilung der Zustimmung zur beabsichtigten Kündigung gem. den §§ 168 und 174 SGB IX prüfen müssen, ob der Arbeitgeber seinen Verpflichtungen gem. § 167 Abs. 2 SGB IX in ausreichendem Maße nachgekommen ist.

Die Folgen eines nicht oder nur unzureichend durchgeführten betrieblichen Eingliederungsmanagements können sich in zweierlei Hinsicht auswirken: Zum einen kann sich das Integrationsamt entschließen, die Möglichkeiten einer Eingliederung selbst zu unternehmen. Denn das In-

186 Abrufbar im Internet unter *https://www.bar-frankfurt.de/fileadmin/dateiliste/_publikationen/reha_vereinbarungen/pdfs/Gemeinsame_Empfehlung_Praevention.pdf*

187 Dau/Düwell/Joussen/Luik-*Düwell*, § 167 SGB IX, Rn. 45.

tegrationsamt hat im Rahmen seiner Aufgabenerfüllung gem. § 185 Abs. 1 Nr. 3 SGB IX selbst die Möglichkeit, begleitende Hilfen im Arbeitsleben in Zusammenarbeit mit der Bundesagentur für Arbeit und den übrigen Rehabilitationsträgern durchzuführen. Das Verfahren auf Zustimmung zur Kündigung ist währenddessen auszusetzen.[188] Vor Abschluss des Verfahrens kommt eine Zustimmung zur Kündigung nicht in Betracht.[189] Das Integrationsamt hat zum anderen aber auch die Möglichkeit, die Zustimmung zur Kündigung wegen fehlenden oder unzureichenden Eingliederungsmanagements zu verweigern, wenn die Durchführung dieses Verfahrens durch den Arbeitgeber den Interessen des Beschäftigten besser gerecht wird.[190]
Der Auffassung, dass ein fehlendes oder fehlerhaft durchgeführtes betriebliches Eingliederungsmanagement durch die Zustimmung des Integrationsamtes zu einer Kündigung geheilt werden könne,[191] ist in dieser generellen Aussage eine Absage zu erteilen. Das BAG hat zwar in einer Entscheidung vom 7. 12. 2006[192] die Aussage getroffen, dass ein Verfahren vor dem Integrationsamt gem. den §§ 168ff. SGB IX ein geordnetes Verfahren zur Prüfung der Rechte Schwerbehinderter sei, bei dem eine Abwägung der Interessen des Schwerbehinderten und der betrieblichen Interessen erfolge. Würde das Integrationsamt nach dieser eingehenden Prüfung die Zustimmung zur Kündigung erteilen, könne nur bei Vorliegen besonderer Voraussetzungen davon ausgegangen werden, dass die Durchführung eines Präventionsverfahrens die Zustimmung verhindert hätte. Dieser Entscheidung lag allerdings der Ausspruch einer verhaltensbedingten Kündigung wegen Arbeitszeitbetrugs zugrunde. Das vom Kläger reklamierte fehlende Präventionsverfahren bezog sich zudem auf § 167 Abs. 1 SGB IX, dessen Anwendungsbereich an personen-, verhaltens- oder betriebsbedingte Schwierigkeiten anknüpft, die zur Gefährdung des Arbeitsverhältnisses führen können. Beim Verfahren des betrieblichen Eingliederungsmanagements gem. § 167 Abs. 2 SGB IX

---

188 Deinert, NZA 2010, 969, 974.

189 Gagel, »Bedeutung des Eingliederungsmanagements für den Kündigungsschutz Teil II« in Diskussionsforum B, Beitrag 5/2004 des Instituts für Qualitätssicherung in Prävention und Rehabilitation (iqpr) an der Deutschen Sportschule Köln, S. 5.

190 Feldes, Soziale Sicherheit 2004, 270, 278; Gagel, »Bedeutung des Eingliederungsmanagements für den Kündigungsschutz Teil II« in Diskussionsforum B, Beitrag 5/2004 des Instituts für Qualitätssicherung in Prävention und Rehabilitation (iqpr) an der Deutschen Sportschule Köln, S. 5.

191 Vgl. u. a. Lorenz/Kissel, ArbRB 2008, 382, 385.

192 BAG, Urteil v. 7. 12. 2006 – 2 AZR 182/06, AiB 2008, 299.

werden verhaltensbedingte Kündigungsgründe i. d. R. keine Rolle spielen, sondern vielmehr krankheitsbedingte Kündigungen. Ob das Integrationsamt in diesen Fällen die Besonderheiten des Einzelfalls »eingehend« unter Berücksichtigung aller Möglichkeiten geprüft hat, die die Durchführung eines betrieblichen Eingliederungsmanagements entbehrlich machen, darf nicht als Regel-Prinzip unterstellt werden.[193] Es würde bei näherer Betrachtung sogar die Gefahr einer potentiellen Benachteiligung schwerbehinderter Menschen beinhalten, würde diese Entscheidung des BAG uneingeschränkt auf Kündigungen übertragen werden, in denen ein fehlendes betriebliches Eingliederungsmanagement i. S. d. § 167 Abs. 2 SGB IX durch die Zustimmung des Integrationsamtes ersetzt werden könnte. Denn § 167 Abs. 1 SGB IX ist nur auf schwerbehinderte Menschen und ihnen nach § 2 Abs. 3 SGB IX Gleichgestellte anwendbar.[194] Da § 167 Abs. 2 SGB IX hingegen auf alle Beschäftigten unabhängig vom Vorliegen einer Behinderung anwendbar ist, würde die fehlende Durchführung des betrieblichen Eingliederungsmanagements bei einer Kündigung eines nicht behinderten Beschäftigten eher auf rechtliche Bedenken stoßen, als die Kündigung eines schwerbehinderten Beschäftigten nach Zustimmung des Integrationsamtes.
Das BAG hat die oben genannte Entscheidung vom 7. 12. 2006 zwischenzeitlich relativiert und zunächst offengelassen, ob daran festzuhalten ist. Ein Zustimmungsbescheid des Integrationsamtes zu einer Kündigung entfaltet auch nach Auffassung des BAG in einem Urteil vom 20. 11. 2014 jedenfalls dann keine Indizwirkung für die Berücksichtigung von Präventionsbelangen – vergleichbar einem betrieblichen Eingliederungsmanagement – wenn sich aus der Begründung des Bescheids keine Anhaltspunkte dafür ergeben, dass mögliche, kündigungsrechtlich beachtliche Beschäftigungsalternativen im Verwaltungsverfahren berücksichtigt worden sind[195] Mit einer weiteren Entscheidung vom 15. 12. 2022[196] hat das BAG nunmehr präzisiert, dass die Zustimmung des Integrationsamts zu einer krankheitsbedingten Kündigung nicht die Vermutung begründet, dass ein (unterbliebenes) betriebliches Eingliederungsmanagement die Kündigung nicht hätte verhindern können. Zur Begründung führt das BAG u. a. aus, dass das betriebliche Eingliederungsmanagement und das Verfahren nach den §§ 168 ff. SGB IX unterschiedliche Ziele, verfahrensmäßige Abläufe und Beteiligte haben. Das betriebliche Einglie-

193 Deinert, NZA 2010, 969, 974.
194 ErfK-*Rolfs*, § 167 SGB IX, Rn. 1.
195 BAG, Urteil v. 20. 11. 2014 – 2 AZR 664/13, NZA 2015, 931.
196 BAG, Urteil v. 15. 12. 2022 – 2 AZR 162/22, NZA 2023, 1233.

derungsmanagement ist ein verlaufs- und ergebnisoffener Suchprozess, der individuell angepasste Lösungen zur Vermeidung zukünftiger Arbeitsunfähigkeit und Verbesserung des Arbeitsumfelds ermitteln soll. Im Ergebnis soll gerade der Ausspruch einer Kündigung vermieden werden. Demgegenüber überprüft das Integrationsamt einen vom Arbeitgeber bereits gefassten Kündigungsentschluss und trifft eine Ermessensentscheidung, bei der das Interesse des Arbeitgebers an der Erhaltung seiner Gestaltungsmöglichkeiten gegen das Interesse des schwerbehinderten Arbeitnehmers an der Erhaltung seines Arbeitsplatzes abzuwägen ist. Bei dieser Entscheidung unterliegt das Integrationsamt zudem zum Teil Einschränkungen, wonach es in einer Reihe von Fallgestaltungen eine Zustimmung erteilen »soll« (siehe im Einzelnen die Fallgestaltungen in § 172 SGB IX).

Das Integrationsamt ist eine staatliche Behörde, die im Verhältnis zu beiden Parteien als selbstständige Dritte anzusehen ist und im Rahmen des betrieblichen Eingliederungsmanagements eine beratende Funktion im Hinblick auf die Möglichkeiten der Inanspruchnahme staatlicher Leistungen durch die Beteiligten wahrnimmt. Das Integrationsamt entscheidet selbstständig und eigenverantwortlich, welche konkreten Personen die der Behörde obliegenden Aufgaben im Einzelfall wahrnehmen. Betroffene Arbeitnehmer haben keinen Anspruch auf die Hinzuziehung eines bestimmten Mitarbeiters.[197]

cc. Prozessuale Folgen der Zustimmung des Integrationsamtes zu einer Kündigung

Zu berücksichtigen ist, dass der schwerbehinderte Beschäftigte, der gegen die Zustimmung des Integrationsamtes zur Kündigung alle verwaltungsrechtlichen Rechtsmittel ausschöpfen will, den zwischenzeitlichen Ausspruch einer Kündigung nicht ohne weiteres verhindern kann. Denn gem. § 171 Abs. 4 SGB IX haben Widerspruch und Anfechtungsklage gegen die Zustimmung des Integrationsamtes keine aufschiebende Wirkung. Solange der Bescheid des Integrationsamtes nicht aufgehoben wurde, sind die Arbeitsgerichte an die Entscheidung des Integrationsamtes gebunden. Nach h. M. kann der schwerbehinderte Beschäftigte nicht gem. § 80a Abs. 3 Satz 2, § 80 Abs. 5 VwGO beim Verwaltungsgericht beantragen, die aufschiebende Wirkung des Widerspruchs bzw. der Anfechtungsklage wieder herzustellen.[198] Ist das arbeitsgerichtliche Verfahren bereits rechtskräftig zu Lasten des schwerbehinderten Arbeitnehmers abgeschlossen

197 LAG Köln, Urteil v. 23.1.2020 – LAGE § 167 SGB IX 2018 Nr. 3.
198 ErfK-*Rolfs*, § 171 SGB IX, Rn. 4.

und wird zeitlich danach erst im verwaltungsgerichtlichen Verfahren abschließend entschieden, dass die Zustimmung zur Kündigung seitens des Integrationsamtes zu Unrecht erfolgte, kann der Arbeitnehmer in einer sogenannten Restitutionsklage analog § 580 Nr. 6 bzw. Nr. 7 ZPO die Wiederaufnahme des arbeitsgerichtlichen Verfahrens anstreben.[199] Die Wiederaufnahme bezweckt, das rechtskräftige arbeitsgerichtliche Urteil zu beseitigen und eine neue Entscheidung herbeizuführen. Denn ohne rechtswirksame Zustimmung des Integrationsamtes war die Kündigung rechtswidrig.

5. Abgrenzung zum Krankenrückkehrgespräch

Im Zusammenhang mit häufigen oder längerfristigen Arbeitsunfähigkeitszeiten werden in immer größer werdendem Ausmaß Gespräche zwischen Arbeitgebern und betroffenen Mitarbeitern geführt, die unter unterschiedlichen Bezeichnungen laufen, z. B. »Fürsorgliches Rückkehrgespräch«, »Fehlzeitengespräch« oder »Krankenrückkehrgespräch«.

a. Hintergrund von Krankenrückkehrgesprächen

Von Seiten des Arbeitgebers wird als Hintergrund für diese Gespräche, die er selbst oder ein von ihm Beauftragter i. d. R. nach Rückkehr an den Arbeitsplatz nach krankheitsbedingter Abwesenheit führt, ein rein fürsorglicher Charakter betont, ohne Konsequenzen für den Bestand des Arbeitsverhältnisses. Tatsächlich aber dürfte folgendes Motiv maßgeblich sein: Arbeitsunfähigkeitszeiten, erst recht, wenn sie mit Entgeltfortzahlungsverpflichtungen verbunden sind, werden von einer Vielzahl von Arbeitgebern als reines Verlustgeschäft betrachtet, das es zu vermeiden bzw. zu verringern gilt. Das kann zum einen erreicht werden, indem sich z. B. Sonderzahlungen der Höhe nach an den Anwesenheitszeiten orientieren und denjenigen durch entsprechende Abzüge benachteiligen, der – wenn auch unverschuldet – wegen Krankheit im Betrieb fehlte. Mit der Vorschrift des § 4a EFZG erlaubt der Gesetzgeber dem Arbeitgeber Leistungen, die er zusätzlich zum laufenden Entgelt erbringt, für Zeiten der Arbeitsunfähigkeit zu kürzen, sofern diese Kürzungsmöglichkeit auf eine Vereinbarung zurückgeht. Fehlt es an einer solchen Vereinbarung oder wird dieser finanzielle Druck noch nicht für ausreichend erachtet,

199 ErfK-*Rolfs*, § 168 SGB IX, Rn. 14 m. w. N.

wird häufig als weiteres Disziplinierungsinstrument ein Gespräch mit dem betroffenen Beschäftigten geführt, in dem es zur Ausübung moralischen Drucks bis hin zur Androhung von Kündigungen kommen kann. Abgesehen von den zuvor beschriebenen Zielsetzungen erhoffen sich Arbeitgeber von derartigen Gesprächen vielfach einen Informationsgewinn über die Ursachen der Erkrankung und den Verlauf der gesundheitlichen Entwicklung in der Zukunft. Ohne entsprechende »freiwillige« Äußerungen des betroffenen Beschäftigten kann ein Arbeitgeber im Vorfeld einer beabsichtigten Kündigung nur schwerlich abschätzen, ob die Voraussetzungen für eine rechtmäßige Kündigung aus krankheitsbedingten Gründen vorliegen. Unter Umständen wird der Arbeitnehmer in diesen Gesprächen auch mit einer vermeintlichen Verpflichtung konfrontiert, er müsse seine behandelnden Ärzte von deren ärztlicher Schweigepflicht gegenüber dem Arbeitgeber entbinden.

b. Ablauf von Krankenrückkehrgesprächen

Es gibt keinen verbindlichen Ablauf von Krankenrückkehrgesprächen. Es kann sich um lediglich ein Gespräch handeln, das z. B. in erster Linie auf den oben geschilderten Informationsgewinn durch Fragen zu den Krankheitsursachen abzielt. Oftmals wird aber auch ein Stufenmodell praktiziert, das sich wie folgt aufgliedert:[200]

Stufe 1:	Motivationsgespräch
Zielsetzung:	Vertrauensbildung nach Rückkehr aus der Krankheit.
Themen:	»Wir freuen uns, dass Sie wieder da sind, und haben Sie sehr vermisst«; Information über aktuelle Situation im Tätigkeitsbereich; Fragen nach dem Grund für die Fehlzeit und Erkundigung nach weiterem Wohlbefinden.
Stufe 2:	Mitarbeitergespräch
Zielsetzung:	Auswirkungen der Fehlzeiten für die Abteilung aufzeigen.
Themen:	Hinweis, dass vorherige Fehlzeit noch nicht lange zurückliegt; »Sie fehlten uns im Arbeitsprozess«; »Wie würden Sie bei häufigem Fehlen eines Kollegen reagieren«.

200 Vgl. »Endlich wieder genesen … und jetzt das Krankenrückkehrgespräch« Darstellung der Arbeitnehmerkammer Bremen in Info 6/03 zu Fragen der Gesundheitsvorsorge; Hummel, Krankheit und Kündigung, S. 148 f. m. w. N.

Stufe 3:	Personalgespräch
Zielsetzung:	Konsequenzen weiterer Fehlzeiten aufzeigen.
Themen:	Hinweis auf die Kosten, die dem Unternehmen durch die Fehlzeiten entstehen; Schilderung von Fällen, in denen häufiges Fehlen zu Kündigungen geführt hat; »Weiteres Fehlen kann für Sie Folgen haben«.

Stufe 4:	Fehlzeitengespräch
Zielsetzung:	Offizielle Information über die Möglichkeit einer Kündigung unter Beteiligung eines Vertreters der Personalabteilung.
Themen:	Erörterung des Fehlzeitenverhaltens.

Das Erreichen der jeweils nächsten Stufe wird i. d. R. nach einem zuvor arbeitgeberseitig festgelegten Intervall bestimmt, z. B. wiederholte Fehlzeit innerhalb von sechs Monaten.

c. Mitbestimmungsrecht des Betriebsrats

Nach der Rechtsprechung des BAG[201] ist das Führen von formalisierten Krankenrückkehrgesprächen mitbestimmungspflichtig, weil es die Fragen der Ordnung des Betriebs und des Verhaltens der Arbeitnehmer im Betrieb gem. § 87 Abs. 1 Nr. 1 BetrVG betrifft. Mit formalisierten Gesprächen ist gemeint, dass diese für eine Vielzahl von Fällen der Art und Weise nach gleichförmig durchgeführt werden. Kriterien dafür sind z. B. die Festlegung von Personen, die diese Gespräche führen sollen, die Auswahlkriterien für den betroffenen Personenkreis (z. B. nach einer bestimmten Anzahl von Ausfalltagen in einem eingegrenzten Zeitraum), die Gesprächsinhalte (z. B. Frage nach den Krankheitsursachen) oder auch gleichförmige Aufforderungen zur Mitwirkung (Bitte um schriftliche Entbindung des behandelnden Arztes von der Schweigepflicht).
Liegen derartige Kriterien vor, ist der Betriebsrat nach Maßgabe des § 87 Abs. 1 Nr. 1 BetrVG zu beteiligen. Werden die Gespräche geführt, ohne dass eine Betriebsvereinbarung vorliegt, die dies regelt, sind die aus den Gesprächen gewonnenen Ergebnisse im Rahmen von personellen Einzelmaßnahmen (z. B. krankheitsbedingte Kündigungen) nicht verwertbar, weil das Erlangen der Informationen rechtswidrig ist.[202]

---

201 BAG, Beschluss v. 8. 11. 1994 – 1 ABR 22/94, NZA 1995, 857 f.
202 Hummel, Krankheit und Kündigung, S. 150.

Im Wege eines Einigungsstellenspruchs lässt sich eine Formulierung, durch die das Führen von Krankenrückkehrgesprächen generell, also auch für den individuellen Fall, ohne formalisierte Kriterien zugrunde zu legen ausgeschlossen wird, nicht durchsetzen.[203] Einvernehmlich können die Betriebsparteien eine solche Regelung aber treffen.

d. Rechte des Arbeitnehmers

Während einer noch bestehenden Arbeitsunfähigkeit ist der Arbeitnehmer von der Erbringung seiner Arbeitsleistung befreit. Seine einzige Verpflichtung besteht darin, alles zu unterlassen, was seinen Genesungsprozess vermeidbar beeinträchtigt. Zwecks Erhaltung seines Entgeltfortzahlungsanspruchs sollte er im Übrigen seinen aus § 5 EFZG obliegenden Verpflichtungen der rechtzeitigen Anzeige und des Nachweises seiner Arbeitsunfähigkeit nachkommen. Weitere Verpflichtungen bestehen nicht. Vor allem muss ein erkrankter Arbeitnehmer grundsätzlich keiner Aufforderung des Arbeitgebers nachkommen, während der bestehenden Arbeitsunfähigkeit zu einem Krankenrückkehrgespräch in den Betrieb zu kommen.[204] Nur in seltenen Ausnahmefällen, die unverzichtbare betriebliche Gründe voraussetzen, kann eine Verpflichtung zur Teilnahme an Personalgesprächen angenommen werden. Für diese Gründe ist der Arbeitgeber darlegungs- und beweispflichtig. Des Weiteren muss aber auch die gesundheitliche Verfassung ein Erscheinen im Betrieb zulassen.[205]

Nach Beendigung der Arbeitsunfähigkeit muss hinsichtlich der Verpflichtung des Arbeitnehmers danach unterschieden werden, ob es sich um ein formalisiertes Gespräch handelt, wie in Kapitel I. 5. c. beschrieben. Ist dies der Fall, besteht nur im Rahmen einer gem. § 87 Abs. 1 Nr. 1 BetrVG abgeschlossenen Betriebsvereinbarung eine Verpflichtung zur Gesprächsführung. Handelt es sich um ein vereinzelt bleibendes Gespräch, fehlt ein Erfordernis zur Beteiligung des Betriebsrats, so dass es dem Arbeitgeber freisteht, den Arbeitnehmer zu einem Krankenrückkehrgespräch aufzufordern. Dieser Anweisung muss der Arbeitnehmer sodann auch nachkommen.

---

203 LAG Köln, Beschluss v. 2.9.2022 – 9 TaBV 16/22, ArbRB 2023, 11.

204 LAG Nürnberg, Urteil v. 1.9.2015 – 7 Sa 592/14, PersR 3/2016, 44; Hummel, Krankheit und Kündigung, S. 152.

205 BAG, Urteil v. 2.11.2016 – 10 AZR 596/15, *AiB 2017, 46*; Britschgi, AiB 2017, 54, 55.

e. Verhältnis zum betrieblichen Eingliederungsmanagement

Die in Kapitel I. 5. a. und I. 5. b. dargestellten Hintergründe und Abläufe von Krankenrückkehrgesprächen zeigen, dass diese Gespräche jegliche Elemente von Prävention, Rehabilitation und Integration vermissen lassen. Sie dienen i. d. R. nur dem Zweck, Arbeitnehmer dazu anzuhalten, auch bei Erkrankungen ihrer Tätigkeit nachzukommen bzw. Kündigungen vorzubereiten oder den Beschäftigten zur Möglichkeit einer Verrentung anzuhalten.[206] Sie sind grundsätzlich auch nicht datenschutzgerecht gestaltet.[207] Weitere zentrale Unterschiede bilden sich u. a. in den folgenden Kriterien ab:[208]

Kriterien	Krankenrückkehrgespräch	Betriebliches Eingliederungsmanagement
Verfahrensorganisation und Durchführung	• Steuerung durch Personalabteilung/Vorgesetzte • Durchführung durch Vorgesetzte/Personalverantwortliche	• Steuerung idealerweise durch Integrationsteam • Durchführung durch selbst gewählte Ansprechperson
Selbstbestimmung	• Beschäftigten wird nicht aufgezeigt, dass sie sich frei entscheiden können, ob sie an dem Gespräch teilnehmen wollen	• Teilnahme am Gespräch beruht auf Freiwilligkeit und Zustimmung des Beschäftigten
Einflussnahme auf die Inhalte und Beteiligte des Gesprächs	• Vom Arbeitgeber festgelegtes und vorgegebenes Verfahren hinsichtlich Gesprächspartnern und Inhalten	• Wahlrecht des Beschäftigten zu Beteiligten und Art der Maßnahmen im Eingliederungsmanagement
Datenschutz	• Gesprächsprotokoll im Regelfall in der Personalakte	• Datensicherung idealerweise in einer von Personalakte getrennt geführten Fallakte

206 Kiesche, AiB 2008, 380.
207 Kiesche, jurisPR-ArbR 18/2022, Anm. 7; AiB 2013, 520, 521.
208 Darstellung nach Feldes, AiB 2009, 222, 223.

Krankenrückkehrgespräche sind damit deutlich von den Maßnahmen eines betrieblichen Eingliederungsmanagements abzugrenzen.[209] Dies gilt umso mehr, als sie in der ersten Stufe noch Parallelen zum klärenden Gespräch mit dem Betroffenen über das Angebot und die Möglichkeiten eines betrieblichen Eingliederungsmanagements aufzeigen. Die Grenzziehung wird jedoch für den leistungsgeminderten Arbeitnehmer kaum nachvollziehbar sein. In der Praxis dürfte vor allem das für das betriebliche Eingliederungsmanagement obligatorische erste Anschreiben an den betroffenen Beschäftigten kennzeichnend für eine Abgrenzung sein.[210] Denn die bloße »Einladung« zu einem Krankenrückkehrgespräch genügt nicht den Mindestanforderungen des § 167 Abs. 2 SGB IX.[211] Um die dringend erforderliche Vertrauensbildung der Beschäftigten in ein betriebliches Eingliederungsmanagement nicht zu gefährden, sollte daher das – ohnehin zweifelhafte – Führen von Krankenrückkehrgesprächen aus der betrieblichen Praxis ausgeschlossen werden.

f. Kollision von Betriebsvereinbarungen zum Krankenrückkehrgespräch und betrieblichem Eingliederungsmanagement

Regelungsbedürftig ist die Fragestellung der Fortwirkung einer ggf. bestehenden Betriebsvereinbarung über Krankenrückkehrgespräche, wenn die Betriebsparteien eine Betriebsvereinbarung zur Durchführung eines betrieblichen Eingliederungsmanagements abschließen. Regeln mehrere Betriebsvereinbarungen denselben Sachverhalt, wird ihr Verhältnis untereinander nach allgemeinen Grundsätzen bestimmt. Die speziellere geht der allgemeinen vor. Nach dem sogenannten Ablöseprinzip löst eine neue Betriebsvereinbarung die bis dahin bestehende ab. Ein Günstigkeitsvergleich zwischen der alten und der neuen Vereinbarung scheidet aus, weil es sich um gleichrangige Normen handelt.[212] Wird eine bestehende Betriebsvereinbarung aus dem Bereich der erzwingbaren Mitbestimmung gekündigt, wirkt sie gem. § 77 Abs. 6 BetrVG bis zum Abschluss einer sie ersetzenden Abmachung nach.

Ohne den Besonderheiten des Einzelfalls vorgreifen zu wollen, wird man wohl davon ausgehen müssen, dass Betriebsvereinbarungen über Krankenrückkehrgespräche mit Betriebsvereinbarungen über betriebliches Eingliederungsmanagement nicht vollständig deckungsgleich sind. Dies

209 LAG Rheinland-Pfalz, Urteil v. 13.4.2021, Gute Arbeit 2022, Nr. 1, 40.

210 Einzelheiten hierzu siehe unter Kapitel I. 4. b. bb.

211 Lorenz/Kissel, ArbRB 2008, 382, 383.

212 Fitting, Engels u. a., § 77 BetrVG, Rn. 332.

betrifft bereits den sachlichen Anwendungsbereich, der beim betrieblichem Eingliederungsmanagement nach der Vorstellung des Gesetzgebers erst nach Arbeitsunfähigkeitszeiten von mehr als 42 Tagen innerhalb von zwölf Monaten, bei Krankenrückkehrgesprächen aber bereits deutlich früher eröffnet werden kann. Auch die Zielsetzungen sind unterschiedlich. Übereinstimmungen bestehen aber in Teilbereichen, beispielhaft sei hier nur auf die nach beiden Modellen vorgesehenen Gespräche mit den betroffenen Beschäftigten verwiesen. Letztendlich stellt sich bei der Kollision von einer bereits bestehenden Betriebsvereinbarung zum Krankenrückkehrgespräch mit einer Betriebsvereinbarung zum betrieblichen Eingliederungsmanagement die bei Teilkündigungen aufzuwerfende Frage, ob der verbleibende Teil auch ohne die anderen Teile eine sinnvolle in sich geschlossene Regelung ist oder die Gesamtregelung dadurch unwirksam ist.[213] Vor allem unter Berücksichtigung des persönlichen Anwendungsbereichs wird deutlich, dass eine Betriebsvereinbarung zu Krankenrückkehrgesprächen keine sinnvolle, in sich geschlossene Gesamtregelung mehr darstellen kann. Dies zeigt folgendes Beispiel: Ein Arbeitnehmer, der wegen eines Burnouts seit fünf Wochen arbeitsunfähig erkrankt ist, könnte sich der Aufforderung zu einem – durch Betriebsvereinbarung geregelten – Krankenrückkehrgespräch nicht entziehen. Seine Kollegin, die mit der gleichen Diagnose bereits sieben Wochen arbeitsunfähig erkrankt ist, würde dem Anwendungsbereich eines durch Betriebsvereinbarung geregelten Eingliederungsmanagements unterfallen. Ihre Teilnahme an einem Eingliederungsgespräch wäre freiwillig und nur mit ihrem Einverständnis möglich. Die nicht hinnehmbare Folge ist eine Verletzung des Gleichbehandlungsgrundsatzes gem. § 75 Abs. 1 BetrVG, was zu der Schlussfolgerung führt, dass die verbleibenden Teile einer Betriebsvereinbarung zum Krankenrückkehrgespräch keine sinnvolle Gesamtregelung mehr darstellen können.[214] Die Arbeitnehmerin mit sieben Wochen Arbeitsunfähigkeit wird bei parallel fortgeführter Betriebsvereinbarung zum Krankenrückkehrgespräch durch den Anspruch auf ein ordnungsgemäß durchgeführtes Verfahren zum betrieblichen Eingliederungsmanagement besser gestellt, als ihr Kollege, der nach fünf Wochen Arbeitsunfähigkeit in den Betrieb zurückkehrt und sich den Regeln eines Krankenrückkehrgesprächs unterwerfen muss.

Sollte sich ein Arbeitgeber den Verhandlungen zum Abschluss einer Betriebsvereinbarung zum betrieblichen Eingliederungsmanagement mit dem Hinweis widersetzen, durch eine bereits bestehende Betriebsvereinbarung

213 Fitting, Engels u. a., § 77 BetrVG, Rn. 253.

214 Kiesche, jurisPR-ArbR 12/2022, Anmerkung 2; AiB 2008, 380, 383.

barung zu Krankenrückkehrgesprächen bestünde eine Sperrwirkung für eine solche Betriebsvereinbarung, kann er nach der Rechtsprechung die Einsetzung einer Einigungsstelle zur Regelung eines betrieblichen Eingliederungsmanagements nicht verhindern.[215] Im Regelfall werden Betriebsvereinbarungen zu Krankenrückkehrgesprächen noch aus einer Zeit stammen, die vor Einführung des § 167 Abs. 2 SGB IX in der jetzigen Fassung und auch in der bis 2017 geltenden Fassung des § 84 Abs. 2 SGB IX lag. Die Besonderheiten der möglicherweise ähnlichen, aber nicht deckungsgleichen Ziele des betrieblichen Eingliederungsmanagements konnten in einer Betriebsvereinbarung zu Krankenrückkehrgesprächen nicht berücksichtigt werden.

Im Sinne des Vertrauensschutzes und zur Vermeidung von Streitigkeiten sollten die Betriebsparteien vereinbaren, dass die Betriebsvereinbarung über die Krankenrückkehrgespräche einvernehmlich aufgehoben wird, keiner Nachwirkung unterliegt und im Weiteren vollständig durch die Betriebsvereinbarung zum betrieblichen Eingliederungsmanagement abgelöst wird mit der Maßgabe, dass bei Arbeitsunfähigkeitszeiten von weniger als 42 Tagen innerhalb eines Jahres keine Krankenrückkehrgespräche geführt werden. Ein solcher Aufhebungsvertrag ist jederzeit zulässig, er bedarf aber unbedingt der Schriftform.[216] Existiert keine Betriebsvereinbarung zu Krankenrückkehrgesprächen, sollte ungeachtet dessen in eine Betriebsvereinbarung zum betrieblichen Eingliederungsmanagement eine klarstellende Regelung aufgenommen werden, dass weder innerhalb noch außerhalb des Anwendungsbereichs des betrieblichen Eingliederungsmanagements Krankenrückkehrgespräche zulässig sind.[217]

6. Regelungsformen für ein betriebliches Eingliederungsmanagement

Die Umsetzung einer Regelung zum betrieblichen Eingliederungsmanagement ist in zweifacher Hinsicht denkbar: Zum einen in Form einer Inklusionsvereinbarung (bis zum 31. 12. 2016: Integrationsvereinbarung), zum anderen durch eine Betriebsvereinbarung.

215 LAG Schleswig-Holstein, Beschluss v. 19. 12. 2006 – 6 TaBV 14/06, AiB 2007, 425.
216 Fitting, Engels u. a., § 77 BetrVG, Rn. 239.
217 Kiesche, AiB 2013, 520, 523.

a. Inklusionsvereinbarung

Gemäß § 166 SGB IX ist vorgesehen, dass Arbeitgeber mit der Schwerbehindertenvertretung und den in § 176 SGB IX genannten Interessenvertretungen – damit auch dem Betriebsrat – Inklusionsvereinbarungen abschließen. Besteht keine Schwerbehindertenvertretung steht gem. § 166 Abs. 1 Satz 3 SGB IX das Antragsrecht zur Verhandlung einer solchen Vereinbarung dem Betriebsrat zu.
Gegenstand einer Inklusionsvereinbarung kann gemäß § 166 Abs. 3 Nr. 5 SGB IX auch eine Regelung zum betrieblichen Eingliederungsmanagement sein. Ob eine Inklusionsvereinbarung eine ausreichende Grundlage für eine entsprechende Regelung darstellt, ist davon abhängig, wie man die Rechtsqualität einer Inklusionsvereinbarung einordnet. Dies ist ausgesprochen umstritten. Zum Teil wird die Auffassung vertreten, es handele sich um eine Betriebsvereinbarung, die neben und unabhängig vom BetrVG vorgesehen und mit Normcharakter ausgestattet ist.[218] In diesem Fall würden sich die Regelungen der Inklusionsvereinbarung direkt auf den Inhalt eines Beschäftigungsverhältnisses auswirken. Nach anderer Auffassung wird die Inklusionsvereinbarung indes als Regelungsabrede ohne Normcharakter eingeordnet.[219] Eine Regelungsabrede wirkt sich nicht unmittelbar und zwingend auf ein einzelnes Arbeitsverhältnis aus, sondern bindet nur die Betriebspartner (also Arbeitgeber und Schwerbehindertenvertretung sowie Betriebsrat), sich entsprechend der getroffenen Abrede zu verhalten.[220]

b. Betriebsvereinbarung

Betriebsvereinbarungen werden gem. § 77 Abs. 2 BetrVG vom Betriebsrat und dem Arbeitgeber abgeschlossen. Schwerbehindertenvertretungen werden per gesetzlicher Bestimmung nicht Partei einer Betriebsvereinbarung. Betriebsvereinbarungen haben nach übereinstimmender Auffassung normative Wirkung und wirken sich gem. § 77 Abs. 4 BetrVG unmittelbar und zwingend auf das einzelne Arbeitsverhältnis aus. Die unmittelbare Wirkung bezieht sich darauf, dass sich die Betriebsverein-

---

218 Neumann/Pahlen/Winkler/Jabben-Pahlen-*Neumann*, § 166 SGB IX, Rn. 13ff. m.w.N.

219 Knittel, § 166 SGB IX, Rn. 20a; Gagel, »Regelung des Eingliederungsmanagements durch Integrationsvereinbarung und/oder Betriebsvereinbarung« in Diskussionsforum B, Beitrag 2/2005 des Instituts für Qualitätssicherung in Prävention und Rehabilitation (iqpr) an der Deutschen Sportschule Köln, S. 2.

220 Fitting, Engels u.a., § 77 BetrVG, Rn. 218.

barung im Gegensatz zur Regelungsabrede nicht erst durch eine weitere Maßnahme wie Anerkennung oder Übernahme durch die Arbeitsvertragsparteien für den einzelnen Arbeitnehmer anspruchsbegründend auswirkt,[221] sondern das Arbeitsverhältnis direkt gestaltet.

Diese normative Wirkung kraft gesetzlicher Bestimmung ist bei der Inklusionsvereinbarung nicht vorzufinden. Aufgrund der umstrittenen Rechtsqualität einer Inklusionsvereinbarung ist der insoweit eindeutigen und weiterreichenden Wirkung der Betriebsvereinbarung als Gestaltungsmittel für ein betriebliches Eingliederungsmanagement in der konkreten Umsetzung der Vorzug zu geben.[222]

Soweit Betriebsrat und Schwerbehindertenvertretung sowohl in einer Inklusions- als auch Betriebsvereinbarung Regelungen zum betrieblichen Eingliederungsmanagement treffen wollen, lässt sich dies umsetzen, indem z. B. in der Inklusionsvereinbarung eine Rahmenregelung und in der Betriebsvereinbarung Regeln zur konkreten Ausgestaltung getroffen werden.[223] Zur Vermeidung von Streitfällen empfiehlt es sich, bei Kombinationen dieser Regelungsinstrumente klarstellend festzustellen, dass durch die Regelungen in der Inklusionsvereinbarung der Betriebsrat von seinem Mitbestimmungsrecht noch nicht abschließend Gebrauch gemacht hat.

Wichtig ist, dass der Betriebsrat von seinen Regelungsmöglichkeiten durch Betriebsvereinbarung auch Gebrauch macht, um für die Beschäftigten einen möglichst abgesicherten Rahmen zu schaffen, in dem das konkrete betriebliche Eingliederungsmanagement durchgeführt wird. Denn zu dieser Durchführung ist der Arbeitgeber auch dann verpflichtet, wenn (noch) keine Betriebsvereinbarung in diesem Themenbereich abgeschlossen wurde.[224]

221 Fitting, Engels u. a., § 77 BetrVG, Rn. 215.

222 Dau/Düwell/Joussen/Luik-*Düwell*, § 167 SGB IX, Rn. 82.

223 Gagel, »Regelung des Eingliederungsmanagements durch Integrationsvereinbarung und/oder Betriebsvereinbarung« in Diskussionsforum B, Beitrag 2/2005 des Instituts für Qualitätssicherung in Prävention und Rehabilitation (iqpr) an der Deutschen Sportschule Köln, S. 5.

224 LAG Hamm, Urteil v. 19.7.2016 – 7 Sa 1707/15, DB 2016, 2244.

7. Gestaltungsbereiche eines betrieblichen Eingliederungsmanagements

Die Entscheidung, ein betriebliches Eingliederungsmanagement einzuführen und umzusetzen, erfordert ein strukturiertes Vorgehen. Dabei sind zahlreiche Aufgabenstellungen zu berücksichtigen, die in der nachfolgenden Übersicht dargestellt werden.

a. Übersicht

b. Aufgabenbereiche bei Installation eines betrieblichen Eingliederungsmanagements

Die Frage, ob im Betrieb eine Regelung zur Durchführung des betrieblichen Eingliederungsmanagements eingeführt werden soll und wenn ja, in welcher Form dies ablaufen soll, muss die jeweilige betriebliche Interessenvertretung sorgfältig prüfen. Dabei werden drei zentrale Aufgabenbereiche berührt.

aa. Analyse des Betriebsgeschehens

Zu Beginn des Prozesses sollten Betriebsrat und Schwerbehindertenvertretung zunächst ihre eigene Sachkompetenz überprüfen und eine Bestandsaufnahme bestehender Regelungen vornehmen, d. h., die folgenden Fragen klären:

- Ist das Gremium ausreichend über die gesetzlichen Grundlagen informiert?
- Welche Kenntnisse und Erfahrungen haben wir zum betrieblichen Eingliederungsmanagement, wie positionieren wir uns dazu?
- Welche Vereinbarungen und Regelungen haben wir bereits im Betrieb? Müssen sie gekündigt oder im beiderseitigen Einvernehmen aufgelöst werden?

Im Weiteren sollten sich die Interessenvertretungen vor allem mit einer Beobachtung der gesundheitlichen Gefährdungssituation im Betrieb befassen und dabei die Frage klären, ob es eine Gefährdungsbeurteilung gibt und ob sie ausreichend ist, um die Beschäftigungs- und Gefährdungslage der gesundheitsbeeinträchtigten Beschäftigten zu beurteilen.[225] Besonderes Augenmerk sollte darauf gerichtet werden, dass nach den Erhebungen des BKK-Bundesverbands neben den Muskel- und Skeletterkrankungen der häufigste Grund für Krankengeldzahlungen in den einzelnen untersuchten Krankheitsbildern Verhaltensstörungen und psychische Störungen sind.[226] Hier werden im Hintergrund oftmals die Folgen steigenden Leistungsdrucks stehen.

Neben dieser Fragestellung sollten folgende Punkte zur Analyse des Betriebsgeschehens erörtert werden:[227]

- Welche konkreten Zielsetzungen werden mit dem betrieblichen Eingliederungsmanagement verfolgt?
- Welche Instrumente können eingesetzt werden?
- Woher bekommt man Informationen und Hilfen für die anstehenden Aufgaben und die damit verbundenen Anforderungen?
- Welche Position nehmen die betrieblichen Interessenvertretungen ein?

bb. Erfassung von Arbeitsunfähigkeitsdaten

Die Arbeitsunfähigkeitsdaten nehmen eine besonders wichtige Stellung in diesem Themenbereich ein. Zum einen sind sie Bestandteil der Eingangsvoraussetzung für die Durchführung eines betrieblichen Einglie-

225 Nickel, AiB 2009, 423, 426.
226 Einzelheiten dazu in Kapitel III. 3.
227 Auf der Basis von Stegmann u. a., Prävention und Eingliederungsmanagement, S. 34.

derungsmanagements, zum anderen bedürfen sie aufgrund des besonders schützenswerten Aspekts der Persönlichkeitssphäre des betroffenen Arbeitnehmers einer möglichst weitgehenden Vorbeugung gegen missbräuchliche Verwendung.[228] Der einzelne Arbeitnehmer wird seine unbedingt erforderliche Zustimmung zur Durchführung eines betrieblichen Eingliederungsmanagements vor allem davon abhängig machen, dass die Daten seiner Arbeitsunfähigkeit nur einem eingegrenzten Personenkreis zugänglich gemacht werden, der vertrauensvoll und verschwiegen damit umgeht. Des Weiteren sollte gewährleistet sein, dass die Daten und Hintergründe der Arbeitsunfähigkeit nicht ohne weiteres von Seiten des Arbeitgebers gegen den betroffenen Arbeitnehmer zur Begründung einer krankheitsbedingten Kündigung eingesetzt werden können. Damit dem Bereich des Datenschutzes ausreichend Rechnung getragen wird, sollten sich die Interessenvertretungen mit folgenden Fragestellungen auseinandersetzen:[229]

- Welche Daten müssen erhoben werden?
- Welche vorhandenen Daten können genutzt werden?
- Wer hat auf welche Daten Zugriff?
- Welche Probleme können bei der Datenerhebung auftreten?
- Welche Daten dürfen dem Arbeitgeber zugänglich gemacht werden?
- Wie werden die betroffenen Beschäftigten gegen missbräuchliche Datenverwendung geschützt?
- Wie kann ein Verwertungsverbot jenseits der Verwendung für ein betriebliches Eingliederungsmanagement geregelt werden?
- Was passiert nach Abschluss der Maßnahmen mit den Daten?

cc. Organisation und Verantwortliche

§ 167 Abs. 2 SGB IX nennt bereits einige Akteure des betrieblichen Eingliederungsmanagements. Neben dem Arbeitgeber und dem betroffenen Arbeitnehmer selbst kommen darüber hinaus auf betrieblicher Ebene Betriebsrat bzw. Schwerbehindertenvertretung, der Betriebsarzt, ggf. auch eine bestehende betriebliche Sozialberatung, Gesundheitsbeauftragte des Unternehmens oder Suchtberater in Betracht. Nach einer Studie des BMW-Werks Regensburg[230] hat sich die Bildung eines sogenannten Integrationsteams empfohlen, das sich aus verschiedenen Vertretern der vorgenannten in Frage kommenden Akteure zusammensetzen kann.

---

228 Einzelheiten dazu in Kapitel I. 4. a. bb.

229 Auf der Basis von Stegmann u. a., Prävention und Eingliederungsmanagement, S. 34.

230 Magin, Betriebliches Eingliederungsmanagement nach dem SGB IX, S. 38ff.

Notwendige Beteiligung der Interessenvertretungen

Umstritten ist, ob die Bildung eines Integrationsteams im Wege der Mitbestimmung des Betriebsrats erzwingbar, bzw., ob die weitere Beteiligung der oben genannten Akteure, vor allem des Betriebsrats und der Schwerbehindertenvertretung, von der Zustimmung des grundsätzlich mit einem betrieblichen Eingliederungsmanagement einverstandenen betroffenen Beschäftigten abhängig ist. Zum Teil wird die Auffassung vertreten, Sinn und Zweck des § 167 Abs. 2 SGB IX würden erfordern, dass das betriebliche Eingliederungsmanagement ohne Beteiligung der Interessenvertretungen möglich sein müsse, wenn der betroffene Beschäftigte deren Beteiligung ablehne.[231] Nach anderer Auffassung sind Betriebsrat und – bei schwerbehinderten Beschäftigten oder ihnen Gleichgestellte – auch die Schwerbehindertenvertretung notwendige Beteiligte des weiteren Verfahrens zum betrieblichen Eingliederungsmanagement. Ihre Beteiligung steht weder zur Disposition des Arbeitgebers, noch ist sie von der Zustimmung des betroffenen Beschäftigten abhängig.[232] Das BAG[233] hat dazu folgende Position eingenommen: Der Arbeitgeber müsse den betroffenen Beschäftigten im Vorfeld eines betrieblichen Eingliederungsmanagements darauf hinweisen, dass er die Hinzuziehung des Betriebsrats zum Verfahren des betrieblichen Eingliederungsmanagements auch ablehnen könne. Ohne nähere Ausführungen verweist das BAG in seiner Entscheidung von 2016 dabei auf eine Entscheidung des BVerwG[234] vom 23.6.2010. Diese Frage ist jedoch – wie oben dargestellt – in der arbeitsrechtlichen Literatur umstritten. Weder Wortlaut noch Rechtssystematik des § 167 Abs. 2 SGB IX[235] lassen eine Auslegung dahingehend zu, dass die weitere Beteiligung des Betriebsrats und ggf. der Schwerbehindertenvertretung von der Zustimmung des betroffenen Beschäftigten abhängig wäre. Denn nach dem Wortlaut bezieht sich die Zustimmung des Beschäftigten auf die Frage, ob ein Klärungsprozess vorgenommen wird, den dann der Arbeitgeber im Weiteren mit den zuständigen Interessen-

---

231 BVerwG, Beschluss v. 23.6.2010 – 6 P 8/09, ArbRB 2010, 198; Fuchs/Ritz/Rosenow-*Ritz/Schian*, § 84 SGB IX, Rn. 35a, ErfK-*Rolfs*, § 167 SGB IX, Rn. 5; Knittel, § 167 SGB IX, Rn. 199; Reinhard, ArbRB 2013, 251, 253.

232 K/R/W-*Kohte*, § 167 SGB IX, Rn. 24; Feldes/Kohte/Stevens-Bartol-*Feldes*, § 167 SGB IX, Rn. 34 für die Präventionsgespräche nach § 167 Abs. 1 SGB IX; Däubler/Deinert/Zwanziger-*Deinert, KSchR*, § 167 SGB IX, Rn. 23; Dau/Düwell/Joussen/Luik-*Düwell*, § 167 SGB IX, Rn. 74ff.; Deinert, NZA 2010, 970, 972.

233 BAG, Beschluss v. 19.11.2019 – 1 ABR 36/18, NZA 2020, 389; BAG, Beschluss vom 22.3.2016 – 1 ABR 14/14, AiB 2016, 60.

234 BVerwG, Beschluss v. 23.6.2010 – 6 P 8/09, ArbRB 2010, 198.

235 Ab 2018: § 167 Abs. 2 SGB IX.

vertretungen vornimmt. Hätte der Gesetzgeber gewollt, dass die weitere Beteiligung der Interessenvertretung von der Zustimmung des Beschäftigten abhängig ist, hätte er sich der aus der Rechtssystematik des BetrVG oder LPVG bzw. BPersVG bekannten ausdrücklichen Regelungsmöglichkeit bedienen können, wie z. B.

- § 82 Abs. 2 BetrVG (Hinzuziehung von Betriebsratsmitgliedern zu Personalgesprächen nur auf Wunsch des Beschäftigten);
- § 75 Abs. 2 Satz 1 Nr. 1 BPersVG (Beteiligung des Personalrats bei Gewährung von Unterstützungen, Vorschüssen, Darlehen und entsprechenden sozialen Zuwendungen nur auf Antrag des Beschäftigten);
- § 72 Abs. 4 Nr. 11 LPVG NW (Mitbestimmung des Personalrats bei Geltendmachung von Ersatzansprüchen gegen eine/n Beschäftigten nur auf Antrag der/des Beschäftigten).

Die Beteiligungsrechte der Interessenvertretungen sind grundsätzlich so ausgestaltet, dass Umgehungsmöglichkeiten durch einen Verzicht des einzelnen Arbeitnehmers auf die Beteiligung von Betriebs- und Personalräten sowie Schwerbehindertenvertretungen rechtlich irrelevant ist. Der Gesetzgeber will auf diese Weise von vornherein ausschließen, dass der Beschäftigte unter Druck gesetzt wird, auf die Beteiligung der Interessenvertretung zu verzichten.[236] In seiner Entscheidung vom 19. 11. 2019 hat das BAG seine Rechtsausführungen dahingehend präzisiert, dass den Arbeitgeber eine Initiativlast für die Beiziehung des Betriebsrats und gegebenenfalls der Schwerbehindertenvertretung trifft. Das heißt, er muss den betroffenen Arbeitnehmer ausdrücklich darauf hinweisen, dass die Hinzuziehung des Betriebsrats und gegebenenfalls der Schwerbehindertenvertretung möglich ist.[237]

Den Ausführungen des BAG im Beschluss vom 22. 3. 2016 konnte darüber hinaus eine zweigeteilte Beratungsphase entnommen werden: in der ersten beraten Arbeitgeber und betroffener Beschäftigter, in der zweiten Phase wiederum Arbeitgeber und Betriebsrat – ohne den betroffenen Beschäftigten. Diese Vorstellung ist weder dem Gesetzestext zu entnehmen, noch entspricht sie dem vom BAG in allen anderen Entscheidungen immer wieder thematisierten offenen Suchprozess des betrieblichen Eingliederungsmanagements.[238] Die Vorstellung einer gemeinsamen Beratungsphase allein zwischen Arbeitgeber und Arbeitnehmer, von der der Betriebsrat auszuschließen sei, ist keine »Mitklärung«, die vom Gesetz

236 So auch BVerwG, Beschluss v. 23. 6. 2010 6 P 8/09, ArbRB 2010, 198, trotz der anderslautenden Auffassung.

237 BAG, Beschluss v. 19. 11. 2019 – 1 ABR 36/18, NZA 2020, 389.

238 Kohte, Gute Arbeit 2016, Nr. 9, 226, 227.

verlangt wird. Die Gesetzesbegründung spricht von einer »gemeinsamen Anstrengung aller Beteiligten«,[239] Diese vom BAG vorgenommene zweigeteilte Beratungsphase ist daher rechtssystematisch verfehlt und ist in der Fachwelt auf vielfache Kritik gestoßen.[240] Das BAG hat diese Position zwischenzeitlich korrigiert und betont nunmehr in seiner Entscheidung vom 19. 11. 2019, dass der betroffene Arbeitnehmer am Gespräch in der zweiten Phase (mit Betriebsrat und gegebenenfalls Schwerbehinderung) teilnimmt. Der Satz in der Entscheidung vom 22. 3. 2016, dass eine Beteiligung des Arbeitnehmers am Klärungsprozess nicht vorgesehen sei, bezieht sich nach nunmehriger Klarstellung durch das BAG auf die generelle Ausgestaltung des Klärungsprozesses, nicht auf die konkret-individuelle Klärung im Einzelfallmanagement.[241]

Erzwingbarkeit der Installation eines Integrationsteams

Die Frage, ob die Installation eines Integrationsteams im Wege der Mitbestimmung erzwingbar ist, ist ebenfalls umstritten. Überwiegend wird die Auffassung vertreten, dass ein Integrationsteam eine in der Praxis übliche und bewährte Einrichtung zur Ausführung des Verfahrens des betrieblichen Eingliederungsmanagements darstellt.[242] Dies scheint auch der Gesetzgeber vor Augen gehabt zu haben, als er sich bei der Wortwahl für das Verfahren nach § 167 Abs. 2 SGB IX des Begriffs des »Managements« bediente. Denn der Begriff »Management« beinhaltet zum einen von seinem lateinischen Wortstamm »manus« her, dass »etwas in die Hand genommen wird«, zum anderen, dass es sich um einen kooperativen Prozess handelt, in dem verschiedene Akteure einen Fall mit dem Ziel begleiten, arbeitsplatzerhaltende bzw. -fördernde Maßnahmen zu finden.[243] Ein solcher Prozess bedarf der Steuerung, die sich über ein Integrationsteam anbietet.

Wie bereits oben in Kapitel I. 4. c. bb. erörtert, besteht hinsichtlich des Verfahrens zum betrieblichen Eingliederungsmanagement grundsätzlich ein Mitbestimmungsrecht des Betriebsrats gem. § 87 Abs. 1 Nr. 1 BetrVG, soweit das »Wie« des Verfahrens betroffen ist, zu dem auch die Regelungen zum Ablauf des betrieblichen Eingliederungsmanagements

---

239 BT-Drucks. 15/1783, S. 15f.

240 Kohte, Anm. 2 zu BAG, Beschluss vom 22. 3. 2016 – 1 ABR 14/14, jurisPR-ArbR 9/2017, S. 3.

241 BAG, Beschluss v. 19. 11. 2019 – 1 ABR 36/18, NZA 2020, 389.

242 Lachwitz/Schellhorn/Welti-*Trenk-Hinterberger*, § 84 SGB IX, Rn. 37; Dau/Düwell/Joussen/Luik-*Düwell*, § 167 SGB IX, Rn. 87.

243 Mehrhoff, iga.Report 24, S. 21.

gehören.[244] Bei fehlender Einigung über die Verfahrensregeln kann der Betriebsrat die Einigungsstelle anrufen, deren Spruch die fehlende Einigung zwischen Betriebsrat und Arbeitgeber ersetzen kann. Ein Spruch der Einigungsstelle unterliegt zwar der arbeitsgerichtlichen Rechtskontrolle. Soweit der Spruch nicht gegen wesentliche Verfahrensvorschriften und höherrangiges Recht verstößt und die Einigungsstelle bei dem Spruch den Rahmen ihrer Zuständigkeit nicht überschritten hat, sind im Spruch enthaltene Regelungsfragen aber nur darauf zu überprüfen, ob die Grenzen der Ermessensspielräume, die der Einigungsstelle dabei zustehen, überschritten wurden.[245] Das BAG hat entschieden, dass durch einen Spruch der Einigungsstelle das Verfahren nach § 167 Abs. 2 SGB IX[246] nicht auf ein Gremium (Integrationsteam) übertragen werden kann, das aus Mitgliedern besteht, die Arbeitgeber und Betriebsrat jeweils benennen. Ein Integrationsteam könne zwar durch einvernehmliche Regelung zwischen Arbeitgeber und Betriebsrat als Ausschuss i. S. d. § 28 Abs. 2 BetrVG gebildet werden, nicht aber durch den Spruch einer Einigungsstelle erzwungen werden. Nach § 167 Abs. 2 SGB IX erfolge die Klärung von Möglichkeiten, eine bestehende Arbeitsunfähigkeit zu überwinden, erneuter Arbeitsunfähigkeit vorzubeugen und eine möglichst dauerhafte Fortsetzung des Beschäftigungsverhältnisses zu fördern, durch den Arbeitgeber u. a. mit dem Betriebsrat. Die Willensbildung auf Seiten des Betriebsrats würde aber grundsätzlich in diesem als Gremium stattfinden und könne nicht auf ein anderes Gremium verlagert werden.
Die Begründung, warum durch einen Einigungsstellenspruch ein Integrationsteam nicht durchgesetzt werden kann, wird demnach an § 28 Abs. 2 BetrVG festgemacht, nach dem gemeinsame Ausschüsse von Betriebsrat und Arbeitgeber einvernehmlich möglich, aber nicht erzwingbar sind. Das ist – wenn man das Integrationsteam als Ausschuss i. S. d. § 28 Abs. 2 BetrVG einordnet – zutreffend. Zu weit dürfte aber gehen, die Aufgabe des Klärungsprozesses des betrieblichen Eingliederungsmanagements auf Seiten des Betriebsrats uneingeschränkt ausschließlich dem gesamten Gremium zuzuweisen. In größeren Betrieben würde damit nicht nur die Handlungsfähigkeit eines Betriebsrats angesichts der dann relativ hohen Zahl betroffener erkrankter Beschäftigter und potentieller BEM-Fälle beeinträchtigt werden. Es würde auch die Zustimmung vieler betroffener Beschäftigter, den Betriebsrat am betrieblichen Eingliederungsmanage-

244 LAG Hamburg, Beschluss v. 15. 1. 2013 – 2 TaBV 13/11; LAG Berlin-Brandenburg, Beschluss v. 23. 9. 2010 – 25 TaBV 1155/10, ArbR 2011, 178.
245 Fitting, § 76 BetrVG, Rn. 151 ff.
246 Ab 2018: § 167 Abs. 2 SGB IX.

ment zu beteiligen, negativ beeinflussen. Denn wer möchte schon seine persönliche Krankheitsgeschichte in einem Gremium von 7 oder mehr Betriebsratsmitgliedern erörtern lassen? Der Betriebsrat in Betrieben mit mehr als 100 Arbeitnehmern kann nach § 28 Abs. 1 BetrVG Ausschüsse zur Erledigung bestimmter Angelegenheiten bilden. In Gremien mit 9 oder mehr Mitgliedern kann diesen Ausschüssen auch eine selbstständige Entscheidungsbefugnis übertragen werden. Soweit nicht eine generelle Übertragung von Angelegenheiten, sondern für bestimmte Einzelaufgaben erfolgt, spricht auch nichts dagegen, in Gremien bis zu 5 Mitgliedern jeweils für das konkrete betriebliche Eingliederungsmanagement die Betreuung einem einzelnen Betriebsratsmitglied zu übertragen.
Der ergebnisoffene Such- und Klärungsprozess, auf den das BAG sich in individualrechtlichen Entscheidungen ansonsten immer wieder bezieht, fordert das Zusammenwirken von Arbeitgeber und Interessenvertretungen. Im Interesse aller Beteiligten sollten daran betriebsintern Personen mitwirken, die sich mit dem Thema des betrieblichen Eingliederungsmanagements auch kontinuierlich befassen. Wer dies auf Seiten des Betriebsrats als Aufgabenstellung wahrnimmt, sollte auch der Entscheidung des Betriebsrats vorbehalten bleiben. Gleichermaßen wird auch der Arbeitgeber ein Interesse daran haben, seinerseits Mitarbeiter zu benennen, die die arbeitgeberseitigen Interessen bei der Durchführung eines betrieblichen Eingliederungsmanagements wahrnehmen. Wenn diese Akteure anlassbezogen zusammenkommen, um die Problematik eines betrieblichen Eingliederungsmanagements im konkreten Fall zu behandeln, wird dadurch nicht zwangsläufig ein formaljuristisches Gremium gebildet. Es handelt sich um ein Team, eine Arbeitsgruppe, ein Fallmanagement. Mit anderen Worten: dem Kind sollte ein Name gegeben werden.
Würde man die Argumentation des BAG an dieser Stelle konsequent weiterverfolgen, müsste dies auch Auswirkungen auf die Bildungsarbeit des Betriebsrats haben: das Thema betriebliches Eingliederungsmanagement müsste dann zu den Sachgebieten gehören, in denen alle Betriebsratsmitglieder einen Schulungsanspruch haben, wenn nur sie als Gremium mit dem Thema befasst werden können und nicht ausgewählte Mitglieder des Betriebsrats. Wie bereits oben in Kapitel I. 4. c. bb. ausgeführt, haben Betriebsratsmitglieder, die für das Führen von BEM-Gesprächen zuständig sind, einen Schulungsanspruch. Das Hessische LAG[247] hat in diesem Zusammenhang ausgeführt, dass es sich bei Seminaren zum Thema betriebliches Eingliederungsmanagement um die Vermittlung von Spezialkenntnissen in Abgrenzung zum Grundwissen für Betriebsräte handelt. Diese

247 Hessisches LAG, Beschluss v. 5. 8. 2013 – 16 TaBVGa 120/13, n. v.

Rechtsprechung müsste nach dem Beschluss des BAG vom 22.3.2016 überdacht werden.
Die Installation eines Integrationsteams betrifft den Ablauf des betrieblichen Eingliederungsmanagements. Da nach diesseitiger Auffassung entgegen der Rechtsprechung des BAG der Betriebsrat und ggf. die Schwerbehindertenvertretung in die weitere Umsetzung des betrieblichen Eingliederungsmanagements notwendig mit einzubeziehen sind, sollten und können sie auch Mitglied eines Integrationsteams sein. Die Arbeitgeberseite muss nicht zwangsläufig im Integrationsteam vertreten sein. In der Praxis wird aber die Installation eines Integrationsteams ohne arbeitgeberseitige Beteiligung gegen den Willen des Arbeitgebers nicht durchsetzbar sein. Wer die Leitung des betrieblichen Eingliederungsmanagements übernimmt, ist gesetzlich nicht vorgeschrieben. Auch hier ist eine einvernehmliche Regelung oder Absprache der Teilnehmer an einem betrieblichen Eingliederungsmanagement möglich und sinnvoll.[248]
Alle weiteren Akteure – z.B. Betriebs- oder Werksarzt, Integrationsamt, Sozialdienste etc. – sollten nur im Einzelfall und mit Zustimmung des betroffenen Arbeitnehmers hinzugezogen werden. Ein Einigungsstellenspruch, der die Arbeit und Besetzung eines Integrationsteams oder Fallmanagements unter Beachtung dieser Grundsätze, beinhaltet, sollte sich im Rahmen der ihm zustehenden Ermessensausübung bewegen. Er sollte insbesondere eine nur anlassbezogene Zusammenkunft der Mitglieder des Integrationsteams vorsehen. Außerdem sollte er die nach der Rechtsprechung des BAG erforderlichen Option des Beschäftigten, die Teilnahme des Betriebsrats auch ablehnen zu können, beinhalten, Weiterreichende Betriebsvereinbarungen sind einvernehmlich nicht nur möglich, sondern auch sinnvoll. Denn je größer das Vertrauen in das Instrument des betrieblichen Eingliederungsmanagements und je größer die Akzeptanz des dafür vorgesehenen Verfahrens und eines Integrationsteams ist, desto eher werden BEM-Verfahren angenommen und zum Erfolg führen.[249] Bereits bestehende Betriebsvereinbarungen, die den Prozess des betrieblichen Eingliederungsmanagements über ein Integrationsteam in weiter reichendem Umfang steuern, sind ungeachtet des Beschlusses des BAG vom 22.3.2016 weiterhin wirksam.[250]
In jedem Fall muss langfristig sichergestellt werden, dass die beteiligten Personen über qualifizierte Kenntnisse im Zusammenhang mit dem betrieblichen Eingliederungsmanagement verfügen – jeweils orientiert an

248 Schiefer, RdA 2016 196, 200.
249 Balikcioglu, NZA 2015, 1424, 1429.
250 Kohte, Gute Arbeit 2016, 26, 27.

ihrer Funktion und Stellung in diesem Gefüge. Um dies sicherzustellen, sollte idealerweise in einem entsprechenden Regelwerk z. B. die bezahlte Freistellung und Übernahme von Kosten bei Weiterbildungsmaßnahmen zur Erfüllung der Aufgabenstellungen im Bereich des betrieblichen Eingliederungsmanagements geregelt werden, vergleichbar den Freistellungsansprüchen eines Betriebsratsmitglieds zur Teilnahme an für die Betriebsratstätigkeit erforderlichen Seminaren gem. § 37 Abs. 6 BetrVG. Wünschenswert wäre auch die Absicherung der Unabhängigkeit der beteiligten Akteure gegenüber dem Arbeitgeber, soweit sie Aufgaben des betrieblichen Eingliederungsmanagements wahrnehmen, um für den betroffenen Arbeitnehmer die erforderliche Vertrauensbasis zu schaffen. Soweit Mitglieder der Interessenvertretungen mitwirken, wird ihre Unabhängigkeit weitgehend durch ihren besonderen Kündigungsschutz gewährleistet. Nehmen ausgewählte Betriebsratsmitglieder auf Wunsch der betroffenen Beschäftigten an Gesprächen zum betrieblichen Eingliederungsmanagement teil, wird eine § 82 Abs. 2, Satz 2 BetrVG bestehende Schweigeverpflichtung dieses Betriebsratsmitglieds auch gegenüber dem Betriebsratsgremium anzunehmen sein.[251] Sollte ein Betriebsratsmitglied es als notwendig erachten, Einzelheiten des Gesprächs oder Verfahrens im Gremium zu erörtern, sollte es sich vom betroffenen Beschäftigten dazu das Einverständnis und die nachweisbare Entbindung von der Schweigepflicht einholen. Auch Betriebsärzte unterliegen im unter Kapitel I. 4. e. bb. dargestellten Umfang der Schweigepflicht. Bei allen weiteren in einem Abhängigkeitsverhältnis zum Arbeitgeber stehenden Personen muss ggf. geprüft bzw. geregelt werden, ob sie sich in vergleichbarer Weise auf eine Schweigepflicht gegenüber dem Arbeitgeber berufen können, ohne sich einem eventuellen Druck auszusetzen.

Die Einbindung außerbetrieblicher Akteure in ein betriebliches Eingliederungsmanagement ist von den individuellen Problemstellungen eines Falls abhängig. In Betracht kommen u. a. Rentenversicherungsträger, Berufsgenossenschaften, Krankenkassen, Integrationsämter, Haus- und Fachärzte. Bei den verschiedenen Rehabilitationsträgern reicht es aus, wenn einer informiert wird; dieser ist dann gem. § 14 SGB IX verpflichtet, gegebenenfalls andere Rehabilitationsträger zur Koordinierung der Leistungen zu beteiligen.

Der Fragenkomplex im Bereich Organisation und Verantwortliche lässt sich beispielhaft wie folgt darstellen:[252]

---

251 Däubler, Rn. 399c; Kort, NZA 2019, 502, 503f.

252 Auf der Basis von Stegmann u. a., Prävention und Eingliederungsmanagement, S. 34.

- Wie wird das Eingliederungsmanagement organisiert?
- Wer ist für was verantwortlich und zuständig?
- In welchem Kreis werden die Maßnahmen geplant?
- Wie werden die betroffenen Personen einbezogen? Wie erfolgt die Kontaktaufnahme?
- Von wem werden die Maßnahmen umgesetzt, begleitet und überprüft?
- Wie und durch wen werden Kontakte zu den außerbetrieblichen Akteuren wie Integrationsämtern und Rehabilitationsträgern hergestellt?
- Wie wird der Gesamtprozess im Unternehmen kommuniziert? Wie werden die Beschäftigten insgesamt einbezogen?

c. Maßnahmenentwicklung

Im Hinblick auf Zielsetzungen, Maßnahmen und Beispiele zu den drei zentralen Bereichen von Prävention, Rehabilitation und Integration wird zur Vermeidung von Wiederholungen auf die Ausführungen in Kapitel I. 3. b. und I. 3. c. verwiesen.

d. Fallmanagement

Im Fallmanagement erfolgt eine bedarfsorientierte Anwendung der zuvor geschilderten Möglichkeiten im jeweiligen Einzelfall. Interessenvertretungen, die die zuvor geschilderten Schritte sorgfältig erarbeitet haben, können dem betroffenen Beschäftigten ein Hilfekonzept aufzeigen und ihn durch diesen Prozess begleiten. Je nachdem, wie die in Kapitel I. 7. b. cc. dargestellten Organisationskonzepte umgesetzt werden, ist zu überlegen, ob dem Betroffenen bei der Umsetzung eine ständige Ansprechperson zur Seite gestellt wird, die z. B. gleichzeitig eine Schnittstelle zu einem Integrationsteam einnehmen kann. Besonderes Augenmerk sollte dabei auch auf den Kreis der unmittelbar betroffenen Kollegen und Vorgesetzten gerichtet werden. Um Ausgrenzungen des durch Arbeitsunfähigkeit ohnehin beeinträchtigten Arbeitnehmers zu verhindern, die oft auch auf Unkenntnis und Berührungsängste im Umgang mit dem Thema Krankheit herrühren, empfiehlt es sich, diesen Kreis in den Hilfeplan mit einzubeziehen. Zu berücksichtigen ist auch, dass das konkrete Fallmanagement nicht immer planmäßig verläuft. Schließlich sind hier Genesungsprozesse betroffen, die durch wider Erwarten auftretende neue Krankheitsschübe z. B. einen kontinuierlich geplanten Arbeitsversuch durchbrechen können. Ebenso kann es aus der Sphäre des Arbeitgebers zu Verzögerungen kommen, indem z. B. ein vorgesehener leidensgerechter Arbeitsplatz nicht zum geplanten Zeitpunkt zur Verfügung steht. Hier muss sich ein Integrationsteam einerseits flexibel zeigen, andererseits aber auch eine klare Linie in der Fallbearbeitung verfolgen.[253]

e. Wirksamkeitskontrolle

Gerade zu Beginn der Erarbeitung eines Konzepts zum Verfahren eines betrieblichen Eingliederungsmanagements wird erst die Praxis zeigen, ob die vorgesehenen Instrumente, Maßnahmen und Organisationsstrukturen tatsächlich greifen. Die Interessenvertretungen sollten daher in ihrem Konzept einen ausreichenden Rahmen vorsehen, in dem eine kontinuierliche Überprüfung der Maßnahmen erfolgt. Das Führen von Ergebnisprotokollen kann diese Arbeit unterstützen. Öffentlichkeitsarbeit durch eine Darstellung der erzielten Ergebnisse im Betrieb wird die Bereitschaft zur Beteiligung an dem Verfahren erhöhen.[254]

Das Erfordernis der Wirksamkeitskontrolle ist natürlich auch im Einzelfall zu beachten. Ob ein Verfahren zum Eingliederungsmanagement tatsächlich erfolgreich verlaufen ist, wird sich erst beurteilen lassen, wenn mit einem gewissen zeitlichen Abstand die Arbeitssituation und die Stabilität der gesundheitlichen Verfassung des betroffenen Beschäftigten betrachtet werden.

Auch an dieser Stelle hat das BAG in seinem Beschluss vom 22.3.2016[255] allerdings die Position bezogen, dass eine Wirksamkeitskontrolle nicht durch einen Spruch der Einigungsstelle erzwungen werden kann. Das BAG stellt dabei durchgängig darauf ab, dass die Aufgaben des Betriebsrats im Rahmen des § 167 Abs. 2 SGB IX auf den »Klärungsprozess« beschränkt seien. Ein erzwingbares Mitbestimmungsrecht könne sich daher nur auf Verfahrensregeln betreffend den Klärungsprozess erstrecken. Die Überprüfung der Wirksamkeit und der Qualität der durchgeführten Maßnahmen gehöre nicht mehr zum Klärungsprozess. Hilfreich wäre gewesen, eine Auslegung des Begriffs des Klärungsprozesses i.S.d. § 167 Abs. 2 SGB IX nach den gängigen Kriterien wie Wortlaut, Sinn und Zweck der Norm sowie Wille des Gesetzgebers vorzunehmen. Stattdessen verweist das BAG z.B. nur darauf, dass die Überprüfung der Wirksamkeit und Qualität durchgeführter Maßnahmen nicht mehr dazu gehöre. Eine Begründung wird in dieser Entscheidung leider nicht nachvollziehbar ausgeführt. Es spricht einiges dafür, dass die Klärung auch die Abschlussbeurteilung umfassen soll; denn nur, wenn ein Ergebnis

---

253 Magin, Betriebliches Eingliederungsmanagement nach dem SGB IX, S. 56.

254 Stegmann u.a., Prävention und Eingliederungsmanagement, S. 44.

255 BAG, Beschluss vom 22.3.2016 – 1 ABR 14/14, AiB 2016, 60.

festgestellt wird, ist ein Klärungsprozess abgeschlossen. Schließlich war auch der Gesetzgeber – so die Gesetzesbegründung[256] – der Auffassung, dass die ursprüngliche Fassung des § 167 Abs. 2 SGB IX einer Ergänzung durch den heutigen Satz 8 bedurfte. Damit sollte klargestellt werden, dass die betrieblichen Interessenvertretungen und die Schwerbehindertenvertretung darüber wachen, dass ein betriebliches Eingliederungsmanagement durchgeführt und ggfs. erforderliche Leistungen zur Teilhabe sowie Hilfen zur Erhaltung des Arbeitsplatzes ausgeführt werden. Davon zu unterscheiden ist allerdings die Frage, was passiert, wenn die beteiligten Betriebsparteien unterschiedlicher Auffassung über das Ergebnis des Verfahrens sind. Dann verbleibt es bei diesem Dissens. Ein formal klärendes Verfahren – wie zum Beispiel bei fehlender Zustimmung des Betriebsrats bei personellen Einzelmaßnahmen gemäß § 99 BetrVG sieht § 167 Abs. 2 SGB IX nicht vor.[257] Allerdings ist nach der Rechtsprechung des BAG zu berücksichtigen, dass die Feststellung, dass ein Verfahren zum betrieblichen Eingliederungsmanagement beendet ist, nicht ohne weiteres einseitig vom Arbeitgeber getroffen werden kann. Gibt es aus seiner Sicht keine Ansätze mehr für zielführende Präventionsmaßnahmen, ist der Klärungsprozess erst dann als abgeschlossen zu betrachten, wenn auch vom Arbeitnehmer und den übrigen beteiligten Stellen keine ernsthaft weiterzuverfolgenden Ansätze für zielführende Präventionsmaßnahmen aufgezeigt wurden. Um dies abzuklären, ist ihnen seitens des Arbeitgebers hierzu Gelegenheit binnen einer ggf. zu bestimmenden Frist zu geben.[258]

f. Chancen und Risiken digital geführter Verfahren

In Zeiten von Homeoffice und Videokonferenzen stellt sich die Frage, ob ein betriebliches Eingliederungsmanagement auch digital durchgeführt werden kann. Während der Pandemie war das möglicherweise die einzige Form, um Verfahren im Rahmen des betrieblichen Eingliederungsmanagements »auf den Weg zu bringen«, bzw. laufende Verfahren weiter fortsetzen zu können. Dennoch sollte man die Frage mit »ja, aber« beantworten. Denn der digitalen Durchführung stehen zahlreiche Bedenken entgegen.

Diese sind vor allen Dingen datenschutzrechtlicher Natur. Im Rahmen von Verfahren zum betrieblichen Eingliederungsmanagement werden Gesundheitsdaten der Beschäftigten erhoben, die – bei online geführ-

256 BT-Drucks. 15/2357, S. 24.
257 Dau/Düwell/Joussen/Luik-*Düwell*, § 167 SGB IX, Rn. 77.
258 BAG, Urteil v. 18.11.2021 – 2 AZR 138/21, NZA-RR 2022, 222.

ten Gesprächen – über digitale Kanäle verarbeitet werden. Bei digitalen Formaten werden zusätzlich weitere personenbezogene Daten wie Teilnehmerinformationen, Konferenzinformationen sowie Konferenzinhalte verarbeitet. Den Zugriff auf die Daten haben hier nicht nur die Teilnehmenden, sondern auch beauftragte Dienstleister (insbesondere Anbieter des Konferenztools). Bei digitaler Durchführung von Gesprächen im Rahmen des betrieblichen Eingliederungsmanagements sind daher insbesondere die Vorgaben der EU-DSGVO zu beachten. Es müssen technische und organisatorische Maßnahmen getroffen werden, um eine sichere Datenverarbeitung zu gewährleisten. Hier ist auch eine Querverbindung zur Existenz von Betriebsvereinbarungen zur Nutzung der Konferenztools und der Prüfung erforderlich, ob deren Inhalte und Schutzmechanismen ausreichend für das Führen von digitalen Gesprächen im Rahmen des betrieblichen Eingliederungsmanagements sind. So muss zum Beispiel die Aufzeichnung von Gesprächen im Rahmen des betrieblichen Eingliederungsmanagements ausgeschlossen sein.

Da im Zuge des betrieblichen Eingliederungsmanagements Gesundheitsdaten behandelt werden, deren Verarbeitung für die Betroffenen mit einem hohen Risiko verbunden sein kann, muss vor Aufnahme der Verarbeitung nach Art. 35 Abs. 3b) EU-DSGVO vom Arbeitgeber immer eine Datenschutz-Folgenabschätzung durchgeführt werden. Sollen Online-Besprechungen erfolgen, bei denen personenbezogene Daten verarbeitet werden, muss nach Art. 35 Abs. 7b) EU-DSGVO im Rahmen einer Verhältnismäßigkeitsprüfung bewertet werden, ob es zu dieser Form des Umgangs mit personenbezogenen Daten nicht eine Alternative gibt, die weniger in die Interessen, Grundrechte und Grundfreiheiten der Betroffenen eingreift.[259]

Des Weiteren ist zu berücksichtigen, dass nicht alle Arbeitnehmer mit dem erforderlichen technischen Equipment ausgestattet, bzw. vertraut sind. Die Angst vor der möglicherweisen nicht funktionierenden Technik kann einen zusätzlichen Stressfaktor darstellen, der dem Erfolg eines Gesprächs entgegensteht.

Die Möglichkeit der Hinzuziehung von Personen des Vertrauens entsprechend der Neuregelung in § 167 Abs. 2 Satz 2 SGB IX darf durch die digitale Durchführung nicht erschwert oder sogar vereitelt werden. Das gilt gleichermaßen für die potentiellen weiteren Beteiligten wie Betriebsarzt, Inklusionsamt, Rehabilitationsträger.

Im Ergebnis lässt sich festhalten, dass die digitale Durchführung des betrieblichen Eingliederungsmanagements nur in Ausnahmefällen in

259 Wedde, CuA 9/2021, 27.

Betracht kommt. Sie sollte nur bei zuverlässiger Abklärung der datenschutzrechtlichen Voraussetzungen, einer entsprechenden technischen Ausstattung aller Beteiligten und ausdrücklicher Zustimmung der betroffenen Arbeitnehmer erfolgen. Entsprechende Absicherungen sollten Betriebsräte in Betriebsvereinbarungen regeln.[260]

8. Auswirkung des betrieblichen Eingliederungsmanagements auf krankheitsbedingte Kündigungen

Die Relevanz des betrieblichen Eingliederungsmanagements für die Rechtsposition betroffener einzelner Arbeitnehmer zeigt sich vor allem bei der krankheitsbedingten Kündigung. Dazu bedarf es zunächst einer näheren Betrachtung der Voraussetzungen für die Wirksamkeit der Kündigung aus krankheitsbedingten Gründen. Krankheitsbedingte Kündigungen sind die größte Gruppe unter den Kündigungen aus personenbedingten Gründen. Sie treten in drei Fallgruppen auf:

1. Kündigung wegen langanhaltender Krankheit.
2. Kündigung wegen häufiger Kurzerkrankungen.
3. Kündigung wegen krankheitsbedingter Leistungsminderung.

Kündigungen aus krankheitsbedingten Gründen sind am Maßstab des § 1 KSchG zu messen, soweit dessen Anwendungsbereich eröffnet ist. Das heißt, der betroffene Arbeitnehmer muss mehr als sechs Monate dem Betrieb angehören und zum Zeitpunkt der Kündigung müssen mehr als zehn Arbeitnehmer dort tätig sein. Wurde der zu kündigende Arbeitnehmer vor dem 1.1.2004 eingestellt, greift der Kündigungsschutz bereits bei mehr als fünf Arbeitnehmern (sofern diese auch vor dem 1.1.2004 beschäftigt waren). Auszubildende werden bei der Ermittlung der Anzahl der zu berücksichtigenden Arbeitnehmer nicht mitgerechnet.

Bei Beschäftigungsverhältnissen von weniger als sechs Monaten oder in einem Kleinbetrieb, in dem der für den Kündigungsschutz erforderliche Schwellenwert der erforderlichen Anzahl beschäftigter Arbeitnehmer nicht erreicht wird, bedarf eine fristgerecht ausgesprochene Kündigung keiner Begründung. Fraglich ist, ob sich die Problematik des betrieblichen Eingliederungsmanagements in diesen Fällen auf die Wirksamkeit einer Kündigung auswirkt. Im arbeitsrechtlichen Schrifttum wird zu

260 Wedde, Gute Arbeit 2021, Nr. 6, 35.

Recht darauf hingewiesen, dass § 167 Abs. 2 SGB IX nicht an die Betriebsgröße und die Beschäftigtenanzahl anknüpft.[261] Danach würde sich die Frage eines betrieblichen Eingliederungsmanagements auch in diesen Beschäftigungsverhältnissen auswirken. Das BAG hingegen sieht im unterbliebenen Verfahren eines betrieblichen Eingliederungsmanagements keine kündigungsrechtlichen Folgen, wenn die Anwendbarkeit des Kündigungsschutzgesetzes nicht eröffnet ist. Begründet wird dies damit, dass der Verhältnismäßigkeitsgrundsatz außerhalb des Geltungsbereichs des Kündigungsschutzgesetzes bei der Prüfung der Wirksamkeit einer Kündigung keine Anwendung findet.[262] Das LAG Schleswig-Holstein nimmt eine differenzierte Betrachtung vor und vertritt die Auffassung, dass § 167 Abs. 2 SGB IX auch in Kleinbetrieben gilt. Wegen der fehlenden Anwendbarkeit des Kündigungsschutzgesetzes sind jedoch die Voraussetzungen einer negativen Prognose oder Verhältnismäßigkeit für die Rechtmäßigkeit der Kündigung irrelevant. Außerhalb der Anwendbarkeit des Kündigungsschutzgesetzes wirkt sich die fehlende Durchführung des betrieblichen Eingliederungsmanagements danach nur aus, wenn diese willkürlich erfolgte. Willkür in diesem Sinne liegt nach dem Urteil des LAG Schleswig-Holstein vor, wenn der Arbeitgeber die Intention des Gesetzes (Rehabilitation statt Entlassung) völlig ignoriert.[263] Anknüpfend an dieses Urteil muss ein Fall von Willkür bei Kündigungen von Beschäftigten in Kleinbetrieben auch in Betracht gezogen werden, wenn Anhaltspunkte dafür vorhanden sind, dass durch ein ordnungsgemäß durchgeführtes betriebliches Eingliederungsmanagement die zum Kündigungsentschluss geführten Gründe hätten ausgeräumt und der Arbeitsplatz hätte erhalten bleiben können. Die Darlegungs- und Beweislast für das Vorliegen dieser Voraussetzung wird in diesen Fällen allerdings beim gekündigten Arbeitnehmer liegen.[264]

---

261 Deinert, NZA 2010, 969, 971; so auch Schiefer/Borchard, DB 2010, 1884, 1885, im Ergebnis aber den Erwägungen des BAG in den in der nachfolgenden Fußnote genannten Urteilen folgend.

262 BAG, Urteil v. 28.6.2007 – 6 AZR 750/06, AP Nr. 27 zu § 307 BGB; Urteil v. 24.1.2008 – 6 AZR 96/07, EzA § 242 BGB 2002 Kündigung Nr. 7.

263 LAG Schleswig-Holstein, Urteil v. 17.11.2005 – 4 Sa 328/05, Behindertenrecht 2006, 170.

264 Pickl, »Geltung und Bedeutung des § 84 Abs. 2 SGB IX in Kleinbetrieben« in Diskussionsforum B, Beitrag 6/2006 des Instituts für Qualitätssicherung in Prävention und Rehabilitation (iqpr) an der Deutschen Sportschule Köln, S. 5.

a. Sozialwidrigkeit einer krankheitsbedingten Kündigung – 3-Stufen-Prüfung

Fällt das Arbeitsverhältnis eines von einer Kündigung betroffenen Arbeitnehmers in den Anwendungsbereich des § 1 KSchG, ist die Kündigung nur wirksam, wenn sie nicht sozialwidrig ist.
Die Prüfung der Sozialwidrigkeit einer krankheitsbedingten Kündigung erfolgt unabhängig von der Art (siehe oben, Kapitel I. 8., vor allem wegen häufiger Kurzerkrankungen oder Langzeiterkrankung) anhand folgender von der Rechtsprechung entwickelter drei Stufen:[265]

- Vorausgesetzt wird eine **negative Prognose** hinsichtlich des künftigen Gesundheitszustandes des erkrankten Arbeitnehmers;
- Die bisherigen und nach der Prognose zu erwartenden Auswirkungen des Gesundheitszustandes des Arbeitnehmers müssen zu einer **erheblichen Beeinträchtigung der betrieblichen Interessen** führen;
- Im Rahmen einer umfassenden **Interessenabwägung** ist zu prüfen, ob die betrieblichen Interessen das Interesse des Arbeitnehmers an der Erhaltung des Arbeitsplatzes überwiegen.

Eine vorherige Abmahnung ist bei einer personenbedingten Kündigung nicht Wirksamkeitsvoraussetzung, da i. d. R. kein steuerbares Verhalten des betroffenen Arbeitnehmers in Rede steht.[266] Handelt es sich um einen tariflich ordentlich unkündbaren Arbeitnehmer – in diesen Fällen kann eine außerordentliche Kündigung mit sozialer Auslauffrist in Betracht kommen –, sind in allen Prüfungsstufen deutlich erhöhte Anforderungen zu stellen.[267]

aa. Negative Gesundheitsprognose

Die krankheitsbedingte Kündigung soll keine Bestrafung für in der Vergangenheit liegende Fehlzeiten darstellen,[268] vielmehr muss der Arbeitgeber eine Prognose über die künftige Arbeitsunfähigkeit bzw. über die Entwicklung des Gesundheitszustandes vornehmen, die zu dem Ergebnis führt, dass der schlechte Gesundheitszustand des Arbeitnehmers, der das

---

265 Vgl. u. a. BAG, Urteil v. 29.4.1999 – 2 AZR 431/98, NZA 1999, 978; Urteil v. 12.4.2002 – 2 AZR 148/01, NZA 2002, 1081; Urteil v. 19.4.2007 – 2 AZR 239/06, AP Nr. 45 zu § 1 KSchG Krankheit.

266 Hummel, Krankheit und Kündigung, S. 24.

267 LAG Köln, Urteil v. 8.9.2015 – 12 Sa 682/15, EzA SD-2016, Nr. 3, 7; LAG Düsseldorf, Urteil v. 5.3.2012 – 14 Sa 1377/11, AuA 2012, 485.

268 BAG, Urteil v. 23.6.1983 – 2 AZR 15/82, DB 1983, 2524, 2525; Urteil v. 12.4.2002 – 2 AZR 148/01, NZA 2002, 1081, 1085.

Arbeitsverhältnis belastet, weiter andauern bzw. in nicht hinnehmbarer Weise wieder auftreten wird.

Maßgeblicher Beurteilungszeitpunkt für diese Prognose ist der Gesundheitszustand bei Ausspruch der Kündigung.[269] Eine nach Ausspruch der Kündigung eintretende Veränderung des Gesundheitszustandes, gleich, ob es sich um eine Verbesserung oder um eine Verschlechterung handelt, führt nicht zur Korrektur der ursprünglichen Prognose.[270] Verbessert sich der Gesundheitszustand eines krankheitsbedingt gekündigten Arbeitnehmers während des laufenden Kündigungsschutzprozesses vollständig, darf dies vom Gericht bei der Überprüfung einer im Zeitpunkt der Kündigung zutreffend festgestellten negativen Prognose des Arbeitgebers nicht berücksichtigt werden. Die Kündigung bleibt in diesem Fall wirksam. Bessert sich wider Erwarten der Gesundheitszustand vor Ablauf der Kündigungsfrist, kann der gekündigte Arbeitnehmer ggf. einen Wiedereinstellungsanspruch geltend machen.[271]

Um eine zutreffende negative Prognose treffen zu können, wird der Arbeitgeber ein Interesse daran haben, möglichst viele Informationen über den Gesundheitszustand des Arbeitnehmers bzw. über den Krankheitsverlauf in Erfahrung zu bringen. Dies geht nicht selten mit der Aufforderung an den Arbeitnehmer einher, den jeweils behandelnden Arzt von dessen ärztlicher Schweigepflicht gegenüber dem Arbeitgeber zu befreien. Dazu ist der Arbeitnehmer außergerichtlich nicht verpflichtet. Er kann es insoweit auf eine gerichtliche Auseinandersetzung über die Wirksamkeit der krankheitsbedingten Kündigung ankommen lassen und im Prozess die negative Prognose des Arbeitgebers bestreiten sowie sich dabei erstmals auf den behandelnden Arzt als Zeugen berufen, der dann von der ärztlichen Schweigepflicht entbunden wird. Damit setzt sich der Beschäftigte nicht dem Vorwurf treuwidrigen Verhaltens aus.[272]

An dieser Stelle offenbart sich die Gefahr des betrieblichen Eingliederungsmanagements. Arbeitnehmer, die ihre Zustimmung zu diesem Verfahren erteilen und aktiv an den Möglichkeiten zur Erlangung und Erhaltung ihrer Arbeitsfähigkeit und damit auch ihres Arbeitsplatzes mitwirken, werden dabei zwangsläufig Informationen preisgeben, die es dem Arbeitgeber ermöglichen, vor Ausspruch einer krankheitsbedingten Kündigung eine realistische Einschätzung seines Prozessrisikos vorzu-

---

269 BAG, Urteil v. 29.4.1999 – 2 AZR 431/98, AiB 2000, 450; Urteil v. 21.2.2001 – 2 AZR 558/99, NZA 2001, 1071, 1072.

270 BAG, Urteil v. 29.4.1999 – 2 AZR 431/98, AiB 2000, 450; Urteil v. 12.4.2002 – 2 AZR 148/01, NZA 2002, 1081, 1083.

271 BAG, Urteil v. 27.6.2001 – 7 AZR 662/99, NZA 2001, 1135.

272 BAG, Urteil v. 12.4.2002 – 2 AZR 148/01, NZA 2002, 1081, 1084.

nehmen.[273] Es liegt nahe, dass viele Betroffene vor diesem Hintergrund dazu neigen, ihre Zustimmung zur Durchführung eines betrieblichen Eingliederungsmanagements zu verweigern.[274] Damit wäre der eigentlich gewünschte Zweck des § 167 Abs. 2 SGB IX schon im Ansatz zum Scheitern verurteilt. Dieser Gefahr muss daher durch entsprechende Schutzmechanismen vorgebeugt werden. Denkbar wäre dabei in einer entsprechenden Betriebsvereinbarung ein – zumindest zeitlich begrenztes – Verwertungsverbot der durch das Verfahren gewonnenen Erkenntnisse über den Gesundheitszustand des betroffenen Beschäftigten für krankheitsbedingte Kündigungen aufzunehmen. Wie bereits oben, in Kapitel I. 4. a. bb. gezeigt, bestehen ohnehin erhebliche datenschutzrechtliche Bedenken, wenn der Arbeitgeber die aus den Daten gewonnenen Erkenntnisse im Rahmen einer krankheitsbedingten Kündigung zur Begründung der Kündigung einsetzt. Denn dies führt zu einer Zweckänderung, die nur unter den Voraussetzungen des § 24 BDSG-neu zulässig wäre, die regelmäßig nicht vorliegen dürften.[275] Der Arbeitgeber darf ohne Zustimmung des betroffenen Beschäftigten nur außerhalb des BEM-Verfahrens bekannt gewordene Daten zur Begründung der Kündigung nutzen.

Jenseits dieser Problematik stellt sich auch die Frage, ob eine ausreichende Prognoseentscheidung des Arbeitgebers auf dieser Prüfungsstufe verneint werden muss, wenn ein betriebliches Eingliederungsmanagement erst gar nicht durchgeführt worden ist. Dies gilt zumindest dann, wenn man das betriebliche Eingliederungsmanagement als gesetzlich vorgesehenes Instrument ansieht, das dem Arbeitgeber erst eine umfassende und gründliche Prognose ermöglicht.[276]

bb. Erhebliche Beeinträchtigung der betrieblichen Interessen

Im Wesentlichen können durch die Arbeitsunfähigkeit von Arbeitnehmern die betrieblichen Interessen in zweifacher Hinsicht beeinträchtigt sein. Zum einen durch Störungen im Betriebsablauf, z. B. durch Produktionsausfall, Störungen des Arbeitsablaufs oder Verlust von Kundenauf-

273 Gaul, ArbRB 2004, 308, 312.

274 Vgl. dazu auch Steinau-Steinrück/Hagemeister, NJW-Spezial 2005, 129, 130, die die Zulässigkeit einer Verwertung der erlangten Daten für eine Kündigung in Frage stellen.

275 Gundermann/Oberberg, AuR 2007, 19, 23; Deinert, NZA 2010, 969, 973 jeweils zu § 28 BDSG a. F.; Oberthür, ArbRB 2018, 301, 303 zur Rechtslage auf Basis des § 24 BDSG n. F.; Beseler, S. 52.

276 Gagel, »Bedeutung des Eingliederungsmanagements für den Kündigungsschutz Teil I« in Diskussionsforum B, Beitrag 4/2004 des Instituts für Qualitätssicherung in Prävention und Rehabilitation (iqpr) an der Deutschen Sportschule Köln, S. 8.

trägen. Zum anderen können wirtschaftliche Belastungen in Form von außerordentlich hohen Lohnfortzahlungskosten in Betracht kommen. Beschränkt sich die erhebliche Beeinträchtigung ganz oder im Wesentlichen auf den Gesichtspunkt der wirtschaftlichen Belastung mit Entgeltfortzahlungskosten, so setzt die soziale Rechtfertigung der krankheitsbedingten Kündigung außergewöhnlich hohe Entgeltfortzahlungskosten voraus, die den gesetzlichen Fortzahlungszeitraum des § 3 EFZG deutlich überschreiten.[277]

Welche Anforderungen im Einzelnen an die Prüfungsstufe der erheblichen Beeinträchtigung der betrieblichen Interessen zu stellen sind, wird im Zusammenhang mit den einzelnen Fallgruppen krankheitsbedingter Kündigungen in Kapitel I. 8. b. erörtert.

cc. Interessenabwägung

Der dritten Prüfungsstufe der Interessenabwägung kommt besondere Bedeutung zu. Hier muss hinterfragt werden, ob die betriebliche Beeinträchtigung des Arbeitgebers aufgrund der Besonderheiten des Einzelfalls ein solches Ausmaß erreicht hat, dass sie das Interesse des Arbeitnehmers am Erhalt des Arbeitsplatzes überwiegt.[278] In der Rechtsprechung und in den arbeitsrechtlichen Kommentierungen haben sich folgende Anhaltspunkte entwickelt, die ggf. für ein überwiegendes Interesse des Arbeitnehmers am Erhalt des Arbeitsplatzes sprechen können:

- **Soziale Umstände des Arbeitnehmers**
  Hierzu zählen – ähnlich den Sozialdaten bei einer betriebsbedingten Kündigung – Alter und Unterhaltspflichten des Arbeitnehmers sowie eine etwaige Schwerbehinderung[279] und die Dauer des Arbeitsverhältnisses. Wer in einem bereits länger andauernden Arbeitsverhältnis seine Kräfte strapaziert hat, ist schutzwürdiger als der Arbeitnehmer, der sich erst seit relativ kurzer Zeit für den Arbeitgeber einsetzt.[280]
- **Betriebsunfall des Arbeitnehmers**
  Arbeitsunfähigkeitszeiten, die auf einen Betriebsunfall zurückzuführen sind, gehen im Rahmen der Interessenabwägung eher zu Lasten des Arbeitgebers.[281]

---

277 LAG Hamm, Urteil v. 20.8.2015 – 11 Sa 553/15.

278 BAG, Urteil v. 12.4.2002 – 2 AZR 148/01, NZA 2002, 1081, 1083.

279 BAG, Urteil v. 20.1.2000 – 2 AZR 378/99, NZA 2000, 768; Urteil v. 10.11.2005 – 2 AZR 44/05, AP Nr. 42 zu § 1 KSchG Krankheit; Däubler/Deinert/Zwanziger-*Deinert*, KSchR, § 1 KSchG, Rn. 111.

280 Hummel, Krankheit und Kündigung, S. 27.

281 Hummel, Krankheit und Kündigung, S. 28.

- **Kenntnis des Arbeitgebers von chronischen Krankheiten**
  Hatte der Arbeitgeber bei der Einstellung bereits Kenntnis davon, dass der Arbeitnehmer von einer chronischen Krankheit betroffen ist, ist es ihm eher zuzumuten, die darauf beruhenden krankheitsbedingten Ausfallzeiten hinzunehmen.[282]
- **Anderweitige Beschäftigungsmöglichkeiten im Betrieb**
  Unterlässt der Arbeitgeber die Prüfung, ob der betroffene Arbeitnehmer ggf. auf einem anderen Arbeitsplatz des Betriebs eingesetzt werden kann, der seinen gesundheitlichen Einschränkungen Rechnung trägt, ohne dass weitere Ausfallzeiten zu befürchten sind, kann sich dies zu Lasten des Arbeitgebers auswirken. Dem Arbeitgeber wird dabei nicht abverlangt, einen sogenannten leidensgerechten Arbeitsplatz für den betroffenen Arbeitnehmer frei zu kündigen. Lässt ihm sein arbeitgeberseitiges Direktionsrecht aber den erforderlichen Spielraum, ist er notfalls auch verpflichtet, in geeigneten Fällen einen Arbeitsplatz für den gesundheitlich beeinträchtigten Arbeitnehmer durch Versetzung eines anderen Beschäftigten frei zu machen.[283] Wichtig ist dabei, dass sich der von Kündigung betroffene Arbeitnehmer im Konfliktfall auf einen konkreten Arbeitsplatz beruft, der nach seiner Einschätzung seinem Leiden entsprechend von ihm eingenommen werden kann und dass dieser Arbeitsplatz frei ist, in absehbarer Zeit frei wird oder durch mögliche Versetzung frei werden könnte.[284]
- **Verschulden des Arbeitgebers**
  Die krankheitsbedingte Kündigung fällt im Rahmen der Interessenabwägung i. d. R. dann zu Lasten des Arbeitgebers aus, wenn die Arbeitsunfähigkeit des Arbeitnehmers auf Arbeitsbedingungen zurückzuführen ist, die der Arbeitgeber schuldhaft herbeigeführt oder nicht verändert hat.[285] Um diesen Anhaltspunkt effektiv in die Argumentation einführen zu können, lohnt sich ein Abgleich mit Kollegen aus einem vergleichbaren Arbeitsumfeld des von einer krankheitsbedingten Kündigung betroffenen Arbeitnehmers: Auffallend hohe Ausfallzeiten insgesamt aus einem Arbeitsbereich lassen den Rückschluss zu, dass Ursache für die erhöhten Arbeitsunfähigkeitszeiten die Arbeitsbedingungen sind, was in der Interessenabwägung wiederum zu Gunsten des einzelnen betroffenen Arbeitnehmers zu werten ist.[286]

---

282 BAG, Urteil v. 10.6.1969 – 2 AZR 94/68, DB 1969, 1608; Lepke, S. 197, Rn. 176.
283 BAG, Urteil v. 29.1.1997 – 2 AZR 9/96, NZA 1997, 709.
284 BAG, Urteil v. 29.1.1997 – 2 AZR 9/96, NZA 1997, 709; Hummel, Krankheit und Kündigung, S. 31.
285 Lepke, S. 237, Rn. 208.
286 BAG, Urteil v. 10.5.1990 – 2 AZR 580/89, EzA § 1 KSchG Krankheit Nr. 31.

- **Einsatz berufsfördernder Leistungen**
  Für die hier in Rede stehende Problematik ist die vornehmlich im arbeitsrechtlichen Schrifttum entwickelte Fallgestaltung der Bemühung um berufsfördernde Maßnahmen richtungsweisend. Einzelheiten werden dazu in Kapitel I. 9. ausgeführt.

b. Fallgruppen krankheitsbedingter Kündigungen

aa. Kündigung wegen Langzeiterkrankung

Bei einer Kündigung wegen langandauernder Krankheit stellt sich zunächst die Frage, ab wann eine Krankheit als langandauernd einzustufen ist. Die Rechtsprechung gibt dazu keine verbindlichen Orientierungsgrößen an. Jedenfalls wird man davon ausgehen können, dass ununterbrochene Arbeitsunfähigkeitszeiten von 18 oder 20 Monaten das Kriterium »langandauernd« erfüllen.[287] Im Übrigen wird die Frage, ob eine langandauernde Erkrankung vorliegt, einer Einzelfallprüfung vorbehalten bleiben müssen. Weitere Voraussetzung ist, dass die Arbeitsunfähigkeit zum Zeitpunkt der Kündigung noch andauert und der Zeitpunkt der Wiederherstellung der Arbeitsfähigkeit nicht absehbar ist. Gegen eine negative Prognose bei langanhaltender Krankheit kann die ärztliche Empfehlung einer Rehabilitationsmaßnahme sprechen. Denn eine solche Maßnahme kann aus ärztlicher Sicht nur dann sinnvoll sein, wenn es Heilungs- oder jedenfalls Besserungsmöglichkeiten für eine Erkrankung gibt.[288]
Bei Langzeiterkrankungen konnten sich Arbeitgeber lange Zeit nicht darauf berufen, dass eine erhebliche Beeinträchtigung ihrer wirtschaftlichen Interessen vorläge, da im Regelfall nach Ablauf von sechs Wochen keine Lohnfortzahlungspflicht mehr besteht und die Abwesenheit des erkrankten Arbeitnehmers planbar war und entsprechende Überbrückungsmaßnahmen durch die Beschäftigung befristet eingestellter Arbeitskräfte möglich waren. Diesen aus sich heraus wirkenden Schutz vor Kündigungen wegen Langzeiterkrankung hat das BAG mit einer Entscheidung beendet, in der eine erhebliche Beeinträchtigung der betrieblichen Interessen durch eine Langzeiterkrankung angenommen wurde, wenn der Arbeitnehmer bereits längere Zeit arbeitsunfähig war und im Zeitpunkt der Kündigung die Wiederherstellung der Arbeitsfähigkeit noch völlig ungewiss ist. Zur Begründung führt die Rechtsprechung an, dass der Arbeitgeber in diesem Fall auf unabsehbare Weise gehindert sei, sein Direktionsrecht auszuüben. Die Frage, wie die Zeitspanne einer un-

---

287 ErfK-*Oetker*, § 1 KSchG, Rn. 129m. w. N.
288 LAG Hamburg, Urteil v. 22. 9. 2011 – 1 Sa 34/11, ArbuR 2012, 137.

absehbaren Ungewissheit über die Wiederherstellung der Arbeitsfähigkeit zu bemessen ist, hat das BAG allerdings relativ weit gefasst. Sie wird danach beurteilt, ob in den nächsten 24 Monaten nach Ausspruch einer Kündigung mit einer anderen Prognose nicht gerechnet werden kann.[289] Liegt nach diesem Kriterium eine erhebliche Beeinträchtigung betrieblicher Interessen vor, kann nur noch über die Argumentation der Interessenabwägung auf der dritten Prüfungsebene die Unwirksamkeit der Kündigung im Einzelfall hergeleitet werden.
Zuschüsse zum Krankengeld sind grundsätzlich nicht zulasten des Arbeitnehmers als erhebliche Beeinträchtigung wirtschaftlicher Interessen zu berücksichtigen. Ihre Zahlung beruht – anders als die Entgeltfortzahlung im Krankheitsfall nach §§ 3, 4 EFZG – nicht auf einer zwingenden gesetzlichen Verpflichtung. Mit der Zusage derartiger Zuschüsse übernimmt der Arbeitgeber vielmehr »freiwillig« ein nach dem Gesetz dem Arbeitnehmer zugewiesenes Risiko. Verwirklicht es sich, soll dies – in finanzieller Hinsicht – allein zu seinen Lasten gehen und regelmäßig nicht den Bestandsschutz des Arbeitnehmers mindern.[290] Dies gilt gleichermaßen für Sonderzahlungen. Der Arbeitgeber hätte gemäß § 4a EFZG die Möglichkeit, eine Vereinbarung über die Kürzung der Sondervergütung für den Krankheitsfall zu treffen. Macht er davon keinen Gebrauch, hat er das Risiko der unverminderten Zahlung zu tragen und kann dies nicht gegen den erkrankten Arbeitnehmer zur Begründung erheblicher wirtschaftlicher Belastungen einsetzen.[291]

bb. Kündigung wegen häufiger Kurzerkrankungen

Wesensmerkmal der häufigen Kurzerkrankungen ist die häufige Wiederholung krankheitsbedingter Abwesenheitszeiten, ohne dass die Ausfälle zeitlich im Voraus berechenbar wären. Zu beachten ist, dass nicht nur die durch Arbeitsunfähigkeitsbescheinigungen belegten Kurzerkrankungen zu berücksichtigen sind, sondern auch nur eintägige Abwesenheitszeiten, die auf Arbeitsunfähigkeit beruhen. Das Schwergewicht und die Problematik der 3-Stufen-Prüfung besteht bei dieser Fallgruppe i. d. R. auf der Erstellung der negativen Prognose durch den Arbeitgeber. Diese muss sich darauf erstrecken, dass die Häufigkeit der Kurzerkrankungen in der

---

289 BAG, Urteil v. 29.4.1999 – 2 AZR 431/98, AiB 2000, 450, 451; BAG, Urteil v. 12.4.2002 – 2 AZR 148/01, NZA 2002, 1081; Urteil v. 19.4.2007 – 2 AZR 239/06, AP Nr. 45 zu § 1 KSchG Krankheit.

290 BAG, Urteil v. 25.4.2018 – 2 AZR 6/18, NZA 2018, 1056.

291 BAG, Urteil v. 22.7.2021 – 2 AZR 125/21, NZA 2021, 1551; Däubler/Deinert/Zwanziger-*Deinert*, § 1 KSchG, Rn. 128.

Vergangenheit darauf schließen lässt, dass auch in Zukunft mit entsprechenden krankheitsbedingten Ausfallzeiten zu rechnen ist.[292]
Für die Einordnung des Merkmals »häufig« stellen sich zwei Fragen, nämlich, welcher Zeitraum insgesamt zu berücksichtigen ist und welche Anzahl von Fehltagen in diesem Zeitraum sodann als häufig zu qualifizieren ist. Ebenso wie bei der Beurteilung, ob eine Langzeiterkrankung vorliegt, gilt zunächst einmal die vom BAG aufgestellte Regel, dass es hierzu keine generellen Maßstäbe und Grenzwerte gibt und der jeweilige Einzelfall entscheidend ist. Als untere Orientierungsgröße scheint das BAG davon auszugehen, dass sechs Wochen im Durchschnitt der letzten drei Jahre als unerheblich gelten.[293] Die Tatsachengerichte, vor allem die Landesarbeitsgerichte, nennen Fehlzeitenquoten von 25 %,[294] 30 %[295] oder 40 %[296] als ausreichend dafür, dass diese eine negative Prognose in der Weise zulassen, dass mit weiteren häufigen krankheitsbedingten Abwesenheitszeiten in Zukunft zu rechnen ist. Wie bereits oben in Kapitel I. 8. a. ausgeführt, sind bei tariflich ordentlich unkündbaren Arbeitnehmern strengere Anforderungen zu stellen. Fehlzeiten von 57 Arbeitstagen sind regelmäßig nicht geeignet, bei ihnen eine negative Prognose zu stellen.[297] Die Betrachtung der vor Ausspruch der Kündigung zurückliegenden drei Jahre ist nach der Rechtsprechung grundsätzlich der maßgebliche Referenzzeitraum. Für längere oder kürzere Zeitspannen bedarf es besonderer Umstände des Einzelfalls.[298] Die allein aus den vergangenen Arbeitsunfähigkeitszeiten hervorgehende Indizwirkung für zukünftig zu erwartende krankheitsbedingte Ausfälle beinhaltet, dass in der Vergangenheit liegende Krankheiten nicht immer und ausnahmslos in die Fehlzeitenquote mit eingerechnet werden dürfen. So dürfen keine in der Vergangenheit liegenden Krankheiten berücksichtigt werden, von denen wegen Ausheilung keine Wiederholungsgefahr für die Zukunft ausgeht.[299] Dazu gehören Krankheiten, die auf einmalige Ursachen zurückzuführen sind,[300] zum Beispiel Fremdkörper im Auge, Speichenbruch, Prellungen oder Frakturen.[301] Des Weiteren sind nach der Rechtsprechung des EuGH

292 BAG, Urteil v. 6.9.1989 – 2 AZR 19/89, DB 1990, 429.
293 BAG, Urteil v. 16.2.1989 – 2 AZR 299/88, DB 1989, 2075.
294 LAG Hamm, Urteil v. 15.12.1981 – 6 Sa 1219/81, DB 1982, 283.
295 LAG Düsseldorf, Urteil v. 19.3.1980 – 16 Sa 631/79, DB 1980, 1078.
296 LAG Düsseldorf, Urteil v. 21.10.1982 – 13 Sa 1201/82, DB 1983, 723, 724.
297 LAG Düsseldorf, Urteil v. 5.3.2012 – 14 Sa 1377/11, AuA 2012, 485.
298 BAG, Urteil v. 25.4.2018 – 2 AZR 6/18, NZA 2018, 1056.
299 BAG, Urteil v. 7.11.2002 – 2 AZR 599/01, ArbRB 2003, 111.
300 BAG, Urteil v. 14.1.1993 – 2 AZR 343/92, NZA 1994, 309, 310.
301 Weitere Beispiele bei Hummel, Krankheit und Kündigung, S. 40.

Krankheitszeiten nicht zu berücksichtigen, die schwangerschaftsbedingt aufgetreten sind.[302]

Diese Betrachtungsweise dürfte sich im Übrigen auch empfehlen, soweit der sachliche Anwendungsbereich des betrieblichen Eingliederungsmanagements mit der Voraussetzung einer Arbeitsunfähigkeit von mehr als sechs Wochen in den letzten zwölf Monaten betroffen ist. Es liegt weder im Interesse des Arbeitgebers noch in dem betroffener Arbeitnehmer, das Verfahren des betrieblichen Eingliederungsmanagements durchzuführen, wenn die Arbeitsunfähigkeit einen abgeschlossenen, mit dem Arbeitsverhältnis nicht in Zusammenhang stehenden Krankheitszustand betrifft. Da auch zu berücksichtigen ist, dass der Arbeitnehmer im Vorstadium einer krankheitsbedingten Kündigung nicht verpflichtet ist, dem Arbeitgeber Auskunft über Art und Ausmaß seiner Arbeitsunfähigkeit zu erteilen, ist eine Regelung in einer Betriebsvereinbarung zum betrieblichen Eingliederungsmanagement sinnvoll, die eine Vorprüfung beinhaltet. Mit einer solchen Regelung kann eine vom Arbeitgeber unabhängige Kommission solche Fälle von vornherein aussondern, die trotz Erreichen des Schwellenwertes von mehr als 42 Tagen Arbeitsunfähigkeit wegen der (einmaligen) Erkrankungsbilder für ein betriebliches Eingliederungsmanagement nicht in Frage kommen. Auch hier muss natürlich gelten, dass diese Vorkommission in Abstimmung mit dem betroffenen Arbeitnehmer ihre Entscheidung treffen muss. Im Übrigen gilt jedoch der Grundsatz, dass ein betriebliches Eingliederungsmanagement auch bei häufigen Kurzerkrankungen des Beschäftigten nicht ausgeschlossen oder von vornherein überflüssig ist.[303] Auch aus Krankheiten, die auf unterschiedlichen Grundleiden beruhen, kann sich – zumal wenn sie auf eine generelle Krankheitsanfälligkeit des Beschäftigten hindeuten – eine Gefährdung des Arbeitsverhältnisses ergeben, der das betriebliche Eingliederungsmanagement entgegenwirken soll.

Gelingt es dem Arbeitnehmer bei häufigen Kurzerkrankungen in der Vergangenheit nicht, die daraus resultierende Indizwirkung zu erschüttern, wird die Prüfung einer erheblichen Beeinträchtigung der betrieblichen Interessen erforderlich. Im Gegensatz zu Langzeiterkrankungen ist diese Voraussetzung bei häufigen Kurzerkrankungen eher erfüllt. Soweit Störungen im Betriebsablauf durch Einsatz von befristet eingestellten Vertretungen oder vorübergehende Überstundenleistungen anderer Arbeitnehmer aufgefangen werden können, ist dies dem Arbeitgeber zwar zumutbar, wegen der oftmals fehlenden Planbarkeit der krankheitsbedingten

302 EuGH, Urteil v. 30.6.1998 – Rs. C-394/96, NZA 1998, 871, 872.

303 BAG, Urteil v. 20.11.2014 – 2 AZR 755/13, NZA 2015, 612.

Ausfallzeiten ist dies aber nicht immer realisierbar. Bei der Frage beachtlicher wirtschaftlicher Beeinträchtigungen hat das BAG entschieden, dass Lohnfortzahlungskosten, die vom Arbeitgeber jährlich jeweils mehr als sechs Wochen aufzuwenden sind, eine erhebliche Beeinträchtigung der wirtschaftlichen Interessen darstellen können.[304] Die Gewährung von Zuschüssen zum Krankengeld und etwaigen Sonderzahlungen bleibt außer Betracht. Wegen der Einzelheiten wird auf die Ausführungen oben, Kapitel I. 8. b. aa., verwiesen.
Bei der Interessenabwägung ist auf der dritten Stufe vor allem zu berücksichtigen, wie lange das Arbeitsverhältnis schon bestanden hat. In langjährigen Arbeitsverhältnissen sind derartige wirtschaftliche Beeinträchtigungen eher hinzunehmen.

cc. Kündigung wegen krankheitsbedingter Leistungsminderung

Wer aufgrund von Krankheit nicht in der Lage ist, seine Arbeitsleistung in vollem Umfang zu erbringen, muss ggf. mit einer darauf gestützten arbeitgeberseitigen Kündigung rechnen, die von der Rechtsprechung als grundsätzlich möglich und zulässig erachtet wird. Dabei muss der betroffene Arbeitnehmer krankheitsbedingt auf Dauer daran gehindert sein, die vertraglich geschuldete Leistung zu erbringen.[305] Der Arbeitnehmer ist nicht zu Höchstleistungen verpflichtet. Verlangt werden kann lediglich, dass er unter Anspannung seiner geistigen und körperlichen Kräfte das ihm Mögliche leistet, eine sogenannte Leistung nach mittlerer Art und Güte.[306] Zum Vergleich wird im Regelfall die vor der Erkrankung erbrachte Leistung des Arbeitnehmers heranzuziehen sein.[307] Dabei ist nicht jede Leistungsminderung relevant für eine Kündigung. Sie muss vielmehr erheblich sein. Dies wird nach der Rechtsprechung des BAG dann der Fall sein, wenn die Arbeitsleistung nur noch 2/3 der Normalleistung entspricht.[308] Dieser Einstufung entspricht auch die Voraussetzung einer Beeinträchtigung der betrieblichen Interessen in Form der erheblichen wirtschaftlichen Belastung. Eine Korrektur von sich daraus ergebenden Härtefällen ist wiederum auf der dritten Prüfungsstufe der Interessenabwägung vorzunehmen, bei der in dieser Fallgruppe ein besonders strenger Maßstab anzulegen ist.[309] Vor allem muss die Möglich-

---

304 BAG, Urteil v. 29.7.1993 – 2 AZR 155/93, EzA § 1 KSchG Krankheit Nr. 40.
305 BAG, Urteil v. 28.2.1990 – 2 AZR 401/89, NZA 1990, 727, 728.
306 Lepke, S. 209, Rn. 186.
307 Hummel, Krankheit und Kündigung, S. 35.
308 BAG, Urteil v. 26.9.1991 – 2 AZR 132/91, NZA 1992, 1073, 1076.
309 Küttner-*Schmidt*, Kündigung, personenbedingte, Rn. 12.

keit der Weiterbeschäftigung unter anderen Arbeitsbedingungen oder in einem Teilzeitarbeitsverhältnis geprüft werden.
Im Zusammenhang mit dem betrieblichen Eingliederungsmanagement ist wegen des besonderen Augenmerks auf dem Argument der Unwirtschaftlichkeit der unveränderten Weiterbeschäftigung krankheitsbedingt leistungsgeminderter Arbeitnehmer ein Vergleich der Kosten-Nutzen-Analyse von Interesse, die bei Durchführung eines betrieblichen Eingliederungsmanagements entstehen kann. Wegen der Einzelheiten wird auf das Beispiel einer Kosten-Nutzen-Analyse in Kapitel III. verwiesen. Dies zeigt auf, dass im Rahmen der 3-Stufen-Prüfung die kostenmäßigen Vorteile eines betrieblichen Eingliederungsmanagements als Argument gegen die Wirksamkeit einer derartigen Kündigung angeführt werden können.

c. Verhältnismäßigkeit der Kündigung

aa. Ultima-Ratio-Prinzip

Die krankheitsbedingte Kündigung muss wie jede andere Kündigung an dem Grundsatz der Verhältnismäßigkeit zu messen sein, d.h., sie muss »Ultima Ratio« sein. Damit ist gemeint, dass dem Arbeitgeber kein anderes zumutbares milderes Mittel zur Verfügung stehen darf, auf die aus seiner Sicht bestehende Störung des Arbeitsverhältnisses zu reagieren. Eine Kündigung aus krankheitsbedingten Gründen kann daher nur rechtmäßig sein, wenn der Arbeitgeber vorab erfolglos geprüft hat, ob er nicht beispielsweise durch zumutbare organisatorische Maßnahmen – wie Änderung des Arbeitsablaufs oder Umverteilung der Aufgaben – das Arbeitsverhältnis aufrechterhalten kann.[310]

bb. Anwendung auf das betriebliche Eingliederungsmanagement

Ein Arbeitgeber kann nicht mit der Begründung, die Kündigung sei im konkreten Fall Ultima Ratio, d. h. letzte Möglichkeit, durchdringen, wenn er ein betriebliches Eingliederungsmanagement gar nicht oder nur unzureichend durchgeführt hat. Folge ist sodann, dass die Kündigung sozial ungerechtfertigt ist i. S. d. § 1 KSchG und damit unwirksam.[311] Nach der Vorstellung des Gesetzgebers ist eine maßgebliche Zielsetzung des betrieblichen Eingliederungsmanagements, eine Kündigung aus krankheitsbedingten Gründen zu verhindern.[312] Daraus lässt sich schlussfol-

310 BAG, Urteil v. 12.7.1995 – 2 AZR 762/94, NZA 1995, 1100, 1101.
311 Gaul, ArbRB 2004, 308, 311.
312 BT-Drucks. 15/1783, S. 12.

gern, dass im Rahmen des Anwendungsbereichs des § 167 Abs. 2 SGB IX noch höhere Anforderungen an den Arbeitgeber in diesem Zusammenhang zu stellen sind als bei Kündigungen außerhalb des Geltungsbereichs dieser Vorschrift.[313]

Denn im Rahmen der Verhältnismäßigkeit einer krankheitsbedingten Kündigung kommt der Frage des betrieblichen Eingliederungsmanagements besondere Bedeutung zu. Das BAG hat dazu in seiner richtungsweisenden Entscheidung vom 12.7.2007 ausgeführt, dass die Durchführung eines betrieblichen Eingliederungsmanagements zwar keine formelle Wirksamkeitsvoraussetzung für den Ausspruch einer krankheitsbedingten Kündigung ist, dass aber die Maßgaben des § 167 Abs. 2 SGB IX das dem Kündigungsrecht ohnehin innewohnende Ultima-Ratio-Prinzip verstärkend im Rahmen des Verhältnismäßigkeitsgrundsatzes konkretisieren. § 167 Abs. 2 SGB IX gibt dem Arbeitgeber das Maß an Prüfung vor, das er zur Verhinderung der krankheitsbedingten Kündigung in den einschlägigen Fällen einhalten muss. Hat der Arbeitgeber kein betriebliches Eingliederungsmanagement durchgeführt, muss er umfassend und konkret vortragen, dass der Einsatz des Arbeitnehmers auf dem bisherigen Arbeitsplatz nicht mehr möglich ist, eine leidensgerechte Anpassung der Arbeitsbedingungen ausgeschlossen ist und auch keine Einsatzmöglichkeit auf einem alternativen Arbeitsplatz besteht.[314]

Wurde ein betriebliches Eingliederungsmanagement nicht durchgeführt, reicht die pauschale Behauptung des Arbeitgebers, das betriebliche Eingliederungsmanagement hätte nicht zu einer weiteren Beschäftigungsmöglichkeit geführt, nicht aus.[315] Er hat vielmehr von sich aus denkbare oder vom Arbeitnehmer (außergerichtlich) bereits genannte Alternativen zu würdigen und im Einzelnen darzulegen, aus welchen Gründen sowohl eine Anpassung des bisherigen Arbeitsplatzes als auch die Beschäftigung auf einem anderen Arbeitsplatz bei geänderter Tätigkeit ausscheidet.[316]

Der Arbeitgeber muss darlegen, dass künftige Fehlzeiten ebenso wenig durch gesetzlich vorgesehene Hilfen oder Leistungen der Rehabilitationsträger in relevantem Umfang hätten vermieden werden können. Als Hilfen zur Beseitigung und möglichst längerfristigen Überwindung der Arbeitsunfähigkeit kommen insbesondere Leistungen zur medizinischen

313 Brose, DB 2005, 390, 393.

314 BAG, Urteil v. 12.7.2007 – 2 AZR 716/06, AiB 2008, 299, 303.

315 BAG, Urteil v. 23.4.2008 – 2 AZR 1012/06, DB 2008, 2091, 2092.

316 BAG, Urteil v. 10.12.2009 – 2 AZR 198/09, NZA 2011, 639, 640; Urteil v. 30.9.2010 – 2 AZR 88/09, NZA 2011, 39, 42.

Rehabilitation i. S. v. § 42 SGB IX in Betracht.[317] § 42 Abs. 2 SGB IX führt dazu beispielhaft u. a. auf:

- Behandlung durch Ärzte, Zahnärzte und Angehörige anderer Heilberufe, soweit deren Leistungen unter ärztlicher Aufsicht oder auf ärztliche Anordnung ausgeführt werden, einschließlich der Anleitung, eigene Heilungskräfte zu entwickeln,
- Heilmittel einschließlich physikalischer, Sprach- und Beschäftigungstherapie,
- Psychotherapie als ärztliche und psychotherapeutische Behandlung,
- Hilfsmittel,
- digitale Gesundheitsanwendungen,[318]
- Belastungserprobung und Arbeitstherapie.

Mildere Mittel zur Vermeidung künftiger Fehlzeiten sind des Weiteren die Umgestaltung des bisherigen Arbeitsbereichs oder die Weiterbeschäftigung des Arbeitnehmers auf einem anderen – leidensgerechten – Arbeitsplatz. Dies schließt in Krankheitsfällen die Verpflichtung des Arbeitgebers ein, einen leidensgerechten Arbeitsplatz durch Ausübung seines Direktionsrechts »freizu**machen**« und sich ggf. um die erforderliche Zustimmung des Betriebsrats zu bemühen. Eine Pflicht zur »Frei**kündigung**« eines leidensgerechten Arbeitsplatzes für den erkrankten Arbeitnehmer allein auf der Grundlage des allgemeinen Kündigungsschutzes besteht nicht. Das gilt auch bei Vorliegen einer Schwerbehinderung des erkrankten Arbeitnehmers, wenn der betroffene Stelleninhaber seinerseits allgemeinen Kündigungsschutz nach dem KSchG genießt.[319]

Bedenken gegen die Verhältnismäßigkeit der Kündigung bestehen gleichermaßen, wenn ein betriebliches Eingliederungsmanagement zwar durchgeführt worden ist, aber nicht den gesetzlichen Mindestanforderungen des § 167 Abs. 2 SGB IX genügt. Zu diesen Mindestanforderungen gehört u. a., die zu beteiligenden Stellen, Ämter und Personen einzubeziehen, alle vernünftigerweise in Betracht zu ziehenden Anpassungs- und Änderungsmöglichkeiten zu berücksichtigen und die von den Teilnehmern eingebrachten Vorschläge sachlich zu erörtern.[320] Der Arbeitgeber ist dabei grundsätzlich verpflichtet, einen Vorschlag, auf den sich die Teilnehmer eines betrieblichen Eingliederungsmanagements ver-

---

317 BAG, Urteil v. 20. 11. 2014 – 2 AZR 755/13, NZA 2015, 612.

318 Digitale Gesundheitsanwendungen sollen Menschen mit einer Erkrankung helfen, diese zu erkennen, zu überwachen oder zu behandeln. Digitale Gesundheitsanwendungen sind meist Apps für mobile Geräte oder Computer.

319 BAG, Urteil v. 20. 11. 2014 – 2 AZR 664/13, NZA 2015, 931.

320 BAG, Urteil v. 10. 12. 2009 – 2 AZR 400/08, NZA 2010, 398, 399.

ständigt haben, auch umzusetzen, ehe er eine Kündigung ausspricht.[321] Bedarf die Umsetzung einer Rehabilitationsmaßnahme der Zustimmung des betroffenen Beschäftigten, muss der Arbeitgeber den Beschäftigten hierzu auffordern und dabei auch verdeutlichen, dass der Beschäftigte im Weigerungsfall mit einer krankheitsbedingten Kündigung rechnen muss. Lehnt der Beschäftigte dennoch die Maßnahme ab, braucht der Arbeitgeber im Folgenden diese nicht mehr als milderes Mittel vor Ausspruch der Kündigung zu berücksichtigen.[322]

Bedenklich ist in diesem Zusammenhang die Auffassung des BAG, ein Arbeitnehmer könne sich gegenüber einer krankheitsbedingten Kündigung nicht auf mögliche Alternativen im Rahmen eines betrieblichen Eingliederungsmanagements berufen, wenn er diese im Verfahren des betrieblichen Eingliederungsmanagements noch nicht benannt hat, es sei denn, sie hätten sich erst nach dessen Abschluss ergeben.[323] In dieser Allgemeinheit wird den Besonderheiten jedes einzelnen Falles nicht Rechnung getragen. Gerade wenn verschiedene Mittel in Betracht kommen, wird der ohnehin gesundheitlich bereits beeinträchtigte Beschäftigte keine parallel verlaufenden Maßnahmen verfolgen wollen oder können. Erweist sich eine Maßnahme als erfolglos, erschließen sich Alternativen oft erst nach dieser Feststellung. Zu Recht wird dieser Auffassung gegenüber der Vorwurf erhoben, dass damit die Funktion des betrieblichen Eingliederungsmanagements verkannt wird. Es handelt sich dabei nicht um ein Verfahren zur Kündigungsvorbereitung, sondern zur Kündigungsvermeidung.[324]

Hinsichtlich der überaus kritisch zu beurteilenden Frage, ob die Zustimmung des Integrationsamtes zu einer Kündigung die Durchführung eines betrieblichen Eingliederungsmanagements entbehrlich macht, wird auf die Ausführungen in Kapitel I. 4. f. bb. verwiesen.

cc. Konsequenzen für die Darlegungs- und Beweislast im Kündigungsschutzprozess

Zum besseren Verständnis wird zunächst die Darlegungs- und Beweislast im Fall krankheitsbedingter Kündigungen dargestellt, bei denen die verpflichtenden Voraussetzungen zur Durchführung eines betrieblichen

321 BAG, Urteil v. 10.12.2009 – 2 AZR 198/09, NZA 2011, 639, 641; Urteil v. 10.12.2009 – 2 AZR 400/08, NZA 2010, 398, 399; LAG Schleswig-Holstein, Urteil v. 11.4.2018 – 6 Sa 361/17.

322 BAG, Urteil v. 10.12.2009 – 2 AZR 400/08, NZA 2010, 398, 400.

323 BAG, Urteil v. 10.12.2009 – 2 AZR 400/08, NZA 2010, 398, 399.

324 Deinert, NZA 2010, 969, 974.

Eingliederungsmanagements nach § 167 Abs. 2 SGB IX gar nicht vorliegen:
Hier kann sich der Arbeitgeber zunächst darauf beschränken pauschal zu behaupten, es bestehe für den erkrankten Arbeitnehmer keine andere Beschäftigungsmöglichkeit. Es ist dann die Aufgabe des gekündigten Arbeitnehmers im Einzelnen darzulegen, wie er sich eine Änderung des bisherigen Arbeitsplatzes oder der bisherigen Beschäftigung vorstellt, die er trotz seiner gesundheitlichen Beeinträchtigung ausüben könnte. Erst auf einen solchen konkreten Vortrag muss der Arbeitgeber darlegen, warum eine solche Beschäftigung nicht möglich ist.[325]
Deutlich differenzierter und mit höheren Anforderungen an die Darlegungs- und Beweislast ist die Prüfung der Verhältnismäßigkeit einer Kündigung, wenn die Voraussetzungen zur Durchführung eines betrieblichen Eingliederungsmanagements gem. § 167 Abs. 2 SGB IX vorliegen. Dabei ist zwischen zwei grundsätzlichen Fallgestaltungen zu unterscheiden: In der ersten Variante ist ein betriebliches Eingliederungsmanagement durchgeführt worden, in der zweiten Variante ist es nicht oder nicht ordnungsgemäß durchgeführt worden.
Ist ein Verfahren zum betrieblichen Eingliederungsmanagement ordnungsgemäß durchgeführt worden, kommen zwei mögliche Alternativen in Betracht:

1. Das Verfahren hat ein positives Ergebnis; eine aussichtsreiche Maßnahme zur Überwindung der Arbeitsunfähigkeit und/oder Beschäftigung auf einem leidensgerechten Arbeitsplatz kommt in Betracht. Dennoch führt der Arbeitgeber sie nicht durch und kündigt aus krankheitsbedingten Gründen das Arbeitsverhältnis. In diesem Fall trifft den Arbeitgeber die Darlegungs- und Beweislast dafür, dass die Maßnahme für ihn undurchführbar war oder bei Durchführung nicht zur Vermeidung oder Reduzierung künftiger Arbeitsunfähigkeitszeiten geführt hätte.[326] Der gekündigte Beschäftigte kann sich auf ein einfaches Bestreiten gegenüber diesem Vortrag beschränken.
2. Hat das Verfahren ein negatives Ergebnis mit der Feststellung, es gebe keine Möglichkeiten zur Überwindung oder künftigen Vermeidung der Arbeitsunfähigkeit, muss der Arbeitgeber im Kündigungsschutzprozess lediglich diesen Umstand vortragen und darauf verweisen, dass auch keine anderen Beschäftigungsmöglichkeiten bestehen. Nach Auffassung des BAG ist es dann Sache des gekündigten Arbeitnehmers vorzutragen und zu beweisen, dass sich zwischen Abschluss

---

325 BAG, Urteil v. 30.9.2010 – 2 AZR 88/09, NZA 2011, 39, 40.
326 LAG Schleswig-Holstein, Urteil v. 11.4.2018 – 6 Sa 361/17.

des Verfahrens zum betrieblichen Eingliederungsmanagement und Ausspruch der krankheitsbedingten Kündigung neue Möglichkeiten zur Überwindung und/oder Vermeidung künftiger Arbeitsunfähigkeit ergeben hätten.[327]

Ist ein Verfahren zum betrieblichen Eingliederungsmanagement gar nicht oder nicht ordnungsgemäß durchgeführt worden, darf sich der Arbeitgeber, der dennoch eine krankheitsbedingte Kündigung ausspricht, keine darlegungs- und beweisrechtlichen Vorteile verschaffen.[328] Er muss vielmehr zur Ausräumung des Vorwurfs, dass die Kündigung unverhältnismäßig war die bereits oben zu I. 8. c. bb. dargestellten Umstände darlegen und beweisen, dass er von sich aus denkbare oder vom Arbeitnehmer (außergerichtlich) bereits genannte Alternativen gewürdigt hat und im Einzelnen darlegen, aus welchen Gründen sowohl eine Anpassung des bisherigen Arbeitsplatzes als auch die Beschäftigung auf einem anderen Arbeitsplatz bei geänderter Tätigkeit ausscheiden.[329] Erst dann ist es Sache des gekündigten Beschäftigten, zu diesem Vortrag im Einzelnen zu erwidern und darzulegen, wie er sich eine leidensgerechte Beschäftigung vorstellt. In Anbetracht der Vielzahl denkbarer Ergebnisse eines betrieblichen Eingliederungsmanagements wird der Arbeitgeber mit Ausnahme von offenkundigen Fällen den erforderlichen Vortrag zur Aussichtslosigkeit eines Verfahrens zum betrieblichen Eingliederungsmanagement nicht erbringen können.[330]

Zum besseren Verständnis der unterschiedlichen Anforderungen an die Darlegungs- und Beweislast dient die nachfolgende Übersicht:

327 BAG, Urteil v. 10.12.2009 – 2 AZR 400/08, NZA 2010, 398, 399.

328 BAG, Urteil v. 10.12.2009 – 2 AZR 198/09, NZA 2011, 639, 640; Urteil v. 10.12.2009 – 2 AZR 400/08, NZA 2010, 398, 399.

329 BAG, Urteil v. 10.12.2009 – 2 AZR 198/09, NZA 2011, 639, 640; Urteil v. 10.12.2009 – 2 AZR 400/08, NZA 2010, 398, 399; Urteil v. 30.9.2010 – 2 AZR 88/09, NZA 2011, 39, 42.

330 Schian, »Die kündigungsrechtliche Bedeutung des BEM (§ 84 Abs. 2 SGB IX) nach der Rechtsprechung des Bundesarbeitsgerichts« in Diskussionsforum B, Beitrag 9/2008 des Instituts für Qualitätssicherung in Prävention und Rehabilitation (iqpr) an der Deutschen Sportschule Köln, S. 5.

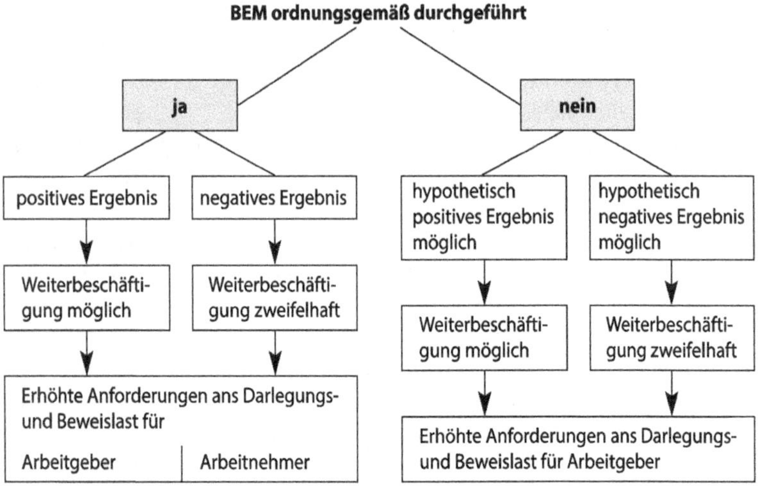

Die zuvor dargestellten Erwägungen zur erhöhten Darlegungs- und Beweislast des Arbeitgebers gelten im Übrigen auch im Fall einer außerordentlichen krankheitsbedingten Kündigung.[331]

Dem Einwand der Unverhältnismäßigkeit einer krankheitsbedingten Kündigung wird der Arbeitgeber entgehen können, wenn er dem betroffenen Arbeitnehmer die Durchführung eines betrieblichen Eingliederungsmanagements ordnungsgemäß angeboten, dieser aber die Zustimmung verweigert hat. Auf die Konsequenzen einer verweigerten Zustimmung wurde bereits in Kapitel I. 4. b. ee. hingewiesen.

Der teilweise des Weiteren eingebrachte Gedanke, ein unterbliebenes betriebliches Eingliederungsmanagement dürfe sich nicht auf die Verhältnismäßigkeit der Kündigung auswirken, wenn es offensichtlich erfolglos verbleiben würde,[332] mag theoretisch interessant und im extremen Einzelfall[333] zutreffend sein, birgt aber einmal mehr die Gefahr, dass sich medizinische Laien – nämlich Arbeitgeber und im Weiteren Juristen – i. d. R. eine medizinische Kompetenz eines darüber hinaus rein hypothetischen

331 ArbG Naumburg, Urteil v. 6. 9. 2007 – 1 Ca 956/07, ZfPR online 2007, Nr. 11, 24 (Leitsatz); Wolf, »Beweislastverteilung bei nichtdurchgeführtem BEM und außerordentlicher krankheitsbedingter Kündigung« in Diskussionsforum B, Beitrag 11/2008 des Instituts für Qualitätssicherung in Prävention und Rehabilitation (iqpr) an der Deutschen Sportschule Köln, S. 3.

332 So von Steinau-Steinrück/Hagemeister, NJW-Spezial 2005, 129, 130.

333 LAG Rheinland-Pfalz, Urteil v. 7. 3. 2008 – 6 Sa 665/07, n. v.

Verlaufs anmaßen, die sie nicht haben, um eine so weit reichende Beurteilung mit der nötigen Sicherheit treffen zu können.

9. Stufenweise Wiedereingliederung

Bereits im Vorfeld der Reform des § 167 Abs. 2 SGB IX in seiner jetzt gültigen Fassung wurde die Auffassung vertreten, bei der Interessenabwägung sei zu berücksichtigen, dass eine Beendigung der Arbeitsunfähigkeit durch eine stufenweise Wiedereingliederung nach § 74 SGB V, § 44 SGB IX erreicht werden könnte. Danach besteht die Möglichkeit, dass der Arbeitnehmer nach einer längeren Phase der Arbeitsunfähigkeit stufenweise, vor allem hinsichtlich der zeitlichen Beanspruchung, unter ärztlicher Überwachung wieder seinen Arbeitsplatz einnimmt. Versicherungsrechtlich wird der Arbeitnehmer während einer solchen Arbeitserprobung als arbeitsunfähig behandelt, d. h., er erhält – nach Ablauf des Entgeltfortzahlungszeitraums – weiterhin Krankengeld, auf das etwaig erzieltes Arbeitsentgelt angerechnet wird. Auch wenn demnach bei einer stufenweisen Wiedereingliederung Arbeitsunfähigkeit zugrunde gelegt wird, muss der Beschäftigte zumindest seine bisherige Tätigkeit teilweise noch erbringen können, also über ein Restleistungsvermögen verfügen.[334] Während der stufenweisen Wiedereingliederung ist das arbeitgeberseitige Direktionsrecht weitestgehend außer Kraft gesetzt und beschränkt sich auf das Ordnungsverhalten des Beschäftigten (z. B. Einhaltung von Rauchverboten, Regelungen von Zugangskontrollen). Im Übrigen entscheidet der Beschäftigte im Wiedereingliederungsverhältnis selbst, welche Tätigkeiten er ohne Beeinträchtigung seines Gesundheitszustandes ausüben kann.[335]

Zum Teil wurde bereits zeitlich vor Inkrafttreten der Regelung des § 167 Abs. 2 SGB IX die Auffassung vertreten, dass den Arbeitgeber die Darlegungslast dafür trifft, dass er sich um berufsfördernde Maßnahmen bemüht hat.[336] Umso mehr gilt dies nunmehr im Anwendungsbereich des betrieblichen Eingliederungsmanagements, da berufsfördernde Leistungen als ein geeignetes Mittel zur Überwindung von Arbeitsunfähigkeit in Betracht kommen können.

---

334 Nebe, DB 2008, 1801, 1802.

335 Kleinebrink, ArbRB 2010, 250, 252.

336 Däubler/Deinert/Zwanziger-*Deinert*, KSchR, § 1 KSchG, Rn. 112, 136; Hummel, Krankheit und Kündigung, S. 30.

Bei der Frage, unter welchen Voraussetzungen – unabhängig von § 167 Abs. 2 SGB IX – eine stufenweise Wiedereingliederung durchgeführt werden muss oder lediglich als Option in Betracht kommt, ist zwischen schwerbehinderten und nicht schwerbehinderten Arbeitnehmern zu unterscheiden.

a. Anspruch schwerbehinderter Arbeitnehmer

Nach der Rechtsprechung des BAG können schwerbehinderte Arbeitnehmer einen aus § 164 Abs. 4 Satz 1 Nr. 1 SGB IX abgeleiteten Anspruch auf Begründung eines Wiedereingliederungsverhältnisses gegenüber dem Arbeitgeber haben.[337] Einigkeit besteht darüber, dass dieser Anspruch gem. § 151 Abs. 1 SGB IX auch Arbeitnehmern zusteht, die schwerbehinderten Menschen gleichgestellt sind.[338]
Voraussetzung für diesen Anspruch ist eine ärztliche Bescheinigung des behandelnden Arztes des Arbeitnehmers, die folgende Angaben enthält:

- Die Art und Weise der empfohlenen Beschäftigung;
- Eventuelle Beschäftigungsbeschränkungen;
- Umfang der täglichen oder wöchentlichen Arbeitszeit;
- Dauer der Wiedereingliederungsmaßnahme;
- Prognose zur voraussichtlichen Wiederaufnahme der Tätigkeit.

Die Prognose muss nicht zwingend beinhalten, dass die vor Eintritt der Arbeitsunfähigkeit bestandene volle Arbeitsfähigkeit unverändert wieder erlangt wird. Ziel einer Wiedereingliederungsmaßnahme kann auch sein, mit einer nach Art, Dauer, zeitlicher und räumlicher Lage geänderten Tätigkeit wieder am Erwerbsleben teilnehmen zu können.[339]

b. Anspruch nicht schwerbehinderter Arbeitnehmer

Umstritten ist, ob auch Arbeitnehmern ein Anspruch auf stufenweise Wiedereingliederung gegenüber dem Arbeitgeber zusteht, die nicht schwerbehindert sind bzw. schwerbehinderten Menschen nicht gleichgestellt sind. Zum Teil wird dies selbst für behinderte Menschen unterhalb der Schwelle einer Schwerbehinderung oder Gleichstellung mit schwerbehinderten Arbeitnehmern verneint.[340] Folgt man dieser Auffas-

337 BAG, Urteil v. 14.3.2006 – 9 AZR 229/05, AP Nr. 12 zu § 81 SGB IX.
338 Kleinebrink, ArbRB 2010, 250, 251.
339 Kleinebrink, ArbRB 2010, 250, 252; Nebe, DB 2008, 1801, 1802.
340 BAG, Urteil v. 6.12.2017 – 5 AZR 815/16, NZA 2018, 439; Kleinebrink, ArbRB 2010, 250, 251.

sung, wäre eine stufenweise Wiedereingliederung nur mit Einverständnis des Arbeitgebers möglich. Nach anderer Auffassung[341] sollen zumindest behinderte Menschen unterhalb der Schwelle einer Schwerbehinderung einen entsprechenden Anspruch haben. Begründet wird dies mit einer richtlinienkonformen Auslegung des § 618 BGB. Denn Art. 5 der europäischen Gleichbehandlungsrahmenrichtlinie 2000/78/EG verlangt vom Arbeitgeber zumutbare Anpassungsmaßnahmen zur Sicherung der Beschäftigung behinderter Menschen. Da finanzielle Leistungen dem Arbeitgeber während der Wiedereingliederungsphase im Regelfall nicht abverlangt werden, wird dem Arbeitgeber der Einwand der Unzumutbarkeit kaum gelingen. In diesem Zusammenhang muss darauf hingewiesen werden, dass sich behinderte Beschäftigte im Bereich des öffentlichen Dienstes unmittelbar auf Art. 5 der europäischen Gleichbehandlungsrahmenrichtlinie 2000/78/EG berufen können, wenn sie gegenüber dem Arbeitgeber einen Anspruch auf eine stufenweise Wiedereingliederung geltend machen wollen.[342] Aber auch nach dieser Meinung wäre bei nicht behinderten Beschäftigten die Durchführung einer stufenweisen Wiedereingliederung grundsätzlich ein freiwilliger Akt des Arbeitgebers. Die weiteste Auffassung bejaht einen Rechtsanspruch auf eine stufenweise Wiedereingliederung gegenüber dem Arbeitgeber für jeden Arbeitnehmer.[343]

c. Stufenweise Wiedereingliederung als Mittel eines betrieblichen Eingliederungsmanagements

Der im Kapitel I. 9. b. beschriebene Rechtsstreit kann bei näherer Betrachtung im Anwendungsbereich des § 167 Abs. 2 SGB IX unabhängig von der Frage einer bestehenden Behinderung oder Schwerbehinderung zu ein und demselben Ergebnis gelangen. Das BAG hat zwar in anderem Zusammenhang ausgeführt, dass § 167 Abs. 2 SGB IX kein bestimmtes Ergebnis oder Mittel für ein betriebliches Eingliederungsmanagement vorschreibt.[344] Das heißt, ein unmittelbarer Rechtsanspruch auf Durchführung einer stufenweisen Wiedereingliederung kann nicht unmittelbar auf § 167 Abs. 2 SGB IX für jeden Arbeitnehmer gestützt werden. Gleich-

341 Nebe, DB 2008, 1801, 1804; Nassibi, NZA 2012, 720, 721.

342 BAG, Urteil v. 3.4.2007 – 9 AZR 823/06, AP Nr. 14 zu § 81 SGB IX.

343 Gagel, »Stufenweise Wiedereingliederung in das Erwerbsleben (§ 74 SGB V/§ 28 SGB IX)« in Diskussionsforum B, Beitrag 9/2005 des Instituts für Qualitätssicherung in Prävention und Rehabilitation (iqpr) an der Deutschen Sportschule Köln, S. 3.

344 BAG, Urteil v. 10.12.2009 – 2 AZR 198/09, NZA 2011, 639, 640.

zeitig verlangt das BAG aber auch, dass der Arbeitgeber darlegen muss, warum er denkbare oder vom Arbeitnehmer aufgezeigte Alternativen zur Überwindung oder Reduzierung von krankheitsbedingten Ausfallzeiten nicht durchgeführt hat.[345] Sowohl das betriebliche Eingliederungsmanagement als auch die stufenweise Wiedereingliederung verfolgen aber das gemeinsame Ziel, längerfristige Arbeitsunfähigkeiten zu überwinden und den Arbeitsplatzerhalt zu sichern. Ein Arbeitgeber, der sich der daraus ergebenden Möglichkeit einer stufenweisen Wiedereingliederung als Mittel des betrieblichen Eingliederungsmanagements verschließt, läuft Gefahr, bei einer stattdessen ausgesprochenen krankheitsbedingten Kündigung die erhöhten Anforderungen an die Darlegungs- und Beweislast bei nicht ordnungsgemäß durchgeführtem betrieblichen Eingliederungsmanagement nicht erfüllen zu können.[346]

d. Schadensersatzanspruch bei Ablehnung einer stufenweisen Wiedereingliederung

Die Weigerung des Arbeitgebers, eine stufenweise Wiedereingliederung vorzunehmen, kann dem betroffenen Arbeitnehmer auch zu einem Schadensersatzanspruch gegen den Arbeitgeber verhelfen. Das LAG Hamm vertritt die Auffassung, auch bei nicht schwerbehinderten Menschen, die keinen einklagbaren Anspruch auf eine stufenweise Wiedereingliederung haben, stünde es Arbeitgebern in arbeitsrechtlicher Hinsicht nicht mehr frei, eine ärztlich empfohlene Wiedereingliederung abzulehnen.[347] Unterlasse der Arbeitgeber die stufenweise Wiedereingliederung als ärztlich empfohlenes Mittel, das als eine Maßnahme eines betrieblichen Eingliederungsmanagements in Betracht kommt, ziehe das eine Verpflichtung des Arbeitgebers zum Schadensersatz nach sich. Denn § 167 Abs. 2 SGB IX sei ein Schutzgesetz i. S. d. § 823 Abs. 2 BGB.[348] Der Schadensersatzanspruch könne dann auf die Anspruchsgrundlage der §§ 280, 823 Abs. 2 BGB i. V. m. § 167 Abs. 2 SGB IX gestützt werden. Diese Rechtsprechung hat das BAG nicht aufgegriffen. Es hat vielmehr entschieden, dass nicht behinderte Arbeitnehmer nicht in den Schutzbereich des § 164 Abs. 4 Satz 1 SGB IX fallen. Bei diesen Beschäftigten trifft den Arbeitgeber keine Pflicht zur Eingehung eines Wiedereingliederungsverhältnisses. Es gilt

345 BAG, Urteil v. 10. 12. 2009 – 2 AZR 400/08, NZA 2010, 398, 399.

346 Kleinebrink, ArbRB 2010, 250, 251; Nebe, DB 2008, 1801, 1804; Kohte, DB 2008, 582, 587.

347 LAG Hamm, Urteil v. 4. 7. 2011 – 8 Sa 726/11, ASR 2012, 150.

348 LAG Hamm, Urteil v. 4. 7. 2011 – 8 Sa 726/11, ASR 2012, 150.

dann für beide Seiten das Prinzip der Freiwilligkeit. Mangels Pflichtverletzung des Arbeitgebers bei Ablehnung eines Wiedereingliederungsverhältnisses scheidet dann auch ein Schadensersatzanspruch aus.[349] Anders ist dies bei schwerbehinderten oder ihnen gleichgestellten Beschäftigten, die unter den Schutzbereich des § 164 Abs. 4 Satz 1 SGB IX fallen. Lehnt der Arbeitgeber bei ihnen die Wiedereingliederung ohne nachvollziehbaren Grund ab, besteht ein Schadensersatzanspruch.[350] Der Schaden ist in diesem Fall die entgangene Vergütung, die der Arbeitnehmer bei voraussichtlich erfolgreicher Wiedereingliederung hätte erzielen können. Der Arbeitgeber kann sich diesem Anspruch nur dann entziehen, wenn er im Rahmen der abgestuften Darlegungs- und Beweislast Anhaltspunkte dafür benennt, dass die vorgeschlagene stufenweise Wiedereingliederung z. B. wegen der Besonderheiten des Krankheitsbildes oder aus sonstigen Gründen ohnehin nicht geeignet war, ein zeitnahes Wiedererlangen der Arbeitsfähigkeit zu bewirken.

Als Praxistipp wird dennoch jedem Arbeitnehmer empfohlen – unabhängig von einer Schwerbehinderung – mit den behandelnden Ärzten Rücksprache zu halten, ob sie die Voraussetzungen einer stufenweisen Wiedereingliederung sehen und ggf. eine ärztliche Empfehlung aufzusetzen, die den Anforderungen unter I. 9. a. entspricht. Diese Empfehlung sollte sodann vom betroffenen Beschäftigten als geeignetes Mittel im Verfahren des betrieblichen Eingliederungsmanagements vorgestellt werden. Sie kann bei Ablehnung durch den Arbeitgeber gegebenenfalls zu einer Erhöhung der Darlegungs- und Beweislast im Rahmen der Verhältnismäßigkeitsprüfung zu Lasten des Arbeitgebers führen und bei schwerbehinderten Menschen oder ihnen Gleichgestellten darüber hinaus zur Begründung von Schadensersatzansprüchen herangezogen werden.

349 BAG, Urteil v. 6.12.2017 – 5 AZR 815/16, NZA 2018, 439.

350 LAG Berlin-Brandenburg, Urteil v. 23.5.2018 – 15 Sa 1700/17, mit Anmerkung Klug, jurisPR-ArbR 47/2018.

10. Betriebliches Eingliederungsmanagement und Rente wegen voller Erwerbsminderung

Ein Anspruch auf Rente wegen verminderter Erwerbsfähigkeit ist (neben dem Vorliegen der medizinischen Voraussetzungen) davon abhängig, dass die allgemeine Wartezeit von fünf Jahren vor dem Versicherungsfall und die besonderen versicherungsrechtlichen Voraussetzungen erfüllt sind.

Gemäß § 43 SGB VI müssen folgende Voraussetzungen für einen Anspruch auf Rente wegen Erwerbsminderung erfüllt werden:

1. Nichtvollendung der Regelaltersgrenze,
2. Vorliegen von teilweiser oder voller Erwerbsminderung,
3. Vorhandensein von 36 Kalendermonaten (3 Jahren) an Pflichtbeiträgen für eine versicherte Beschäftigung oder Tätigkeit in den letzten 5 Jahren vor Eintritt der Erwerbsminderung (versicherungsrechtliche Voraussetzung) und
4. Erfüllung der allgemeinen Wartezeit von fünf Jahren vor Eintritt der Erwerbsminderung.

Eine volle Erwerbsminderung liegt vor, wenn Versicherte wegen Krankheit oder Behinderung unter den üblichen Bedingungen des allgemeinen Arbeitsmarktes auf nicht absehbare Zeit nur noch weniger als 3 Stunden täglich im Rahmen einer 5-Tage-Woche erwerbstätig sein können.

Bei Beschäftigten, denen eine befristete Rente wegen voller Erwerbsminderung bewilligt wurde, ist die Durchführung eines betrieblichen Eingliederungsmanagements nicht von vornherein ausgeschlossen oder nutzlos. Die Bewilligung einer Rente wegen voller Erwerbsminderung besagt nur etwas über den zeitlichen Umfang der verbliebenen Leistungsfähigkeit des Versicherten unter den üblichen Bedingungen auf dem allgemeinen Arbeitsmarkt. Sie schließt weder eine bis zu dreistündige tägliche Tätigkeit noch eine längere tägliche Beschäftigung zu vom Regelfall abweichenden, günstigeren Arbeitsbedingungen aus. Eine Rente wegen voller Erwerbsminderung kann außerdem auch dann bewilligt werden, wenn dem Beschäftigten eine Teilzeitarbeit von bis zu sechs Stunden täglich möglich, der übliche Arbeitsmarkt für eine solche aber verschlossen ist.[351]

351 BAG, Urteil v. 13.5.2015 – 2 AZR 565/14, NZA 2015, 1249.

11. Betriebliches Eingliederungsmanagement bei Long Covid- oder Post Covid-Erkrankungen

Der Begriff »Long Covid« wurde zunächst in den sozialen Medien durch Beeinträchtigungen von Personen geprägt, die nach einer SARS-CoV-2-Infektion über langanhaltende gesundheitliche Einschränkungen berichteten. Die Leitlinienempfehlung des Britischen National Institute for Health and Care Excellence (NICE) definiert »Long Covid« als gesundheitliche Beschwerden, die jenseits der akuten Krankheitsphase einer SARS-CoV-2-Infektion von 4 Wochen fortbestehen oder neu auftreten. Davon zu unterscheiden ist das Post Covid-Syndrom. Nach der Definition der Weltgesundheitsorganisation (WHO) werden unter dem Begriff Post Covid gesundheitliche Beschwerden zusammengefasst, die in längerem Abstand (in der Regel drei Monate) im Anschluss an eine durchgemachte SARS-CoV-2 Infektion über längere Zeit fortbestehen und anderweitig nicht erklärbar sind. Dabei werden Symptome und gesundheitliche Einschränkungen berücksichtigt, die über mindestens zwei Monate anhalten oder auch wiederkehrend und in wechselnder Stärke auftreten.[352] Damit wird deutlich, dass diese Erkrankungen aufgrund ihrer zeitlichen Dauer Gegenstand eines betrieblichen Eingliederungsmanagements werden können, wenn sie mit Arbeitsunfähigkeitszeiten einhergehen.

Long Covid- oder Post Covid-Erkrankte leiden typischerweise häufig unter Müdigkeit, Kurzatmigkeit, Konzentrations- und Gedächtnisproblemen, aber auch psychischen Belastungen. Im Rahmen eines betrieblichen Eingliederungsmanagements stellt der sehr individuell verlaufende Krankheitsverlauf, der eine entsprechende gesicherte Diagnose wegen der Parallelen zu anderen Krankheiten und der noch nicht gesicherten medizinischen Erkenntnisse schwierig macht, eine besondere Herausforderung dar, da standardisierte Mittel des betrieblichen Eingliederungsmanagements wie die stufenweise Wiedereingliederung hier nicht immer allein helfen. Für Long Covid- oder Post Covid-Erkrankte ist im Rahmen des betrieblichen Eingliederungsmanagements eine besondere Vernetzung von Betriebsmedizin, ambulanter und stationärer Medizin sowie Rehabilitationseinrichtungen nötig, die auch auf die häufig damit einhergehenden psychischen Probleme eingehen können. Auf betrieblicher Ebene sind kreative Ansätze erforderlich, die dem Einzelfall gerecht werden. Mögliche Maßnahmen eines betrieblichen Eingliederungsmanage-

352 *https://www.rki.de/SharedDocs/FAQ/NCOV2019/FAQ_Liste_Gesundheitliche_Langzeitfolgen.html.*

ments bei von Long Covid- oder Post Covid-Betroffenen können zum Beispiel sein:

- Änderungen bei den Arbeitszeiten (Beginn, Ende und Pausen);
- (befristete) Änderungen bei den zu leistenden Arbeitsstunden, z. B. kürzere Arbeitstage oder einzelne arbeitsfreie Tage in der Woche;
- Änderungen im Schichtdienst, z. B. keine Spät-, Früh- und/oder Nachtschichten, damit der betroffene Arbeitnehmer dann arbeiten kann, wenn er die meiste Energie hat;
- Änderungen im Arbeitsmuster, z. B. langsameres Arbeiten, regelmäßige und/oder zusätzliche Pausen;
- Änderungen beim Arbeitspensum, z. B. weniger Aufgaben als normal innerhalb einer bestimmten Frist, mehr Zeit für die Erledigung der üblichen Aufgaben und keine knappen Fristen;
- vorübergehende Änderung von Pflichten und Aufgaben (»angepasste Aufgaben«);
- Unterstützung, z. B. klare Hilfsangebote, ein Ansprechpartner, an den sich der betroffene Arbeitnehmer wenden kann;
- Bezahlte Freistellung für Arzttermine, insbesondere bei Gleitzeitvereinbarungen, die die Obliegenheit für Arztbesuche außerhalb der Kernarbeitszeit beinhalten;
- kein isoliertes Arbeiten (insbesondere bei gefahrgeneigten Arbeiten von Long Covid- oder Post Covid-Erkrankten, die unter dem sogenannten Fatigue-Syndrom leiden);
- wenn möglich, Arbeit im Homeoffice, sofern dies möglich und gesundheitsfördernd ist;
- regelmäßige Kontrolle auf neue oder veränderte Symptome.

II. Praxisbeispiele

Das Thema des betrieblichen Eingliederungsmanagements ist zum einen im individualrechtlichen Bereich wichtig (vornehmlich im Zusammenhang mit krankheitsbedingten Kündigungen), zum anderen spielen kollektivrechtliche Fragestellungen eine Rolle. Beide Bereiche werden in den nachfolgenden Praxisfällen exemplarisch dargestellt.

1. Fall 1: Krankheitsbedingte Kündigung

Sachverhalt:
Die nicht schwerbehinderte Arbeitnehmerin ist seit 2009 als Arbeiterin bei der Arbeitgeberin, einem Krankenhaus, beschäftigt. Es gibt einen Betriebsrat. Die Arbeitnehmerin hatte folgende Arbeitsunfähigkeitszeiten:

2021	37 Arbeitstage
2022	53 Arbeitstage
2023	96 Arbeitstage
bis 26. 5. 2024	33 Arbeitstage

Ursache waren vor allem ein Schulter-Arm-Syndrom und ein physisches Erschöpfungssyndrom.
2022 und 2023 fanden sogenannte Fehlzeitengespräche statt, in der die Betriebsärztin eine Versetzung oder Reduzierung der Arbeitszeit empfahl. Das lehnte die Arbeitnehmerin ab. Im Mai 2024 empfahl die Betriebsärztin eine stationäre Rehabilitation, die die Arbeitnehmerin wegen der Betreuung ihrer Kinder ablehnte. An diesem Gespräch nahm auch der Betriebsrat teil.
Die Arbeitgeberin kündigte daraufhin nach Anhörung des Betriebsrats fristgerecht aus krankheitsbedingten Gründen. Die Arbeitnehmerin erhob Kündigungsschutzklage. Außerdem beantragte sie eine stationäre Rehabilitation, die ihr vom Sozialversicherungsträger bewilligt wurde. Sie wendet u. a. gegen die Kündigung ein, es sei kein ordnungsgemäßes

betriebliches Eingliederungsmanagement durchgeführt worden. Die Arbeitgeberin argumentiert dagegen, die Klägerin habe im Vorfeld der Kündigung die Reha-Maßnahme zunächst abgelehnt. Auch nach Durchführung der vorgeschlagenen Reha-Maßnahme sei im Übrigen keine Besserung der Fehlzeiten zu erwarten gewesen.
Die Aussichten für die Kündigungsschutzklage ergeben sich anhand folgender Fragestellungen:

1. Liegen die Voraussetzungen einer krankheitsbedingten Kündigung vor nach Stufe 1?
2. Liegen die Voraussetzungen für die Durchführung eines betrieblichen Eingliederungsmanagements vor?
3. Wer wäre an einem Verfahren des betrieblichen Eingliederungsmanagements zu beteiligen gewesen?
4. Reicht zur Begründung der Kündigung aus, dass die Arbeitnehmerin die Reha-Maßnahme zunächst abgelehnt hat?
5. Wer trägt die Beweislast dafür, dass nach Durchführung der vorgeschlagenen Reha-Maßnahme keine Besserung der Fehlzeiten zu erwarten gewesen ist? Die Arbeitnehmerin oder die Arbeitgeberin?

Lösung:
Dem Fall liegt die Entscheidung des **BAG vom 10.12.2009 - 2 AZR 400/08, NZA 2010, 398** zugrunde, in dem das BAG folgende zentrale Feststellungen getroffen hat:

Ein betriebliches Eingliederungsmanagement genügt den gesetzlichen Mindestanforderungen, wenn es die zu beteiligenden Stellen, Ämter und Personen einbezieht, keine vernünftigerweise in Betracht zu ziehende Anpassungs- und Änderungsmöglichkeit ausschließt und die von den Teilnehmern eingebrachten Vorschläge sachlich erörtert werden.
Hat das betriebliche Eingliederungsmanagement zu einem positiven Ergebnis geführt, ist der Arbeitgeber grundsätzlich verpflichtet, die empfohlene Maßnahme - soweit dies in seiner alleinigen Macht steht - vor Ausspruch einer krankheitsbedingten Kündigung als milderes Mittel umzusetzen.
Der Arbeitgeber hat vor Ausspruch einer krankheitsbedingten Kündigung eine (durch ein betriebliches Eingliederungsmanagement) empfohlene Rehabilitationsmaßnahme schon von sich aus in Erwägung zu ziehen und ihre Durchführung in die Wege zu leiten. Bedarf es dazu der Einwilligung oder der Initiative des Arbeitnehmers, muss der Arbeitgeber um diese nachsuchen oder den Arbeitnehmer hierzu auffordern. Dazu kann er dem Arbeitnehmer eine Frist setzen. Der Arbeitgeber muss den Arbeitnehmer dabei deutlich darauf hinweisen, dass er im Weigerungsfall mit einer Kündigung rechnen

müsse. Lehnt der Arbeitnehmer die Maßnahme dennoch ab oder bleibt er trotz Aufforderung untätig, braucht der Arbeitgeber die Maßnahme vor Ausspruch der Kündigung nicht mehr als milderes Mittel zu berücksichtigen.

Für die Beantwortung der Fragen gilt daher Folgendes:

1. Die Arbeitgeberin hat eine zutreffende negative Prognose auf Stufe 1 der Voraussetzungen für eine krankheitsbedingte Kündigung getroffen. Die Fehlzeiten (ohne 2024) entsprechen rund 30 % im Durchschnitt der letzten drei Jahre.
2. Die Tatsache, dass die Arbeitnehmerin nicht schwerbehindert ist, steht der Durchführung eines betrieblichen Eingliederungsmanagements nicht entgegen. Sie weist auch die erforderliche Zahl von Arbeitsunfähigkeitszeiten auf.
3. Bedenken bestehen gegen die Kündigung, weil an den ersten Gesprächen nicht der Betriebsrat und an keinem der Gespräche die Servicestellen[353] mitgewirkt haben. Lediglich die Betriebsärztin war stets beteiligt. Das BAG hat dazu allerdings keine weiteren Ausführungen gemacht, vor allem nicht, ob die Servicestellen[354] stets einzubinden sind. Nach der seit 2021 geltenden Neuregelung in § 167 Abs. 2 Satz SGB IX hätte der betroffenen Arbeitnehmerin außerdem die Möglichkeit der Hinzuziehung einer Person ihres Vertrauens angeboten werden müssen.
4. Die Arbeitgeberin hätte ausdrücklich darauf hinweisen müssen, dass die Ablehnung der Reha-Maßnahme die Kündigung des Arbeitsverhältnisses zur Folge hat.
5. Da nach Auffassung des BAG ein betriebliches Eingliederungsmanagement nicht ordnungsgemäß durchgeführt wurde, trägt die Arbeitgeberin die Darlegungs- und Beweislast.

353 Zum Zeitpunkt der Entscheidung des BAG beinhaltete der Gesetzestext des damaligen § 84 Abs. 2 SGB IX noch die Servicestellen; nach § 167 Abs. 2 SGB IX wären nunmehr die zuständigen Rehabilitationsträger zu beteiligen.

354 Seit 2018: Rehabilitationsträger.

2. Fall 2: Informationsanspruch des Betriebsrats

Sachverhalt:
Der Arbeitgeber will in seinem Betrieb den Mitarbeitern ein betriebliches Eingliederungsmanagement anbieten. Er schließt mit dem Betriebsrat eine Betriebsvereinbarung ab, in der u. a. folgende Regelungen enthalten sind:

§ 3 Geltungsbereich
(1) Diese BV findet für alle Mitarbeiter Anwendung, die innerhalb von zwölf Monaten länger als sechs Wochen ununterbrochen oder wiederholt arbeitsunfähig sind.
(2) Darüber hinaus können Mitarbeiter von sich aus jederzeit ein betriebliches Eingliederungsmanagement beantragen.

§ 4 Integrationsteam
(1) Für die Mitarbeiter, die gemäß den Bestimmungen nach § 3 für ein BEM in Betracht kommen und hierzu ihr Einverständnis erklärt haben, wird ein Integrationsteam gebildet. Dieses tritt für das BEM bei Bedarf im konkreten Fall zusammen. In diesem Team sind folgende Mitglieder vertreten:
- *ein Beauftragter des Arbeitgebers mit Entscheidungsbefugnis*
- *ein Beauftragter des Betriebsrats*
- *die Schwerbehindertenvertretung*

...

§ 5 Maßnahmen
(1) Der Arbeitgeber benachrichtigt den Betriebsrat unverzüglich über Mitarbeiter, die die Voraussetzungen für ein BEM erfüllen. Das Integrationsteam entscheidet bei einem Arbeitnehmer, der die zeitlichen Voraussetzungen des § 3 Abs. 1 der BV erfüllt, innerhalb von sechs Tagen darüber, ob ein BEM angeboten wird. Der Arbeitnehmer wird dann schriftlich über die Ziele und Möglichkeiten des BEM, über die Freiwilligkeit der Teilnahme sowie über Art, Umfang und Nutzung der Erhebung der damit in Verbindung stehenden Daten informiert.
(2) ...
Teilt der Betroffene mit, dass er an der Teilnahme an einem BEM interessiert ist, wird er in das Verfahren nach dieser BV einbezogen. Lehnt der betroffene Mitarbeiter eine Teilnahme ab, ist das Verfahren für ihn beendet. Der Mitarbeiter hat seine Entscheidung schriftlich mitzuteilen.

*§ 7 **Datenschutz***
(1) Das BEM erfolgt unter Wahrung der jeweils gültigen datenschutzrechtlichen Bestimmungen. Das Integrationsteam ist zur Verschwiegenheit gegenüber jedermann verpflichtet.
(2) Wenn personenbezogene Daten an Nichtmitglieder weitergegeben werden sollen, hat das Integrationsteam die betroffenen Mitarbeiter über diese Absicht zu informieren und vor der Weitergabe ihre schriftliche Einwilligung einzuholen.
...

In der Folgezeit händigt der Arbeitgeber zwar dem Integrationsteam eine Liste mit den Namen der Mitarbeiter aus, die die zeitlichen Voraussetzungen für ein betriebliches Eingliederungsmanagement erfüllen, nicht aber dem Betriebsrat. Ebenso verlangt der Betriebsrat vergeblich, dass der Arbeitgeber ihm die jeweiligen Anschreiben gem. § 5 Abs. 1 der BV an die betroffenen Mitarbeiter aushändigt. Auch die Antwortschreiben der Mitarbeiter will der Arbeitgeber dem Betriebsrat nicht zur Kenntnis geben.
Der Arbeitgeber führt zur Begründung u. a. an, der Betriebsrat habe in diesem Stadium keine Mitwirkungsrechte. Das betriebliche Eingliederungsmanagement gliedere sich in zwei Phasen. In der ersten Phase sei es Sache des Arbeitgebers, den Kreis der Beschäftigten zu bestimmen, die er von den Möglichkeiten eines betrieblichen Eingliederungsmanagements zu unterrichten und um deren Zustimmung er nachzufragen habe. Erst wenn diese Zustimmung im Einzelfall vorliegen würde, starte die zweite Phase des Klärungsprozesses, bei dem der Betriebsrat dann mitzuwirken habe.
Dem Auskunftsanspruch des Betriebsrats stünden auch datenschutzrechtliche Gründe entgegen, da das betriebliche Eingliederungsmanagement nur mit Zustimmung und Einwilligung des betroffenen Mitarbeiters durchgeführt werden könne. Das beinhalte auch die Weitergabe der Daten über die Arbeitsunfähigkeit vor Eröffnung des formellen Verfahrens. Erst recht würde dies für die Antwortschreiben der Mitarbeiter gelten.
Kann der Betriebsrat seine Forderungen mit Erfolg durchsetzen?[355]

---

355 Der Sachverhalt ist angelehnt an die Entscheidungen des LAG München im Beschluss vom 24.11.2010 – 11 TaBV 48/10, n. v., sowie den Beschluss des BVerwG vom 23.6.2010 – 6 P 8/09, NZA-RR 2010, 554. In beiden Entscheidungen wurde den Anträgen der jeweiligen Interessenvertretungen (Betriebsrat im einen, Personalrat im anderen Fall) weitestgehend entsprochen. Ein vergleichbarer Sachverhalt wurde auch vom BAG in seinem Beschluss v. 7.2.2012 – 1 ABR 46/10, AiB 2012, 605, in diesem Sinne entschieden.

Lösung:
Der Betriebsrat kann zur Durchsetzung seiner geltend gemachten Ansprüche ein Beschlussverfahren beim Arbeitsgericht einleiten. Die Anträge lauten dahingehend, den Arbeitgeber zu verpflichten, dem Betriebsrat Auskunft darüber zu geben, welche Arbeitnehmer des Betriebs innerhalb der zurückliegenden zwölf Monate länger sechs Wochen andauernd oder mit Unterbrechungen arbeitsunfähig waren sowie die jeweiligen Anschreiben an die Betroffenen im Einzelfall dem Betriebsrat zur Kenntnis zu geben.
Abgesehen davon, dass der geltend gemachte Informationsanspruch bereits Bestandteil des § 5 Abs. 1 der Betriebsvereinbarung ist, ergibt sich der Anspruch auch aus § 80 Abs. 2 Satz 1 BetrVG i. V. m. § 167 Abs. 2 Satz 8 SGB IX. Ausweislich des § 167 Abs. 2 Satz 8 SGB IX hat der Betriebsrat darüber zu wachen, dass der Arbeitgeber die ihm nach § 167 Abs. 2 SGB IX obliegenden Verpflichtungen erfüllt. Diesem Überwachungsauftrag kann der Betriebsrat aber nur nachkommen, wenn der Arbeitgeber ihm mitteilt, welche betroffenen Mitarbeiter innerhalb der zurückliegenden zwölf Monate länger als sechs Wochen erkrankt waren. Ohne Kenntnis dieser Daten kann der Betriebsrat nicht überprüfen, ob der Arbeitgeber die ihm als Eingangsvoraussetzung des betrieblichen Eingliederungsmanagements zukommende Verpflichtung erfüllt hat, die Initiative gegenüber den erkrankten Mitarbeitern zu ergreifen. Entgegen der Auffassung des Arbeitgebers im oben beschriebenen Sachverhalt greift daher der Informationsanspruch bereits in der ersten Phase des betrieblichen Eingliederungsmanagements.
Auch datenschutzrechtliche Erwägungen stehen dem nicht entgegen. Die Weitergabe der zwar personenbezogenen Daten, die aber nur Anfang und Ende der angezeigten Arbeitsunfähigkeitszeiten benennen, beinhalten keine besonders sensiblen Befunddaten. Es steht daher kein Interesse des einzelnen Arbeitnehmers am Schutz seiner Daten zur Diskussion, das die Interessen des Betriebsrats überwiegen würde. Denn diese sind u. a. darauf gerichtet, kollektive Interessen der gesamten Belegschaft in der Weise zu vertreten, dass überprüft wird, ob der Arbeitgeber einheitlich auf alle betroffenen Beschäftigten i. S. d. § 167 Abs. 2 SGB IX zugeht und unter Beachtung des Gleichbehandlungsgrundsatzes in der gesetzlich vorgeschriebenen Art ein betriebliches Eingliederungsmanagement anbietet. Dazu gehört auch, dass den Arbeitgeber die Verpflichtung trifft, dass die betroffenen Beschäftigten i. S. d. § 167 Abs. 2 Satz 4 SGB IX ordnungsgemäß auf die Ziele des betrieblichen Eingliederungsmanagements sowie auf Art und Umfang der hierfür erhobenen und verwendeten Daten hinzuweisen sind. Daher kann sich der Arbeitgeber nicht darauf beschränken,

dem Betriebsrat ein Musterschreiben auszuhändigen, auf dessen Basis er die betroffenen Beschäftigten anschreibt. Er muss vielmehr jedes individuelle Schreiben dem Betriebsrat zur Kenntnis geben. Denn die korrekte Belehrung eines jeden Betroffenen ist wesentliche Voraussetzung dafür, dass das Angebot des betrieblichen Eingliederungsmanagements positiv aufgegriffen wird und das Ziel des Gesetzes – Erhalt des Arbeitsplatzes – verwirklicht werden kann.[356]

Problematisch ist das Verlangen des Betriebsrats, dass ihm auch die jeweiligen Antwortschreiben der betroffenen Beschäftigten auszuhändigen wären. Hierzu hat das BVerwG ausgeführt, dass das Antwortschreiben der einzelnen Beschäftigten zum einen nicht erforderlich ist, um den Überwachungsauftrag einzuhalten. Zum anderen ist hier zu berücksichtigen, dass unter Umständen nicht jeder Beschäftigte seine Zustimmung auch darauf erstrecken wird, dass der Betriebsrat in den weiteren Verlauf eines betrieblichen Eingliederungsmanagements eingebunden wird. Auch wenn ein solch fehlendes Vertrauen in die Interessenvertretung bedauerlich ist, muss es dennoch respektiert werden, dass der Beschäftigte ggf. weitergehende Informationen an den Betriebsrat nicht wünscht – dazu kann auch bereits sein Antwortschreiben gehören. Ein pauschaler Antrag des Betriebsrats im arbeitsgerichtlichen Beschlussverfahren, ihm alle Antwortschreiben der betroffenen Beschäftigten auszuhändigen, ist daher bedenklich.

3. Fall 3: Durchsetzung von Mitbestimmungsrechten des Betriebsrats

Sachverhalt:

Die Arbeitgeberin informierte ihre Beschäftigten darüber, dass sie zukünftig den Vorgaben des § 167 Abs. 2 SGB IX[357] nachkommen wolle und den Mitarbeitern, die länger als sechs Wochen in den letzten zwölf Monaten krankheitsbedingt gefehlt haben, in einem Gespräch über präventive Maßnahmen ein betriebliches Eingliederungsmanagement anbieten werde. Der Betriebsrat wurde dazu vorab nicht eingeschaltet.

Im Betrieb existieren u. a. folgende Vereinbarungen:

- Grundsätze zur Durchführung von Krankengesprächen, abgeschlossen 2002;

356 BVerwG, Beschluss v. 23. 6. 2010 – 6 P 8/09, NZA-RR 2010, 554.

357 Bis 2017: § 84 Abs. 2 SGB IX.

- Inklusionsvereinbarung (bis 31.12.2016: Integrationsvereinbarung);
- Umsetzung des Arbeitsschutzgesetzes.

Der Betriebsrat fordert die Arbeitgeberin auf, in Verhandlungen über den Abschluss einer Betriebsvereinbarung zum betrieblichen Eingliederungsmanagement zu treten. Dazu legt er auch einen entsprechenden Entwurf einer Betriebsvereinbarung vor. Die Arbeitgeberin teilt dem Betriebsrat rund drei Wochen später mit, dass für sie der Abschluss einer Betriebsvereinbarung zum Thema betriebliches Eingliederungsmanagement nicht in Frage kommt. Der Betriebsrat habe kein Mitbestimmungsrecht. Außerdem seien durch die bereits bestehenden Betriebsvereinbarungen – vor allem zu Krankengesprächen – Regelungen vorhanden, die den Themenbereich abdecken. Sie sei allenfalls bereit, mit dem Gesamtbetriebsrat eine entsprechende Gesamtbetriebsvereinbarung abzuschließen. Das Thema betriebliches Eingliederungsmanagement betreffe schließlich das gesamte Unternehmen. Es sei daher auch zweckmäßiger, das Thema als Gesamtbetriebsvereinbarung zu behandeln.
Welche erfolgsversprechenden Schritte sollte der Betriebsrat jetzt unternehmen?[358]

Lösung:
Der Betriebsrat sollte einen ordnungsgemäßen Beschluss fassen, dass die Einigungsstelle angerufen wird. Erklärt sich die Arbeitgeberin mit der Einsetzung einer Einigungsstelle nicht einverstanden, kann der Betriebsrat ein Arbeitsgerichtsverfahren gem. § 100 ArbGG einleiten, das darauf abzielt, die Einigungsstelle durch gerichtlichen Beschluss einzurichten. Mit diesem Beschluss wird i. d. R. auch über die Person des Einigungsstellenvorsitzenden und die Anzahl der Beisitzer auf Seiten des Arbeitgebers und des Betriebsrats entschieden, sofern auch darüber kein Einvernehmen zwischen Arbeitgeber und Betriebsrat erzielt wird.[359]
Der Prüfungsmaßstab für einen Antrag gem. § 100 ArbGG ist nicht mit allzu hohen Hürden versehen. Denn der Antrag kann nur dann zurückgewiesen werden, wenn die Einigungsstelle für die angestrebte Regelung offensichtlich unzuständig ist. Offensichtlich unzuständig ist eine Einigungsstelle dann, wenn bei fachkundiger Beurteilung durch das Gericht sofort erkennbar ist, dass ein Mitbestimmungsrecht des Betriebsrats in

---

358 Der Sachverhalt ist angelehnt an die Entscheidung des LAG Schleswig-Holstein im Beschluss vom 19.12.2006 – 6 TaBV 14/06, AiB 2007, 425 sowie an den Beschluss des LAG Düsseldorf v. 4.2.2013 – 9 TaBV 129/12, LAGE Nr. 65 zu § 98 ArbGG.

359 Siehe Musterschreiben 9, 10 und 11, Kapitel V.

der fraglichen Angelegenheit unter keinem rechtlichen Gesichtspunkt in Betracht kommt. Das zwischen Betriebsrat und Arbeitgeber zur Diskussion anstehende Thema darf erkennbar nicht unter einen mitbestimmungspflichtigen Tatbestand zu fassen sein.[360]

Die Frage der Mitbestimmungspflicht des Betriebsrats bei Maßnahmen nach § 167 Abs. 2 SGB IX ist durch das BAG zwischenzeitlich geklärt worden. Wie bereits oben in Kapitel I. 4. c. bb. aufgezeigt, ist bei der Ausgestaltung des betrieblichen Eingliederungsmanagements für jede einzelne Regelung zu prüfen, ob ein Mitbestimmungsrecht besteht. Ein solches kann sich bei allgemeinen Verfahrensfragen aus § 87 Abs. 1 Nr. 1 BetrVG, in Bezug auf die Nutzung und Verarbeitung von Gesundheitsdaten aus § 87 Abs. 1 Nr. 6 BetrVG und hinsichtlich der Ausgestaltung des Gesundheitsschutzes aus § 87 Abs. 1 Nr. 7 BetrVG ergeben.[361] Soweit die Aufgabenstellungen zur Durchführung eines betrieblichen Eingliederungsmanagements durch die Betriebsvereinbarung uneingeschränkt einem Integrationsteam übertragen werden sollen, ist darauf zu achten, dass eine solche Regelung nach der Rechtsprechung des BAG durch den Spruch einer Einigungsstelle nicht erzwingbar ist.[362] Eine einvernehmliche Regelung mit einem solchen Inhalt ist allerdings weiterhin möglich.

Ebenso wenig ist die Einigungsstelle im Fall 3 offensichtlich unzuständig, weil bereits eine Betriebsvereinbarung zum Thema Krankengespräche existiert. Da diese Betriebsvereinbarung 2002 und damit vor der Einführung der gesetzlichen Neuregelung des § 167 Abs. 2 SGB IX abgeschlossen wurde, konnte sie den gesetzlichen Vorgaben der Neuregelung noch gar nicht vollständig Rechnung tragen. Dies gilt umso mehr, als die Voraussetzungen für Krankengespräche zwar teilweise ähnlich, aber mit den Zielen des betrieblichen Eingliederungsmanagements nicht deckungsgleich sind (Einzelheiten siehe Kapitel I. 5. f.).

Für den Abschluss einer Betriebsvereinbarung zum betrieblichen Eingliederungsmanagement ist grundsätzlich von der Zuständigkeit des Betriebsrats auszugehen. Denn das betriebsverfassungsrechtliche Eingliederungsmanagement ist nicht auf den ersten Blick zwingend betriebsübergreifend organisiert.[363] Allein der Wunsch des Arbeitgebers nach einer unternehmenseinheitlichen oder betriebsübergreifenden Regelung, sein

---

360 Vgl. u. a. LAG Hamm, Beschluss v. 18.12.2009 – 13 TaBV 52/09, ArbuR 2010, 393; LAG Schleswig-Holstein, Beschluss v. 19.12.2006 – 6 TaBV 14/06, AiB 2007, 425; ErfK-*Koch*, § 100 ArbGG, Rn. 3.

361 BAG, Beschluss v. 13.3.2012 – 1 ABR 78/10, AiB 2013, 64.

362 BAG, Beschluss v. 22.3.2016 – 1 ABR 14/14, AiB 2016, 60.

363 LAG Düsseldorf, Beschluss v. 4.2.2013 – 9 TaBV 129/12, LAGE Nr. 65 zu § 98 ArbGG 1979.

Kosten- oder Koordinierungsinteresse sowie reine Zweckmäßigkeitsgesichtspunkte genügen nicht, um in Angelegenheiten der zwingenden Mitbestimmung die Zustimmung des Gesamtbetriebsrats zu begründen.[364]
Im Ergebnis wird der Betriebsrat mit einem Antrag auf Einsetzung der Einigungsstelle daher Erfolg haben.
Hinsichtlich der Person des/der Einigungsstellenvorsitzenden sollte der Betriebsrat eine sorgfältige Auswahl vornehmen. Kommt es zu einem Einigungsstellenspruch, kann die Stimme des/der Einigungsstellenvorsitzenden den Ausschlag dafür geben, welche Regelung in dem Abstimmungsergebnis die meisten Stimmen bekommt.

364 BAG, Beschluss v. 19.6.2012 – 1 ABR 19/11, NZA 2012, 1237; BAG, Beschluss v. 22.7.2008 – 1 ABR 40/07, NZA 2008, 1248.

III. Vertiefende Informationen

1. Kosten-Nutzen-Analyse

Arbeitgeber, die mit der Forderung nach Einrichtung eines betrieblichen Eingliederungsmanagements konfrontiert werden, stehen diesem möglicherweise ablehnend gegenüber, weil sie eine hohe Kostenbelastung befürchten. Diese Betrachtungsweise lässt außer Acht, dass ein erfolgreich durchgeführtes Eingliederungsmanagement auch mit einem Gewinn für den Arbeitgeber verbunden sein kann, nämlich einem Beschäftigten, der zu einer gesteigerten Leistungsfähigkeit zurückgekehrt ist.

Die Studie des Projektes: Integrationsteam LGW des BMW-Werks Regensburg[365] hat dazu eine aufschlussreiche Berechnung vorgelegt, die im Folgenden dargestellt wird. Dabei beschränkt sich die Betrachtung auf die Kosten-Nutzen-Analyse im Einzelfall.

Es wird davon ausgegangen, dass es sich um einen infolge gesundheitlicher Beeinträchtigung leistungsgeminderten Beschäftigten handelt, dessen geminderte Leistung ohne betriebliches Eingliederungsmanagement durch zusätzlichen Personalaufwand ausgeglichen werden muss. Folgende Kostenfaktoren wirken sich aus:

365 Magin, Betriebliches Eingliederungsmanagement nach dem SGB IX, S. 63 ff.

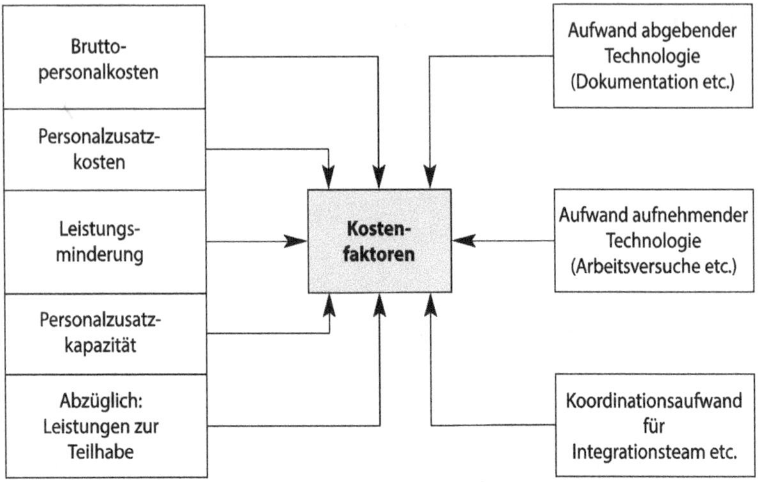

Beispielrechnung:[366]

Monatliche Kosten		Anmerkungen
Bruttopersonalkosten	**3900 €**	Gesamtbezüge inkl. Arbeitgeberanteilen
Personalnebenkosten	**100 €**	Kosten für Personalverwaltung etc.
Am Arbeitsplatz erbrachte Leistung	**65 %**	Objektive Einschätzung
Erforderliche Zusatzkapazität	**50 %**	Erforderlicher tatsächlicher Ausgleichsmehraufwand 50 % der Bruttopersonalkosten + Personalnebenkosten
Kosten für personelle Zusatzkapazität	**2000 €**	
Abzüglich Leistungen zur Teilhabe	**450 €**	Leistungen des Integrationsamtes je nach Einzelfall
Monatliche Zusatzkosten abzüglich Leistungen zur Teilhabe	**1550 €**	

366 Nach Magin, Betriebliches Eingliederungsmanagement nach dem SGB IX, S. 67.

Kosten des Integrationsprozesses		**Anmerkungen**
Aufwand in der abgebenden Technologie nach eingesetztem Stundenaufwand	6 Std.	5 Beteiligte (Meister, Personalsachbearbeiter, Arzt Arbeitssicherheit etc.) je 1 Stunde + 1 Stunde Verwaltungsaufwand bei
Kosten	177 €	geschätzten 4500 € Bruttopersonalkosten der Beteiligte
Aufwand der im Integrationsteam eingesetzten Arbeitszeit	8,4 Std.	Entstandene Personalkosten
	248 €	bei geschätzten 4500 € Bruttopersonalkosten der Beteiligten
Aufwand der Koordination durch weitere Beteiligte	12 Std.	Kosten
	420 €	Bei angesetzten 35 € je Stunde Koordination
Aufwand der für Arbeitsversuche eingesetzten Arbeitszeit	7,5 Std.	bei geschätzten 4500 € Bruttopersonalkosten
Kosten	222 €	der Beteiligten
Weitere Kosten	50 €	Für Sachaufwand etc.
Summe Integrationsprozess	**1117 €**	

Einsparpotential		**Anmerkungen**
Wirkungsdauer der Integrationslösung in Monaten	24	Gesundheitliche oder betriebliche Veränderungen beschränken i.d.R. die Geltungsdauer der Lösung
Zusatzkosten ohne Veränderung	37 200 €	1550 € pro Monat, keine Integrationskosten
Zusatzkosten bei 100 % Leistung als Ergebnis des Integrationsprozesses	1177 €	Kosten für den Integrationsprozess
Kosteneinsparung	**36 023 €**	

2. Übersicht: Krankheitsbedingte Abwesenheit im europäischen Vergleich

Die Bedeutung des betrieblichen Eingliederungsmanagements wird unterstrichen, wenn man die krankheitsbedingten Abwesenheitszeiten im europäischen Vergleich betrachtet. Die Erhebung vergleichbarer Daten ist dabei nicht ganz unumstritten: Während krankheitsbedingte Fehlzeiten in Deutschland und Österreich bereits ab dem 3. Tag in die Sozialversicherungsstatistiken eingehen, werden diese beispielsweise in Finnland erst ab dem 10. Arbeitstag und in Schweden ab dem 21. Tag registriert. In den Niederlanden wird die Entgeltfortzahlung im Krankheitsfall zwei Jahre vom Arbeitgeber übernommen, so dass auch hier keine unmittelbar vergleichbaren Betrachtungen möglich sind. Basis für die folgenden Werte ist eine Studie der Labour Force Survey (übersetzt: Erhebung über Arbeitskräfte), die seit 1983 Befragungen u. a. in der Weise in EU-Staaten durchführt, in denen erfragt wird, ob die Personen während einer vorher definierten Referenzwoche aufgrund von Krankheit an ihrem Arbeitsplatz gefehlt haben.[367] Dies führte zu folgenden Ergebnissen:

Durchschnittliche krankheitsbedingte Abwesenheit (%) nach Altersklassen 1983–2001[368]

Land	Alter					
	20–29	30–39	40–49	50–59	60–64	Total
	%	%	%	%	%	
Frankreich	1,8	2,1	2,5	3,9	4,0	2,4
Deutschland	0,9	1,1	1,4	2,7	3,2	1,4
Niederlande	3,2	3,9	4,5	5,9	4,9	4,1
Norwegen	2,4	2,7	3,1	4,3	7,2	3,2
Schweden	2,5	3,1	3,9	4,4	9,1	4,2
Großbritannien	1,8	2,1	2,5	3,9	4,0	2,0
Total	1,5	1,8	2,2	3,3	4,1	2,1

367 Quelle: BKK-Gesundheitsreport 2004, S. 11.
368 Quelle: BKK-Gesundheitsreport 2004, S. 12.

Das Ergebnis ist deutlich: In Deutschland treten mit Abstand die geringsten Abwesenheitszeiten auf. Keiner wird wohl behaupten, dies läge daran, dass sich die deutschen Arbeitnehmer insgesamt gesundheitsbewusster verhalten würden. Es liegt wohl eher die Vermutung nahe, dass sich der Trend in Deutschland dahin orientiert, dass die Beschäftigten aus Angst vor Verlust des Arbeitsplatzes auch unter erheblichen gesundheitlichen Beschwerden ihrer Arbeit nachgehen, was langfristig zu dauerhafteren Krankheitsbildern führen kann.

3. Übersicht: Arbeitsunfähigkeitstage und Krankengeldtage nach Diagnosegruppen

In Kapitel I. 7. b. aa. wurde bereits darauf hingewiesen, dass sich der Betriebsrat und ggf. die Schwerbehindertenvertretung mit der Fragestellung auseinandersetzen sollten, welche gesundheitlichen Gefährdungssituationen im Betrieb vorzufinden sind. Begleitend dazu soll eine Analyse aufgestellt werden, welche Krankheitsbilder nach den Ermittlungen der Bundesanstalt für Arbeitsschutz und Arbeitsmedizin[369] am häufigsten auftreten. Die Daten geben die Verteilung der Diagnosetage nach Diagnosegruppen in Prozent mit Stand 2022 an. Im Vergleich zu den Vorauflagen und den darin abgebildeten Werten der Diagnosegruppen ist ein deutlicher Anstieg im Bereich der Krankheiten des Atmungssystems (Wert Stand 2020: 13,0 %) festzustellen, was möglicherweise im Zusammenhang mit den seit 2020 einsetzenden Erkrankungen infolge einer Covid-19-Infektion stehen könnte.

369 Quelle: Bundesanstalt für Arbeitsschutz und Arbeitsmedizin, »Arbeitswelt im Wandel: Zahlen – Daten – Fakten« 2024, S. 47.

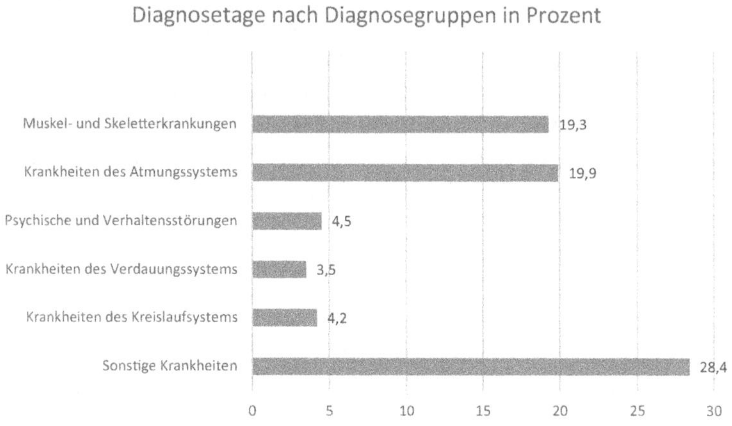

Aufschluss über die Erkrankungen, die zu lang andauernden Arbeitsunfähigkeitszeiten führen, liefert ergänzend die nachfolgende Darstellung von Erhebungen aus dem Zeitraum 2022[370] mit Angaben dazu, aufgrund welcher Diagnosegruppen am häufigsten Krankengeldzahlungen geleistet werden (Die Statistik zeigt die durchschnittliche Anzahl von Krankengeldtagen je 100 beschäftigte BKK-Mitglieder in Deutschland nach ausgewählten Diagnosehauptgruppen im Jahr 2022.):

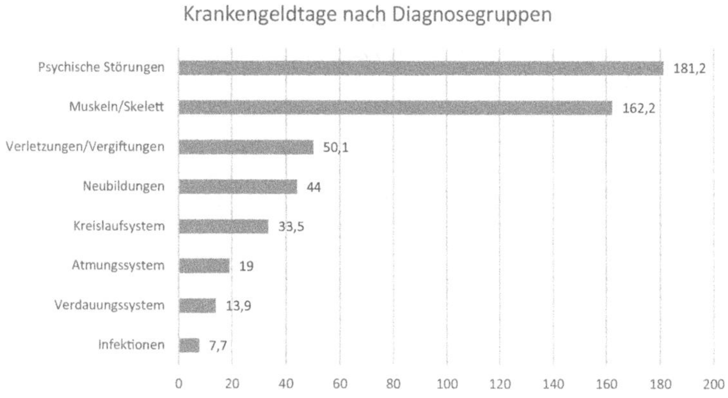

370 *https://de.statista.com/statistik/daten/studie/788760/umfrage/krankengeldtage-in-deutschland-nach-ausgewaehlten-diagnosehauptgruppen/#statisticContainer.*

Ein besonderes Augenmerk sollte auf die Diagnosegruppe der psychischen und Verhaltensstörungen gerichtet werden. Psychische Erkrankungen gehören in den letzten Jahren zu den einzigen Krankheitsbildern, deren Häufigkeit kontinuierlich gestiegen ist. Im Jahre 1980 betrug der Anteil dieser Diagnosegruppe an der gesamten Arbeitsunfähigkeit nur 2,5 %. In den letzten 20 Jahren hat sich dieser Anteil mehr als verdreifacht. Mit einer durchschnittlichen Falldauer von 35 Tagen im Jahr 2009 gehören die Krankheiten dieser Diagnosegruppe zu den langwierigsten Krankheiten.[371] Im Kredit- und Versicherungsgewerbe entfallen mittlerweile 19,1 % aller Arbeitsunfähigkeitstage auf psychische Erkrankungen, gefolgt von Beschäftigten im Bereich Erziehung und Unterricht (18,7 %) sowie im Gesundheits- und Sozialwesen (18,6 %). Den geringsten Anteil haben die psychischen Erkrankungen mit 7,0 % in der Land- und Forstwirtschaft.[372] Auch nach den Erkenntnissen des Jahres 2017 zeigt sich, dass die Arbeitsunfähigkeitstage aufgrund psychischer Erkrankungen vor allem in den Schutz- und Sicherheitsberufen (z. B. Polizei-, Justiz- und Sicherheitsdienste), Personenverkehr, aber auch erzieherischen und sozialen Berufen (z. B. Altenpfleger bzw. Erzieher und Sozialarbeiter), besonders häufig sind. Auf je 1000 Versicherte entfallen 158 Arbeitsunfähigkeitsfälle auf psychische Erkrankungen in Berufen des Personenverkehrs, 136 Fälle in Polizei- und Sicherheitsdiensten sowie 129 Fälle im Bereich der Altenpflege bzw. Erzieher und Sozialarbeiter.[373]

Die latente Gefahr psychischer Belastungen am Arbeitsplatz bzw. durch das Arbeitsumfeld wird vielfach nicht so offensichtlich werden wie muskel- oder skelettbelastende Arbeitsumgebungen. Hier ließe sich ggf. durch anonymisierte Mitarbeiterbefragungen herausfinden, ob die Mitarbeiter Belastungen psychischer Art am Arbeitsplatz ausgesetzt sind. Dies belegt auch die nachfolgende Übersicht,[374] die auf eine Umfrage unter IT-Beschäftigten zurückgeht. Die Beschäftigten sollten angeben, welche ihrer Beschwerden arbeitsbedingt sein könnten. Die hellgrau unterlegten Felder sind Beschwerden ohne Fehlzeiten, die dunkelgrau unterlegten mit Fehlzeiten

371 BKK-Gesundheitsreport 2010, S. 15.
372 BKK-Gesundheitsreport 2013, S. 140.
373 BKK-Gesundheitsreport 2018, S. 93.
374 BKK-Gesundheitsreport 2010, S. 73.

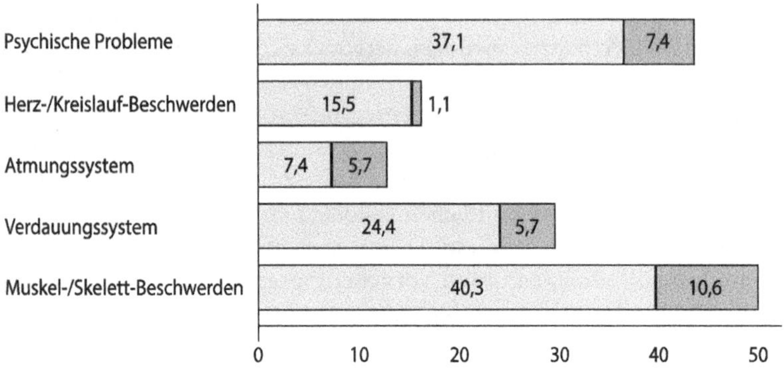

4. Übersicht: Institutionen, die zur Unterstützung herangezogen werden

In der Untersuchung der Universität Köln[375] haben 244 Betriebe zu der Frage: »Bei welcher Institution hat der Betrieb Unterstützung gesucht?« folgende Angaben gemacht (Mehrfachnennungen waren möglich):

375 Niehaus/Magin/Marfels/Vater/Werkstetter, S. 53 f.

Übersicht: Institutionen, die zur Unterstützung herangezogen werden

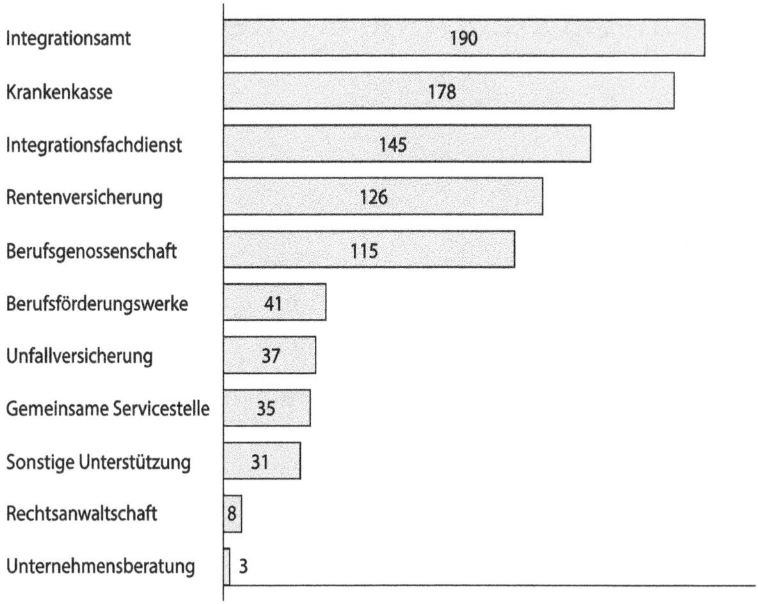

IV. Checklisten/Arbeitshilfen

1. Merkblatt im Krankheitsfall

Das folgende Merkblatt hat den Zweck, von Arbeitsunfähigkeit betroffene Beschäftigte über ihre Rechte und Pflichten während und infolge ihrer Krankheit aufzuklären. Zielsetzung eines solchen Merkblatts ist u. a., Verunsicherung abzubauen und damit Vertrauen in Maßnahmen aufzubauen, die der Wiedereingliederung in den Arbeitsprozess dienen können. Es empfiehlt sich, dieses Merkblatt spätestens in Zusammenhang mit einem ersten Kontaktgespräch dem Betroffenen auszuhändigen. Die Fassung des Merkblatts setzt voraus, dass im Betrieb ein Integrationsteam gebildet worden ist. Sollte dies nicht der Fall sein, sind die darauf bezogenen Passagen entsprechend abzuändern bzw. zu entfernen.

Rechte und Pflichten im Krankheitsfall

Mit den folgenden Ausführungen sollen einige Fragen geklärt werden, die sich vor allem für die Kolleginnen und Kollegen stellen, die von häufiger oder länger andauernder Arbeitsunfähigkeit betroffen sind. Sie ersetzen natürlich keine Beratung im Einzelfall. Wegen weiter gehender Fragen steht der Betriebsrat oder ein Ansprechpartner des Integrationsteams zur Verfügung.

- Ärztliche Schweigepflicht

Muss ich meine behandelnden Ärzte von der Schweigepflicht entbinden, wenn der Arbeitgeber dies verlangt?
Nein, Arbeitnehmer sind weder zur Auskunft über ihren Gesundheitszustand noch zur Entbindung des Arztes von der Schweigepflicht verpflichtet. Dies gilt im Übrigen auch für Untersuchungen durch den Betriebsarzt. Allerdings kann in einer gerichtlichen Auseinandersetzung über eine krankheitsbedingte Kündigung die Entbindungserklärung aus prozessualen Gründen ggf. erforderlich werden.

- Diagnose

Muss ich während oder nach einer Erkrankung dem Arbeitgeber Auskunft über die Art und Ursache meiner Erkrankung geben?
Nein, nur die Krankenkasse erfährt vom behandelnden Arzt die Diagnose.

- Krankenrückkehrgespräche

Muss ich der Aufforderung nach einem Krankenrückkehrgespräch nachkommen?
Diese Frage hängt davon ab, ob es für solche Gespräche Regelungen im Betrieb gibt. Setzen Sie sich vor Durchführung eines solchen Gesprächs daher unbedingt zunächst mit dem Betriebsrat in Verbindung. Er klärt mit Ihnen ab, ob es betriebliche Regelungen gibt. Nur in diesem Rahmen dürfen die Gespräche sodann geführt werden. Existieren solche Regelungen nicht, müssen Sie der Aufforderung grundsätzlich nachkommen. Nehmen Sie zu solchen Gesprächen aber ein Mitglied des Betriebsrats mit.

- Abmahnung

Kann ich wegen Arbeitsunfähigkeit abgemahnt werden?
Nein. Nur ein Verhalten, das ein Arbeitnehmer beeinflussen kann, ist abmahnungsfähig. Das ist bei Erkrankung grundsätzlich ausgeschlossen.

- Kündigung während Krankheit

Kann ich während einer bestehenden Arbeitsunfähigkeit überhaupt gekündigt werden?
Ja, eine Krankheit schützt nicht davor, Kündigungen gleich welcher Art zu erhalten.

- Kündigung wegen Krankheit

Kann mir wegen meiner Krankheit gekündigt werden?
Ja. Kündigungen aus krankheitsbedingten Gründen sind grundsätzlich möglich. Ob sie auch rechtswirksam sind, hängt vom Einzelfall ab. Suchen Sie deswegen bitte Beratung bei Ihrer Gewerkschaft oder einem Rechtsanwalt auf.

- Betriebliches Eingliederungsmanagement

Was ist ein betriebliches Eingliederungsmanagement?
Ein betriebliches Eingliederungsmanagement ist ein Verfahren mit dem Ziel, Arbeitsunfähigkeit zu verhindern oder möglichst frühzeitig zu beenden und den Arbeitsplatz für leistungsgeminderte Arbeitnehmer zu sichern. Es kommt für alle Beschäftigten in Betracht, die innerhalb von zwölf Monaten mehr als 42 Tage andauernd oder wiederholt arbeitsunfähig waren. Das Verfahren kann nur mit Zustimmung des Betroffenen durchgeführt werden. Für weitere Einzelheiten steht der Betriebsrat oder unser Integrationsteam zur Verfügung.

2. Datenblatt zur Datenerhebung und -auswertung

Das Datenblatt zum betrieblichen Eingliederungsmanagement umfasst folgende Datenfelder:

- Name
- Vorname
- Geburtsdatum
- Schwerbehinderung/Gleichstellung
- Abteilung/Kostenstelle
- Zuletzt ausgeübte Tätigkeit im Unternehmen
- Vollzeit/Teilzeit
- Ausbildung/Qualifikation
- Verlaufs- und Ergebnisdaten (z. B. Ergebnisse Erstkontakt, Klärungsgespräch, Maßnahmenentwicklung)

Diese Daten werden ausschließlich für den Zweck des Verfahrens des betrieblichen Eingliederungsmanagements erhoben und gespeichert. Eine Auswertung darf nur anonymisiert und unter Beteiligung des Betriebsrats erfolgen.

3. Entwurf einer Betriebsvereinbarung

a. BEM-Verfahren mittels Integrationsteam

Der nachfolgende Entwurf einer Betriebsvereinbarung sieht u. a. die Bildung eines Integrationsteams zur Steuerung des BEM-Verfahrens vor. Bei diesem Entwurf wird auch unterstellt, dass auf die Einbindung der Interessenvertretungen (Betriebsrat und Schwerbehindertenvertretung) nicht verzichtet werden kann. Diese Regelungen wären über den Spruch einer Einigungsstelle nach der Rechtsprechung des BAG[376] nicht erzwingbar. Die Regelungen können daher nur Inhalt einer einvernehmlichen Betriebsvereinbarung werden.

Betriebsvereinbarung zwischen

der XY-GmbH, gesetzlich vertreten durch den Geschäftsführer, Herrn …, im Folgenden Arbeitgeber genannt

376 BAG, Beschluss v. 22. 3. 2016 – 1 ABR 14/14, AiB 2016, 60.

und
dem Betriebsrat, vertreten durch die Betriebsratsvorsitzende, Frau …

Präambel
Arbeitgeber, Betriebsrat und Schwerbehindertenvertretung stimmen darin überein, dass es das gemeinsame Ziel ist, die Gesundheit der Mitarbeiter zu erhalten und zu fördern. Zu diesem Zweck wird gem. § 167 Abs. 2 SGB IX ein betriebliches Eingliederungsmanagement mit folgenden Zielsetzungen eingeführt:

- Vorbeugung und Überwindung von Arbeitsunfähigkeitszeiten
- Vermeidung chronischer Krankheiten und Behinderungen
- Aufrechterhalten der Teilhabe am Erwerbsleben und Vermeiden krankheitsbedingter Kündigungen.

§ 1 Geltungsbereich
Das betriebliche Eingliederungsmanagement gilt für Beschäftigte, die innerhalb von zwölf Monaten länger als 42 Tage wiederholt oder ununterbrochen arbeitsunfähig erkrankt sind. Soweit es im Interesse der Zielsetzung dieser Betriebsvereinbarung liegt, kann ein betriebliches Eingliederungsmanagement auch für Beschäftigte durchgeführt werden, die den vorgenannten Arbeitsunfähigkeitszeitraum zwar nicht erreicht haben, aber unter gesundheitlichen Schwierigkeiten ihrer Arbeitstätigkeit nachgehen.[377] Unabhängig vom zeitlichen Anwendungsbereich eines betrieblichen Eingliederungsmanagements ist das Führen sogenannter Krankenrückkehrgespräche unzulässig.

§ 2 Personelle Durchführung
(1) Im Betrieb wird ein Integrationsteam gebildet, das ständig mit folgenden Personen besetzt ist:
- zwei Mitgliedern des Betriebsrats,
- einem Vertreter der Schwerbehindertenvertretung, sofern eine/ein Beschäftigte/r schwerbehindert oder gleichgestellt ist,
- dem Betriebsarzt,[378]
- einem Vertreter der Geschäftsleitung.

377 Nach dem Beschluss des BAG v. 13.3.2012 – 1 ABR 78/10 ist die Regelung in § 1 Satz 2 nicht erzwingbar, weil für die Einleitung eines betrieblichen Eingliederungsmanagements § 167 Abs. 2 SGB IX den Begriff der Arbeitsunfähigkeit zwingend vorgibt. Im Einvernehmen zwischen Betriebsrat und Arbeitgeber ist die Regelung aber möglich und sinnvoll.

378 Der Betriebsarzt muss nicht ständiges Mitglied sein. Wird ihm die Führung einer zusätzlich zur BEM-Akte erforderlichen Akte mit den Gesundheitsdaten überantwortet (siehe oben in Kapitel I. 4. a. bb.), wird er ständiges Mitglied des Integrationsteams sein müssen. Wird er nicht als ständiges Mitglied benannt, ist er nachfolgend bei den internen Fachkräften im Bedarfsfall aufzuführen.

Im Bedarfsfall können darüber hinaus interne Fachkräfte (z.B. Beauftragte des Arbeitsschutzes) sowie externe Stellen (z.B. Integrationsamt, Rehabilitationsträger, z.B. die Berufsgenossenschaft etc.) hinzugezogen werden.

(2) Das Integrationsteam ist das maßgebliche Gremium zur Steuerung der Aufgabenstellungen des betrieblichen Eingliederungsmanagements. Es wertet vor allem die Arbeitsunfähigkeitsdaten aus, unternimmt Arbeitsplatzanalysen und begleitet Maßnahmen im einzelfallbezogenen Management.

(3) Das Integrationsteam arbeitet im Rahmen seiner Aufgabenstellung weisungsungebunden. Es übernimmt jedoch die Verpflichtung, den Betriebsrat im Rahmen der regelmäßigen Sitzungen über die Arbeit des Integrationsteams und dessen aktuelle Aufgabenstellungen zu informieren, soweit es für die Aufgabenerfüllung des Betriebsrats im Rahmen des § 167 Abs. 2 SGB IX erforderlich ist.

(4) Das Integrationsteam findet sich mindestens einmal pro Kalendervierteljahr zu einer Erörterung und Überprüfung der Aufgabenstellungen im Rahmen des betrieblichen Eingliederungsmanagements ein. Außerhalb dieser regelmäßigen Sitzungen können jederzeit weitere Sitzungen zur Wahrnehmung von Aufgabenstellungen bei einzelnen Fallmanagements einberufen werden.

Für die Rechtsstellung der Mitglieder des Integrationsteams gelten die § 37 BetrVG sowie § 179 SGB IX entsprechend. Die Mitglieder sind vor allem für ihre Aufgabenerfüllung von ihrer Verpflichtung zur sonstigen Arbeitsleistung unter Fortzahlung der Vergütung freizustellen. Soweit für ihre Aufgabenerfüllung erforderlich, sind sie berechtigt, an Schulungsveranstaltungen auf Kosten des Arbeitgebers teilzunehmen.

Dem Integrationsteam sind im erforderlichen Umfang Sachmittel wie Büroausstattungen, Büromaterialien, Fachliteratur zur Verfügung zu stellen. Der Arbeitgeber hat sicherzustellen, dass dem Integrationsteam, vor allem den persönlichen Ansprechpartnern, geeignete Räumlichkeiten zur vertraulichen Gesprächsführung zur Verfügung stehen.

(5) Die ständigen Mitglieder des Integrationsteams wählen aus ihrer Mitte einen Vorsitzenden. Als Ansprechpersonen im einzelnen Fallmanagement werden die aus dem Kreis der Betriebsratsmitglieder und der Vertrauensperson der Schwerbehindertenvertretung stammenden Mitglieder des Integrationsteams benannt.

Auf Wunsch eines betroffenen Beschäftigten kann auch eine andere Ansprechperson seines Vertrauens zur Begleitung des Fallmanagements bestimmt werden, für die die Bestimmungen zur Freistellung und Verschwiegenheitspflicht entsprechend gelten.

(6) Die Ansprechpersonen unterliegen einer besonderen Verschwiegenheit bezüglich der ihnen im Rahmen ihrer Aufgabe bekannt gewordenen Sachverhalte. Der Arbeitgeber verpflichtet sich ausdrücklich, diese Verschwiegenheitsverpflichtung zu respektieren. Die Ansprechperson infor-

miert im Einzelfall den betroffenen Beschäftigten laufend darüber, welche personenbezogenen Daten über ihn vorliegen. Eine Weitergabe dieser Daten an den Arbeitgeber bedarf der ausdrücklichen Zustimmung des betroffenen Beschäftigten im Einzelfall.

(7) Die als Ansprechpersonen vorgesehenen Mitglieder des Integrationsteams bilden eine Vorkommission zur Vorabentscheidung, ob ein betriebliches Eingliederungsmanagement offensichtlich ausscheidet. Offensichtliche Gründe liegen vor allem vor, wenn die Ursache der Arbeitsunfähigkeit auf eine mit dem Arbeitsplatz nicht im Zusammenhang stehende Bagatellerkrankung oder eine absehbar ausgeheilte Erkrankung zurückzuführen ist. Die Zusammenkunft und Entscheidung der Vorkommission im Einzelfall bedarf der Zustimmung des betroffenen Beschäftigten.

§ 3 Maßnahmen des betrieblichen Eingliederungsmanagements

Gemäß der Zielsetzungen des betrieblichen Eingliederungsmanagements, Arbeitsunfähigkeit vorzubeugen, zu überwinden und den Arbeitsplatz zu erhalten, kommen als Maßnahmen des betrieblichen Eingliederungsmanagements besonders folgende in Betracht:

(1) Prävention
- Vermeidung von arbeitsbedingten Gesundheitsgefahren
- Gesundheitsförderungsmaßnahmen
- Filterung von Fehlbeanspruchungen

(2) Rehabilitation
- Stufenweise Wiedereingliederung des betroffenen Beschäftigten
- Arbeits- und Belastungserprobung
- Ambulante oder stationäre Maßnahmen der medizinischen und beruflichen Rehabilitation

(3) Integration
- Innerbetriebliche Qualifizierung
- Veränderung des Arbeitsplatzes und/oder der Arbeitszeit
- Versetzung

Die Parteien stimmen darüber hinaus darin überein, dass das betriebliche Eingliederungsmanagement insgesamt in den betrieblichen Arbeits- und Gesundheitsschutz eingebunden werden soll. Zu diesem Zweck soll eine betriebliche Gefährdungsanalyse erstellt werden, die durch Arbeitsplatzbegehungen und Arbeitsplatzanalysen die Gefährdungen, die grundsätzlich für die Beschäftigten mit ihrer Arbeit verbundenen sind, ermittelt, auswertet und dokumentiert.

Die gewonnenen Daten werden dem Integrationsteam zur Entscheidung vorgelegt. Bei Bedarf werden Maßnahmen mit den Rehabilitationsträgern und Integrationsämtern abgesprochen. Kommen finanzielle Förderungsmöglichkeiten in Betracht, werden diese dem Arbeitgeber vorgestellt und vom Arbeitgeber die erforderlichen Anträge gestellt.

§ 4 Arbeitsunfähigkeitsdaten

(1) Die Personalabteilung stellt dem Integrationsteam mindestens jeweils zum ersten Werktag eines Quartals (alternativ: monatlich, alle zwei Monate, jeweils zum ersten Werktag), spätestens eine Woche vor den regulären Sitzungen folgende Arbeitsunfähigkeitsdaten zur Verfügung:
- eine gesamtbetriebliche Arbeitsunfähigkeitsstatistik,
- dazugehörende abteilungsbezogene Kennziffern,
- die Daten der unter den Geltungsbereich dieser Vereinbarung fallenden Beschäftigten nach Namen und Abteilung sowie privater Anschrift.

Informationsansprüche des Betriebsrats bleiben davon unberührt.

(2) Die Weitergabe personenbezogener Daten i. S. d. Art. 4 Ziff. 1 EU-DSGVO entspricht der Zweckbestimmung des Arbeitsverhältnisses und wird durch Art. 6 Abs. 1 Satz 1 lit. b) und c), Art. 9 Abs. 2 lit. b) EU-DSGVO gedeckt. Eine Weitergabe personenbezogener Daten über den Umfang des Art. 6 Abs. 1 Satz 1 lit. b) und c), Art. 9 Abs. 2 lit. b) EU-DSGVO hinaus erfolgt nur mit Zustimmung des betroffenen Beschäftigten, der vorab über Art sowie Sinn und Zweck der Datenweitergabe aufgeklärt wird. Dies betrifft auch eine Erörterung des jeweiligen Falls im Kreis des Integrationsteams sowie im Gremium des Betriebsrats und/oder der Schwerbehinderung. Soweit Ärzte angehört und eventuelle gesundheitliche Informationen erörtert werden sollen, dürfen die Ärzte ihnen bekannt gewordene gesundheitliche Informationen erst weitergeben, wenn die Arbeitnehmer sie schriftlich von der Schweigepflicht entbinden.

§ 5 BEM-Akte und Personalakte

(1) Zum Schutze der Beschäftigten werden Daten, die im Rahmen des betrieblichen Eingliederungsmanagements verarbeitet werden, sowie Protokolle in einer von der Personalakte getrennten Akte aufbewahrt, auf die nur die Beteiligten des Integrationsteams und in deren Verhinderungsfall deren Vertreter Zugriff haben. Die BEM-Akte wird in einem verschlossenen Schrank beim Integrationsteam aufbewahrt. Der betroffene Beschäftigte hat jederzeit das Recht auf Einsichtnahme seiner BEM-Akte.

(2) Die im Rahmen des betrieblichen Eingliederungsmanagements erfassten medizinischen Daten müssen in einer von der Personalakte und BEM-Akte getrennten Akte aufbewahrt werden, auf die nur der Betriebsarzt und der betroffene Beschäftigte Zugriff haben.

(3) Nicht in der BEM-Akte, sondern in der Personalakte werden aufbewahrt:
- das Informationsschreiben zur Einleitung des BEM;
- das Antwortschreiben und die Zustimmungserklärungen der/des Beschäftigten, sowie ein etwaiger Widerruf;
- die Verpflichtungserklärungen auf den Datenschutz;

- Verweigert der Arbeitgeber die Umsetzung einer durch das Integrationsteam mit Zustimmung des Beschäftigten beschlossenen Maßnahme, ist dies ebenfalls in der Personalakte zu vermerken.

(4) Die BEM-Akte wird drei Jahre nach Abschluss des konkreten Eingliederungsmanagements vernichtet. Gespeicherte Daten werden gelöscht. Der Beschäftigte hat die Möglichkeit, die in Papierform vorhandenen Dokumente im Vorfeld der beabsichtigten Vernichtung an sich zu nehmen. Er ist darauf 1 Monat vor dem Vernichtungstermin von der Arbeitgeberin hinzuweisen.

§ 6 Kontakt und Umgang mit den betroffenen Beschäftigten

(1) Beschäftigte, die wiederholt oder ununterbrochen in den letzten zwölf Monaten mehr als 42 Tage arbeitsunfähig erkrankt waren, werden zunächst schriftlich[379] über die Möglichkeit eines betrieblichen Eingliederungsmanagements informiert. Der Betriebsrat erhält von jedem Anschreiben eine Kopie.

(2) Soweit der betroffene Beschäftigte zustimmt, findet zunächst über die Ansprechperson ein erstes Gespräch zur Klärung und Abstimmung der Vorgehensweise statt. In diesem Gespräch wird der betroffene Beschäftigte über das betriebliche Eingliederungsmanagement, über die damit verbundenen Ziele und über die verschiedenen Möglichkeiten des weiteren Vorgehens informiert, wie z. B. Einschaltung von Ärzten, Schwerbehindertenvertretung und Integrationsamt.

(3) Kommen die Ansprechperson und der betroffene Beschäftigte darin zu dem Ergebnis, dass die Durchführung eines betrieblichen Eingliederungsmanagements nicht sinnvoll ist, vor allem, weil die Ursache der Arbeitsunfähigkeit offensichtlich auf eine nicht mit dem Arbeitsplatz im Zusammenhang stehende Bagatellkrankheit oder absehbare ausgeheilte Erkrankung zurückzuführen ist, stellt die Ansprechperson dieses Ergebnis mit Zustimmung des betroffenen Beschäftigten der Vorkommission zur Entscheidung vor. Bestätigt die Vorkommission diese Einschätzung, wird der Arbeitgeber darüber informiert, dass die Durchführung eines betrieblichen Eingliederungsmanagements nicht angezeigt ist. Auf Wunsch des betroffenen Beschäftigten kann diese Mitteilung mit Gründen versehen werden, die gemeinsam mit dem betroffenen Beschäftigten abzustimmen sind.

(4) Erklärt der betroffene Beschäftigte nicht sein Einverständnis mit der Durchführung eines grundsätzlich angezeigten betrieblichen Eingliederungsmanagements, ist dies zu dokumentieren. Der betroffene Beschäftigte ist darauf hinzuweisen, dass eine Mitteilung dieser Entscheidung zur Personalakte genommen wird. Auf Wunsch des betroffenen Beschäftigten

379 Siehe hierzu Kapitel V., Musterschreiben 1.

kann diese Mitteilung mit Gründen versehen werden, die mit dem betroffenen Beschäftigten abzustimmen sind.

(5) Erklärt der betroffene Beschäftigte sein Einverständnis mit der Durchführung des betrieblichen Eingliederungsmanagements, wird mit seiner Zustimmung der Fall dem Integrationsteam vorgestellt. Das Integrationsteam beauftragt sodann den Arbeitgeber, ein betriebliches Eingliederungsmanagement nach Maßgabe dieser Vereinbarung durchzuführen. Die Mitglieder des Integrationsteams klären mit dem betroffenen Beschäftigten, ob und welche Maßnahmen möglich und angezeigt sind, die in der Präambel genannten Zielsetzungen umzusetzen. Sie können sich dabei der in § 3 genannten nicht abschließenden Maßnahmen bedienen. Alle Beteiligten, auch der betroffene Beschäftigte, können Vorschläge unterbreiten, die alle in der BEM-Akte protokolliert werden. Die Vorschläge werden vom Integrationsteam zur weiteren Umsetzung dem Arbeitgeber übermittelt. Lehnt der Arbeitgeber die Umsetzung von Vorschlägen ab, ist dies ebenfalls in der BEM-Akte zu protokollieren. Vorschläge können ausnahmslos nur mit Zustimmung des betroffenen Beschäftigten umgesetzt werden. Soweit erforderlich können mit Zustimmung des betroffenen Beschäftigten weitere Beteiligte wie der Betriebsarzt, Rehabilitationsträger, z.B. die Berufsgenossenschaft, Integrationsämter beratend und unterstützend hinzugezogen werden.

(6) Auf Wunsch des betroffenen Beschäftigten kann auch eine externe Person seines Vertrauens (z.B. Familienangehörige, Lebenspartner, Rechtsanwalt) begleitend zum Verfahren des betrieblichen Eingliederungsmanagements hinzugezogen werden. Der betroffene Beschäftigte wird im Einladungsschreiben auf diese Möglichkeit ausdrücklich hingewiesen.

(7) Der betroffene Beschäftigte ist in jeder Phase der Durchführung des betrieblichen Eingliederungsmanagements berechtigt, seine Zustimmung zur weiteren Durchführung zu verweigern. Damit wird das betriebliche Eingliederungsmanagement beendet.

(8) Das betriebliche Eingliederungsmanagement wird im Übrigen beendet, wenn das Integrationsteam dies in Übereinstimmung mit dem betroffenen Beschäftigten feststellt. Dies ist im Einzelfall ist vom Integrationsteam in Abstimmung mit dem betroffenen Beschäftigten zu dokumentieren.

(9) Nach Ablauf von vier Monaten nach dem dokumentierten Abschluss überprüft das Integrationsteam, ob die getroffenen Maßnahmen den angestrebten Erfolg weiterhin verwirklicht haben. Werden Missstände in den Abläufen festgestellt, nimmt das Integrationsteam die Steuerung des Prozesses mit Zustimmung des betroffenen Beschäftigten wieder auf.

(10) Gespräche im Rahmen des betrieblichen Eingliederungsmanagements finden in Präsenz statt. Sie können nur auf ausdrücklichen Wunsch des Beschäftigten digital durchgeführt werden. In diesem Fall muss der Arbeitgeber für eine ausreichende technische Ausstattung aller Beteiligten und soweit erforderlich für eine Einweisung in die technische Handhabung

des Konferenztools sowie eine ausreichende datenschutzrechtliche Absicherung der digital geführten Gespräche Sorge tragen, die den Anforderungen der Betriebsvereinbarung xy entsprechen muss.[380] Am Verfahren nicht Beteiligte dürfen sich während des Gesprächs nicht in einem Raum mit den beteiligten Gesprächspartnern aufhalten. Eine Aufzeichnung der Gespräche ist verboten.

§ 7 Missbrauchsverbot und Vertrauensschutz

(1) Eine Weigerung des betroffenen Beschäftigten, der Durchführung eines betrieblichen Eingliederungsmanagements zuzustimmen, darf nicht zu seinen Lasten gewertet werden. Es ist vor allem unzulässig, hieraus arbeitsrechtliche Konsequenzen zu ziehen.

(2) Die im Rahmen des betrieblichen Eingliederungsmanagements erhobenen Daten dürfen ausschließlich für die in der Präambel dieser Vereinbarung genannten Ziele verwendet werden. Zu anderen Zwecken ist ihre Verwendung untersagt.

§ 8 Qualifizierung der Vorgesetzten

Vorgesetzte haben eine besondere Verantwortung für die Gesunderhaltung ihrer Mitarbeiter.

Um sie für die Möglichkeiten und Aufgaben eines betrieblichen Eingliederungsmanagements zu sensibilisieren, werden alle Führungskräfte[381] verpflichtet, an einer mindestens eintägigen Schulungsveranstaltung pro Jahr mit Inkrafttreten dieser Vereinbarung über die rechtlichen Regelungen und neuesten Entwicklungen auf dem Gebiet des betrieblichen Eingliederungsmanagements teilzunehmen.

§ 9 Zielerreichung

Der Arbeitgeber berät einmal jährlich mit dem Betriebsrat und der Schwerbehindertenvertretung, ob und in welchem Umfang die mit dieser Vereinbarung verfolgten Ziele erreicht wurden oder ggf. verbessert werden müssen.

Der Arbeitgeber stellt sicher, dass die Belegschaft regelmäßig über die Aufgaben des Integrationsteams und die Erreichung der Ziele dieser Vereinbarung informiert wird.

§ 10 Streitigkeiten

Erzielen die Parteien dieser Vereinbarung über deren Anwendung und Auslegung keine Einigkeit, entscheidet die Einigungsstelle gem. § 76 BetrVG. Sie

---

380 Hier ggf. auf entsprechende den Datenschutz betreffende betriebliche Regelungen verweisen; existieren diese nicht, müssen die datenschutzrechtlichen Vorgaben näher geregelt werden.

381 Hier genau definieren, welche Mitarbeiter in diesem Sinne als Führungskräfte gelten.

besteht aus je drei Beisitzern seitens des Arbeitgebers sowie drei Beisitzern auf Seiten der Interessenvertretungen und einem unparteiischen Einigungsstellenvorsitzenden, auf den sich die Parteien verständigen müssen.

§ 11 Geltungsdauer
Diese Vereinbarung tritt am … 20.. in Kraft. Sie kann von jeder Seite unter Einhaltung einer Frist von drei Monaten zum Quartalsende schriftlich gekündigt werden.
Sie wirkt bis zum Abschluss einer neuen Vereinbarung nach.
Soweit Betriebsvereinbarungen zum Führen von Krankenrückkehrgesprächen vor Inkrafttreten dieser Vereinbarung abgeschlossen worden sind, verlieren diese mit dieser Betriebsvereinbarung zum betrieblichen Eingliederungsmanagement ihre Wirksamkeit und werden einvernehmlich aufgehoben.

(Ort), den

Für den Arbeitgeber	für den Betriebsrat	für die Schwerbehindertenvertretung
______________	______________	______________
(Name)	(Name)	(Name)

b. BEM-Verfahren ohne Integrationsteam

Der nachfolgende Entwurf einer Betriebsvereinbarung kann insbesondere in Verhandlungssituationen Grundlage werden, in denen sich die Möglichkeit einer einvernehmlichen Betriebsvereinbarung mit optimalen weitergehenden Regelungsinhalten nicht abzeichnet.

Betriebsvereinbarung zwischen

der XY-GmbH, gesetzlich vertreten durch den Geschäftsführer, Herrn …, im Folgenden Arbeitgeberin genannt
und
dem Betriebsrat, vertreten durch die Betriebsratsvorsitzende, Frau …

Präambel
Arbeitgeberin, Betriebsrat und Schwerbehindertenvertretung stimmen darin überein, dass es das gemeinsame Ziel ist, die Gesundheit der Mitarbeiter zu erhalten und zu fördern. Zu diesem Zweck wird gem. § 167 Abs. 2 SGB IX ein betriebliches Eingliederungsmanagement mit folgenden Zielsetzungen eingeführt:

- Vorbeugung und Überwindung von Arbeitsunfähigkeitszeiten
- Vermeidung chronischer Krankheiten und Behinderungen
- Aufrechterhalten der Teilhabe am Erwerbsleben und Vermeiden krankheitsbedingter Kündigungen.

§ 1 Geltungsbereich

Das betriebliche Eingliederungsmanagement gilt für Beschäftigte, die innerhalb von zwölf Monaten länger als 42 Tage wiederholt oder ununterbrochen arbeitsunfähig erkrankt sind. Unabhängig vom zeitlichen Anwendungsbereich eines betrieblichen Eingliederungsmanagements ist das Führen sogenannter Krankenrückkehrgespräche unzulässig.

§ 2 Auswahl der vom Geltungsbereich erfassten Beschäftigten

(1) Die Arbeitgeberin (Personalabteilung) führt eine fortlaufende Krankenstatistik, in der die Arbeitsunfähigkeitszeiten aller namentlich bezeichneten Beschäftigten für die jeweils zurückliegenden 12 Monate erfasst werden.

(2) Der Betriebsrat erhält zum jeweils ersten Werktag eines Quartals (alternativ: monatlich, alle zwei Monate, jeweils zum ersten Werktag) unaufgefordert einen Ausdruck der zu Absatz 1 genannten Statistik.

§ 3 Kontaktaufnahme mit den betroffenen Beschäftigten

(1) Beschäftigte, die wiederholt oder ununterbrochen in den letzten zwölf Monaten mehr als 42 Tage arbeitsunfähig erkrankt waren, werden von der Arbeitgeberin zunächst schriftlich[382] auf Basis des als Anlage 1 (vgl. Anmerkung 1) zu dieser Betriebsvereinbarung beigefügten Anschreibens über die Möglichkeit eines betrieblichen Eingliederungsmanagements informiert. Der Betriebsrat erhält von jedem Anschreiben eine Kopie. Der Beschäftigte kann zur Stellungnahme das als Anlage 2 zu dieser Betriebsvereinbarung beigefügte formalisierte Antwortschreiben nutzen (vgl. Anmerkung 2).

(2) Auf Wunsch des betroffenen Beschäftigten kann auch eine externe Person seines Vertrauens (z. B. Familienangehörige, Lebenspartner, Rechtsanwalt) begleitend zum Verfahren des betrieblichen Eingliederungsmanagements hinzugezogen werden. Der betroffene Beschäftigte wird im Einladungsschreiben auf diese Möglichkeit ausdrücklich hingewiesen.

(3) Benötigt der Beschäftigte für seine Entscheidung, ob er ein betriebliches Eingliederungsmanagement durchführen will, vorab ein unverbindliches informatorisches Gespräch über die Ziele, Inhalte und den Ablauf eines betrieblichen Eingliederungsmanagements, kann er sich hierzu an die Arbeitgeberin oder den Betriebsrat wenden, im Fall von Schwerbehinderten oder ihnen gleichgestellten Beschäftigten kann er sich auch an die Schwerbehindertenvertretung wenden.

---

382 Siehe hierzu Kapitel V., Musterschreiben 1.

(4) Gespräche im Rahmen des betrieblichen Eingliederungsmanagements finden in Präsenz statt. Sie können nur auf ausdrücklichen Wunsch des Beschäftigten digital durchgeführt werden. In diesem Fall muss der Arbeitgeber für eine ausreichende technische Ausstattung aller Beteiligten und soweit erforderlich für eine Einweisung in die technische Handhabung des Konferenztools sowie eine ausreichende datenschutzrechtliche Absicherung der digital geführten Gespräche Sorge tragen, die den Anforderungen der Betriebsvereinbarung xy entsprechen muss.[383] Am Verfahren nicht Beteiligte dürfen sich während des Gesprächs nicht in einem Raum mit den beteiligten Gesprächspartnern aufhalten. Eine Aufzeichnung der Gespräche ist verboten.

§ 4 Durchführung des konkreten betrieblichen Eingliederungsmanagements (Fallmanagements) mit Betriebsrat und/oder Schwerbehindertenvertretung

(1) Hat der betroffene Beschäftigte der Durchführung des betrieblichen Eingliederungsmanagements unter Beteiligung des Betriebsrats zugestimmt, wird der Betriebsrat unverzüglich von der Arbeitgeberin darüber informiert. Der Betriebsrat benennt aus seiner Mitte zwei (alternativ drei, vier etc.) Betriebsratsmitglieder, die für ein einzelnes Fallmanagement zur Auswahl stehen. Der Beschäftigte sucht sich aus diesem Kreis ein Betriebsratsmitglied aus, das das einzelne Fallmanagement begleitet. Die Auswahl kann mittels des als Anlage 2 zu dieser Betriebsvereinbarung beigefügten formalisierten Antwortschreibens erfolgen. Für längere Verhinderungszeiten (mehr als 2 Wochen) wird ein Stellvertreter aus der Mitte des Betriebsrats benannt. Die Sätze 1–3 gelten entsprechend für die Schwerbehindertenvertretung, wenn der betroffene Beschäftigte schwerbehindert oder einem Schwerbehinderten gleichgestellt ist.

(2) Die Arbeitgeberin teilt mit der Information an den Betriebsrat und/oder die Schwerbehindertenvertretung gemäß Abs. 1 mit, welchen Mitarbeiter sie für die Begleitung des einzelnen Fallmanagements arbeitgeberseitig benennt und wer im Verhinderungsfall zuständig ist. Ein unmittelbarer Vorgesetzter des betroffenen Beschäftigten kann nur mit Einverständnis des Beschäftigten arbeitgeberseitig für die Durchführung des konkreten Fallmanagements beauftragt werden.

(3) Die Parteien dieser Betriebsvereinbarung stimmen darin überein, dass für ein konstruktives betriebliches Eingliederungsmanagement im Einzelfall die Kontinuität der personellen Besetzung des Fallmanagements von Bedeutung ist. Die benannten Beteiligten und ihre Vertreter dürfen daher

383 Hier ggf. auf entsprechende den Datenschutz betreffende betriebliche Regelungen verweisen; existieren diese nicht, müssen die datenschutzrechtlichen Vorgaben näher geregelt werden.

grundsätzlich nicht ausgewechselt werden. Ausnahmen sind nur im Einvernehmen aller Beteiligten möglich.

(4) Die benannten Vertreter von Betriebsrat und gegebenenfalls Schwerbehindertenvertretung übernehmen die koordinierende Leitung des einzelnen Fallmanagements, es sei denn, der Beschäftigte wünscht die Übernahme der Leitung durch den Vertreter der Arbeitgeberin.

(5) Die Leitung des konkreten Fallmanagements stimmt mit dem betroffenen Beschäftigten einen Termin für ein gemeinsames Gespräch unter Beteiligung der Vertreter von Betriebsrat und Arbeitgeberin sowie ggfs. Schwerbehindertenvertretung ab. Kommen die Beteiligten in diesem Gespräch zu dem Ergebnis, dass die weitere Durchführung eines betrieblichen Eingliederungsmanagements nicht erforderlich ist, wird dieses Ergebnis protokolliert. Dieses Ergebnis kann nicht gegen den Willen des Beschäftigten festgestellt werden.

(6) Die Beteiligten des Fallmanagements klären mit dem betroffenen Beschäftigten, ob und welche Maßnahmen möglich und angezeigt sind, die in der Präambel genannten Zielsetzungen umzusetzen. Sie können sich dabei des in § 6 genannten nicht abschließenden Maßnahmenkatalogs bedienen. Alle Beteiligten, auch der betroffene Beschäftigte, können Vorschläge unterbreiten, die alle in der BEM-Akte protokolliert werden. Die Vorschläge werden vom Leiter des Fallmanagements zur weiteren Umsetzung der Arbeitgeberin übermittelt. Lehnt die Arbeitgeberin die Umsetzung von Vorschlägen ab, ist dies ebenfalls in der BEM-Akte zu protokollieren. Vorschläge können ausnahmslos nur mit Zustimmung des betroffenen Beschäftigten umgesetzt werden. Soweit erforderlich können mit Zustimmung des betroffenen Beschäftigten weitere Beteiligte wie der Betriebsarzt, Rehabilitationsträger, z. B. die Berufsgenossenschaft, Integrationsämter beratend und unterstützend hinzugezogen werden.

(7) Sind hinsichtlich der vorgeschlagenen und umgesetzten Maßnahmen weitere Gesprächstermine erforderlich, stimmt die Leitung des konkreten Fallmanagements diese mit den Beteiligten ab. Dies gilt insbesondere für den Fall, dass die vorgesehenen Maßnahmen nicht greifen und alternative Maßnahmen erörtert werden sollen.

(8) Das BEM-Verfahren wird beendet, wenn
- der betroffene Beschäftigte eine weitere Durchführung ablehnt;
- die Beteiligten des konkreten Fallmanagements das Ende des betrieblichen Eingliederungsmanagements feststellen; abweichende Auffassungen zu dieser Feststellung müssen protokolliert werden.

Lehnt alleine die Arbeitgeberin die Fortführung ab, ist der Klärungsprozess erst dann abgeschlossen, wenn auch vom betroffenen Beschäftigten und den übrigen beteiligten Stellen keine ernsthaft weiterzuverfolgenden Ansätze für zielführende Präventionsmaßnahmen aufgezeigt wurden; Um dies abzuklären, ist ihnen seitens der Arbeitgeberin hierzu Gelegenheit binnen einer Frist von 3 Wochen zu geben. Die Entscheidung der Arbeitgeberin, das BEM-Verfahren zu beenden, wird ausdrücklich vermerkt.

§ 5 Durchführung des konkreten betrieblichen Eingliederungsmanagements (Fallmanagements) ohne Beteiligung des Betriebsrats

(1) Sollte der Beschäftigte die Beteiligung des Betriebsrats bei der Durchführung des konkreten betrieblichen Eingliederungsmanagements ablehnen, wird das Verfahren nur mit dem Vertreter der Arbeitgeberin und dem betroffenen Beschäftigten durchgeführt.

(2) Im Übrigen gelten die Bestimmungen des § 4 dieser Betriebsvereinbarung für die Durchführung des betrieblichen Eingliederungsmanagements entsprechend.

§ 6 Maßnahmenkatalog

(1) Mögliche Maßnahmen im Rahmen eines betrieblichen Eingliederungsmanagements können u.a. sein:
- Stufenweise Wiedereingliederung
- Umgestaltung des Arbeitsplatzes
- Befristete oder unbefristete Veränderungen der vertraglich vereinbarten Dauer oder Lage der Arbeitszeit
- Versetzungen
- Arbeits- und Belastungserprobung
- Schulungs- und/oder Qualifizierungsmaßnahmen
- Zuschüsse zu Arbeitshilfen
- Medizinische Leistungen zur Rehabilitation
- Leistungen zur Teilnahme am Arbeitsleben
- Unterstützungen durch das Integrationsamt

(2) Die Arbeitgeberin veranlasst die Umsetzung der Maßnahmen und stellt die erforderlichen Anträge.

(3) Gemäß der weiteren Zielsetzungen des betrieblichen Eingliederungsmanagements, Arbeitsunfähigkeit vorzubeugen, kommen als Maßnahmen des betrieblichen Eingliederungsmanagements auch präventive Maßnahmen in Betracht, die nicht an ein konkretes betriebliches Eingliederungsmanagement anknüpfen müssen, wie z.B.:
- Vermeidung von arbeitsbedingten Gesundheitsgefahren
- Gesundheitsförderungsmaßnahmen
- Filterung von Fehlbeanspruchungen

§ 7 Datenschutz

(1) Medizinisch-diagnostische Daten des Betriebsarztes, der behandelnden Ärzte des Beschäftigten, der Rehabilitationsträger und des Integrationsamtes, die Auskunft über den Gesundheitszustand und die damit in Verbindung stehende Leistungsfähigkeit des Beschäftigten geben, unter-

liegen der ärztlichen Schweigepflicht und den datenschutzrechtlichen Bestimmungen und können nur mit Einwilligung des Beschäftigten erhoben, verarbeitet oder genutzt werden. Sie sind getrennt von der Personalakte und der BEM-Akte (siehe § 8) in einer gesonderten Akte aufzubewahren, auf die nur der Betriebsarzt und der betroffene Beschäftigte Zugriff haben.

(2) Soweit bei Maßnahmen im Rahmen des betrieblichen Eingliederungsmanagements Erklärungen zur Entbindung von der ärztlichen Schweigepflicht erforderlich werden, sind diese auf den im Einzelfall erforderlichen Umfang zu beschränken. Der Beschäftigten bleibt das Recht vorbehalten, die Erklärungen nicht oder nur in einem von ihm gewünschten Umfang abzugeben.

(3) Die Beteiligten des konkreten Fallmanagements, die seitens des Betriebsrats, der Schwerbehindertenvertretung sowie der Arbeitgeberin benannt sind, sind zur Verschwiegenheit verpflichtet, es sei denn, sie sind aufgrund gesetzlicher Regelungen, behördlicher oder gerichtlicher Anordnungen zur Auskunft verpflichtet. Die Beteiligten unterzeichnen für das konkrete Fallmanagement eine gesonderte Verpflichtungserklärung zum Datenschutz. Die Verpflichtungserklärung erfolgt gemäß der als Anlage 2 zu dieser Betriebsvereinbarung beigefügten Textvorlage (vgl. Anmerkung 3).

(4) Das Erheben, Speichern und Übermitteln personenbezogener Daten im Rahmen des betrieblichen Eingliederungsmanagements erfordert die Einwilligung des betroffenen Beschäftigten, die jederzeit widerrufen werden kann. Im Falle des Widerrufs sind die nicht mehr erforderlichen Daten zu löschen. Ausgenommen hiervon sind die in der Personalakte (siehe § 8) aufzubewahrenden Dokumente.

§ 8 BEM-Akte und Personalakte

(1) Zum Schutze der Beschäftigten werden Daten, die im Rahmen des betrieblichen Eingliederungsmanagements verarbeitet werden, sowie Protokolle in einer von der Personalakte getrennten Akte aufbewahrt, auf die nur die Beteiligten des konkreten Fallmanagements und in deren Verhinderungsfall deren Vertreter Zugriff haben. Die BEM-Akte wird in einem verschlossenen Umschlag in der Personalabteilung aufbewahrt. Die Beteiligten des konkreten Fallmanagements haben jederzeit die Möglichkeit, Zugriff auf die Akte zu nehmen. Der Zugriff muss mit Angabe von Datum, Name und Unterschrift auf dem Umschlag vermerkt werden. Der betroffene Beschäftigte hat jederzeit das Recht auf Einsichtnahme seiner BEM-Akte.

(2) Die im Rahmen des betrieblichen Eingliederungsmanagements von den Beteiligten des konkreten Fallmanagements erfassten medizinischen Daten müssen in einer von der Personalakte und BEM-Akte getrennten Akte aufbewahrt werden, auf die nur der Betriebsarzt und der betroffene Beschäftigte Zugriff haben (siehe § 7 Abs. 1).

(3) Nicht in der BEM-Akte, sondern in der Personalakte werden aufbewahrt:
- das Informationsschreiben zur Einleitung des BEM;
- das Antwortschreiben und die Zustimmungserklärungen der/des Beschäftigten, sowie ein etwaiger Widerruf;
- die Verpflichtungserklärungen auf den Datenschutz;
- Verweigert die Arbeitgeberin die Umsetzung einer durch die Beteiligten des konkreten Eingliederungsmanagements mit Zustimmung des Beschäftigten beschlossenen Maßnahme, ist dies ebenfalls in der Personalakte zu vermerken.

(4) Die BEM-Akte wird drei Jahre nach Abschluss des konkreten Eingliederungsmanagements vernichtet. Gespeicherte Daten werden gelöscht. Der Beschäftigte hat die Möglichkeit, die in Papierform vorhandenen Dokumente im Vorfeld der beabsichtigten Vernichtung an sich zu nehmen. Er ist darauf 1 Monat vor dem Vernichtungstermin von der Arbeitgeberin hinzuweisen.

§ 9 Missbrauchsverbot und Vertrauensschutz

(1) Eine Weigerung des betroffenen Beschäftigten, der Durchführung eines betrieblichen Eingliederungsmanagements zuzustimmen, darf nicht zu seinen Lasten gewertet werden. Es ist vor allem unzulässig, hieraus arbeitsrechtliche Konsequenzen zu ziehen.

(2) Die im Rahmen des betrieblichen Eingliederungsmanagements erhobenen Daten dürfen ausschließlich für die in der Präambel dieser Vereinbarung genannten Ziele verwendet werden. Zu anderen Zwecken ist ihre Verwendung untersagt.

§ 10 Geltungsdauer

Diese Vereinbarung tritt am … 20.. in Kraft. Sie kann von jeder Seite unter Einhaltung einer Frist von drei Monaten zum Quartalsende schriftlich gekündigt werden.
Sie wirkt bis zum Abschluss einer neuen Vereinbarung nach.
Soweit Betriebsvereinbarungen zum Führen von Krankenrückkehrgesprächen vor Inkrafttreten dieser Vereinbarung abgeschlossen worden sind, verlieren diese mit dieser Betriebsvereinbarung zum betrieblichen Eingliederungsmanagement ihre Wirksamkeit und werden einvernehmlich aufgehoben.

(Ort), den

Für die Arbeitgeberin	für den Betriebsrat
____________________	____________________
(Name)	(Name)

Anmerkungen:

Anmerkung 1

Das Musterschreiben 1 muss auf diese Betriebsvereinbarung insoweit angepasst werden, als die Passagen betreffend ein Integrationsteam durch ein konkretes Fallmanagement ersetzt werden.

Anmerkung 2

Das Musterschreiben 1. a. muss auf diese Betriebsvereinbarung insoweit angepasst werden, als die Passagen betreffend ein Integrationsteam durch ein konkretes Fallmanagement ersetzt werden.

Anmerkung 3

Siehe das Musterschreiben 1. b. (Datenschutzerklärung)

Anmerkung 4

Sofern im Betrieb bislang keine betrieblichen Regelungen zum Führen von Krankenrückkehrgesprächen existieren, empfiehlt sich bei beiden Entwürfen für eine Betriebsvereinbarung die Aufnahme einer separaten Regelung wie folgt:

§ xy Führen von Krankenrückkehrgesprächen

(1) Um die Vertrauensbildung der Arbeitnehmer in das BEM-Verfahren zu stärken und Abgrenzungsschwierigkeiten zu vermeiden, sind sich die Betriebsparteien darüber einig, dass das Führen von formalisierten Krankenrückkehrgesprächen in den Unternehmen ausgeschlossen wird.

(2) Formalisierte Krankenrückkehrgespräche' im Sinne dieser Betriebsvereinbarung sind Gespräche, die die Arbeitgeberin, der Vorgesetzte, eine Führungskraft oder eine sonstige von der Arbeitgeberin beauftragte Person (z. B. Mitarbeiter der Personalabteilung, externe Sozialarbeiter) mit Arbeitnehmern des Betriebs nach deren Rückkehr aus krankheitsbedingten Fehlzeiten führen und die – möglichweise neben anderen Zielen – auch dem Ziel dienen, die durch die Arbeitgeberin beeinflussbaren Ursachen der krankheitsbedingten Fehlzeiten zu ermitteln und/oder zu senken, ohne dass der durch diese Betriebsvereinbarung vereinbarte Prozess Berücksichtigung findet.

Einzelheiten hierzu siehe unter Kapitel I. 5. c.

4. Maßnahmen im Rahmen eines betrieblichen Eingliederungsmanagements

Die Möglichkeiten für Hilfestellungen im Rahmen eines betrieblichen Eingliederungsmanagements sind vielfältig. Die nachfolgende Übersicht soll – ohne Anspruch auf Vollständigkeit – dazu beitragen, für den individuellen BEM-Fall geeignete Maßnahmen zu finden. Eine Darstellung mit Praxisbezug zu konkreten Fallbeispielen findet sich bei Habib, BEM – Wiedereingliederung in kleinen und mittleren Betrieben, S. 74ff.

Arbeits- und Gesundheitsschutz

Maßnahme	Leistungen an Beschäftigte/n	Leistungen an Arbeitgeber	Rechtliche Grundlagen
Änderung der Arbeitsmittel	Arbeitsmittel nach gesicherten arbeitswissenschaftlichen Erkenntnissen vom Arbeitgeber		z.B. §§ 3ff. ArbSchG; § 167 Abs. 2 SGB IX
Änderung der Arbeitsorganisation			§ 3 ArbSchG; § 167 Abs. 2 SGB IX
Anschaffung geeigneter Arbeitsmittel	Einweisung und Unterweisung durch den Arbeitgeber		§ 3 ArbSchG; § 12 BetrSichV; § 167 Abs. 2 SGB IX
Berufskrankheitenanzeige	Berufskrankheitenrente/Verletztenrente vom Unfallversicherungsträger		
(»BG-Rente«)		§§ 56–60 SGB VII; § 167 Abs. 2 SGB IX	

Maßnahmen im Rahmen eines betrieblichen Eingliederungsmanagements

Technische Hilfen

Maßnahme	Leistungen an Beschäftigte/n	Leistungen an Arbeitgeber	Rechtliche Grundlagen
Arbeitsausstattung mit behindertengerechten Hilfsmitteln, z. B. Sehhilfen	Leistungen zur Teilhabe am Arbeitsleben vom Rententräger		§§ 49, 167 Abs. 2 SGB IX
Behindertengerechte Arbeitsplatzgestaltung bei schwerbehinderten und ihnen gleichgestellten Beschäftigten	Leistungen zum Erhalt des Arbeitsplatzes vom Integrationsamt	Darlehen und Zuschüsse	Schwerbehinderten-Ausgleichsabgabe-VO; § 167 Abs. 2 SGB IX
Technische Hilfen, z. B. Hörgeräte	Finanzierung durch die Krankenkasse		§ 33 SGB V; § 167 Abs. 2 SGB IX

Leistungen zur Teilhabe am Arbeitsleben

Maßnahme	Leistungen an Beschäftigte/n	Leistungen an Arbeitgeber	Rechtliche Grundlagen
Weiterbildungsmaßnahme	Finanzierung der Qualifizierungsmaßnahme vom Rententräger	Eingliederungszuschuss	§§ 14, 49, 50, 167 Abs. 2 SGB IX
Minderleistungsausgleich		Leistungen zum Ausgleich der Minderleistung eines schwerbehinderten Beschäftigten	§ 27 Schwerbehinderten-Ausgleichsabgabe VO; § 167 Abs. 2, 185 Abs. 3 Nr. 2e) SGB IX
Probebeschäftigung		Kostenerstattung eines Probearbeitsverhältnisses	§§ 50 Abs. 1 Nr. 4; 167 Abs. 2 SGB IX

Begleitende Hilfen im Arbeitsleben

Maßnahme	Leistungen an Beschäftigte/n	Leistungen an Arbeitgeber	Rechtliche Grundlagen
Arbeitsassistenz	Leistungen des Integrationsamtes zur Finanzierung einer Arbeitsassistenz		§§ 185 Abs. 4, 49 Abs. 8 Nr. 3, 167 Abs. 2 SGB IX
Psychosoziale Betreuung	Leistungen zur Bewältigung besonders belastender Situationen vom Integrationsamt		§§ 185 Abs. 1 Nr. 3, 167 Abs. 2 SGB IX

Rehabilitationsmaßnahmen

Maßnahme	Leistungen an Beschäftigte/n	Leistungen an Arbeitgeber	Rechtliche Grundlagen
Medizinische berufsorientierte ambulante Reha-Maßnahmen (MBOR)	Übergangsgeld während der Maßnahme vom Rententräger		§§ 64, 65; 167 Abs. 2 SGB IX; §§ 20, 21 SGB VI
Berufliche Rehabilitation	Übergangsgeld während der Maßnahme vom Rententräger		§§ 49, 51, 66, 167 Abs. 2 SGB IX; §§ 20, 21 SGB VI

V. Musterschreiben

1. Anschreiben an langzeitig oder mehrfach erkrankte Arbeitnehmer

Firma ABC
Integrationsteam
(vgl. *Anmerkung 1*) –
Bahnhofstr. 1
(Ort)

Herrn ...
Kirchstr. 1
(Ort)

(Ort), den ...

Sehr geehrter Herr ...,

Sie sind inzwischen länger als sechs Wochen ununterbrochen arbeitsunfähig (vgl. *Anmerkung 2*). Wir wünschen Ihnen auf diesem Weg zunächst einmal gute Besserung.

Die Ursachen Ihrer Arbeitsunfähigkeit sind uns nicht bekannt. Wir möchten mit diesem Schreiben anfragen, ob nach Ihrem Eindruck Ihr Arbeitsplatz, Ihre Arbeitstätigkeit oder Ihr Arbeitsumfeld so verändert werden könnte, dass durch bestimmte Maßnahmen, Leistungen oder Hilfen einer erneuten oder fortbestehenden Arbeitsunfähigkeit entgegengewirkt werden kann. Es besteht durch die gesetzliche Regelung des § 167 Abs. 2 SGB IX die Pflicht des Arbeitgebers, Ihnen die Möglichkeiten eines betrieblichen Eingliederungsmanagements mit den zuvor beschriebenen Zielen anzubieten. In diesem ergebnisoffenen Verfahren können Sie auch eigene Vorschläge einbringen.

Wir weisen darauf hin, dass Sie nicht verpflichtet sind, das Angebot der Durchführung eines betrieblichen Eingliederungsmanagements anzunehmen.

Zur Wahrnehmung eines ersten Gesprächsangebots stehen folgende Ansprechpartner zur Verfügung:

- Frau …, Herr … oder Frau … als zuständige Ansprechpartner unseres Integrationsteams, Tel.-Nr. … (vgl. *Anmerkung 3*)
- Ein Mitglied des Betriebsrats, Tel.-Nr. …

Für den Fall, dass Sie schwerbehindert sind oder wissen wollen, wie man die Anerkennung als Schwerbehinderter erhält, können Sie außerdem zum Vertrauensmann unserer Schwerbehindertenvertretung, Herrn …, Tel.-Nr. … Kontakt aufnehmen.

Sämtliche Ansprechpartner unterliegen der Schweigepflicht über den Inhalt des Gesprächs. Es wird lediglich im Ergebnis festgehalten, ob Sie mit der Klärung von Möglichkeiten innerhalb des Betriebs zur Behebung und Vorbeugung der Arbeitsunfähigkeit einverstanden sind. Sollten Sie damit einverstanden sein, werden auch alle weiteren Maßnahmen jeweils nur mit Ihrer Zustimmung erfolgen. Eine Weitergabe von Daten an Dritte, die im Rahmen des betrieblichen Eingliederungsmanagements erhoben werden, erfolgt ebenfalls nur mit ihrer Zustimmung.

Sofern Sie dies wünschen, können Sie sich auch durch eine externe Person Ihres Vertrauens (z. B. Familienangehörige, Lebenspartner, Rechtsanwalt) im Verfahren des betrieblichen Eingliederungsmanagements begleiten lassen.

Wir weisen darauf hin, dass im Rahmen des betrieblichen Eingliederungsmanagements personenbezogene Daten erhoben, gespeichert, verarbeitet und genutzt werden können. Zu den personenbezogenen Daten gehören auch gesundheitsbezogene Daten. Dies erfolgt ausschließlich zum Zweck der Durchführung des betrieblichen Eingliederungsmanagements. Wir führen dazu von der Personalakte getrennte BEM-Akten. Ihre Gesundheitsdaten werden in einer Akte geführt, auf die ausschließlich Sie und der Betriebsarzt Zugriff haben.

Sie können zur Beantwortung dieses Schreibens gerne das beigefügte Formblatt (vgl. *Anmerkung 4*) benutzen. Sollten Sie eine Beteiligung des Betriebsrats weder durch Frau/Herrn … noch ein anderes Mitglied des Betriebsrats wünschen, bitten wir Sie, dies ausdrücklich in Ihrem Antwortschreiben zu vermerken.

Sollten Sie sich nicht melden, gehen wir davon aus, dass sich die Angelegenheit erledigt hat. Betrachten Sie dieses Schreiben dann bitte als gegenstandslos.

Zu Ihrer Information fügen wir als weitere Anlagen unsere Merkblätter über Rechte und Pflichten im Krankheitsfall (vgl. *Anmerkung 5*) bei sowie spezielle Informationen zur Datenerhebung und -auswertung im Rahmen des betrieblichen Eingliederungsmanagements (vgl. *Anmerkung 6*).

Mit freundlichen Grüßen

– für das Integrationsteam (vgl. *Anmerkung 7*) –

Anmerkungen:

Anmerkung 1

Soweit ein Integrationsteam nicht gebildet wurde, kann als Absender auch der Arbeitgeber auftreten.

Anmerkung 2

Alternativ: Sie waren innerhalb der letzten zwölf Monate mehr als 42 Tage arbeitsunfähig erkrankt.

Anmerkung 3

Entfällt, soweit kein Integrationsteam gebildet wurde.

Anmerkung 4

Siehe Musterschreiben 1. a.

Anmerkung 5

Siehe Merkblatt zu Rechten und Pflichten im Krankheitsfall, Kapitel IV. 1.

Anmerkung 6

Siehe Datenblatt zu Datenerhebung und -auswertung, Kapitel IV. 2.

Anmerkung 7

Soweit ein Integrationsteam nicht gebildet wurde, kann als Unterzeichner auch der Arbeitgeber auftreten.

a. Formalisiertes Antwortschreiben zum Einladungsschreiben

Rückmeldebogen Beratungsangebot zum betrieblichen Eingliederungsmanagement (BEM)

Name, Vorname:

Geburtsdatum:

Ich bin an einem betrieblichen Eingliederungsmanagement interessiert:

☐ ja
☐ nein
Begründung (freiwillige Angabe): ______________________________
____
☐ zu einem späteren Zeitpunkt, voraussichtlich ab ________________

Wenn ja:

☐ Ich wähle als Mitglied des Betriebsrates im Integrationsteam:
☐ ________ Beauftragte/-r des Betriebsrates
oder
☐ ________ Beauftragte/-r des Betriebsrates

oder

☐ ________ Beauftragte/-r des Betriebsrates

☐ Ich bin schwerbehindert/gleichgestellt und möchte zusätzlich, dass die Schwerbehindertenvertretung am BEM-Verfahren teilnimmt.

Weitere Angaben (z. B. im Fall fehlender Einwilligung zur Beteiligung eines Betriebsratsmitglieds), soweit von Ihnen gewünscht:

____

____

____

____

Datum, Unterschrift

b. Datenschutzerklärung

Während das BDSG **in § 5 BDSG a. F.** noch ausdrücklich forderte, die Personen, die mit der Datenverarbeitung beschäftigt sind, auf das Datengeheimnis zu verpflichten, fehlt ein solches Gebot in der EU-DSGVO und **im neuen BDSG.** Lediglich für Personen, die für öffentliche Stellen tätig sind, die für die Verhütung, Ermittlung, Aufdeckung, Verfolgung oder Ahndung von Straftaten oder Ordnungswidrigkeiten zuständig sind, ist eine Verpflichtung auf das Datengeheimnis in § 53 BDSG-neu vorgesehen. Die EU-DSGVO enthält in Art. 32 Abs. 4 und Art. 29 allerdings organisatorische Vorgaben für Verantwortliche und deren Beschäftigte zur Beachtung und Einhaltung des Datenschutzrechts.[384]
Das nachfolgende Beispiel einer Verpflichtungserklärung erhebt keinen Anspruch auf Vollständigkeit. Auf das jeweilige Unternehmen zugeschnittene Verpflichtungserklärungen sollten mit dem Datenschutzbeauftragten abgestimmt werden.

Verpflichtungserklärung

betreffend Verfahren des betrieblichen Eingliederungsmanagements des/der Beschäftigten ____

Ich bin als Vertreter/in des Betriebsrats/der Schwerbehindertenvertretung/der Arbeitgeberin (unzutreffendes streichen) zur Begleitung des o. g. betrieblichen Eingliederungsmanagements benannt worden.

384 Auernhammer-*Oberbeck*, § 53 BDSG, Rn. 4.

Mir ist bekannt, dass für das Verfahren des betrieblichen Eingliederungsmanagements die Datenschutzvorschriften, u.a. die Vorschriften des Art. 5, 9 und Art. 32 Abs. 4 EU-DSGVO gelten. Mir ist bekannt, dass Gesundheitsdaten besondere personenbezogene Daten sind und ich ausschließlich auf Weisung des Arbeitgebers personenbezogene Daten verarbeiten darf. Ich bin darüber belehrt worden, dass ich personenbezogene Daten selbst nicht ohne Befugnis verarbeiten und anderen Personen diese Daten nicht unbefugt mitteilen oder zugänglich machen darf.

Ich wurde darauf hingewiesen, dass
- ich verpflichtet bin, das Datengeheimnis zu wahren;
- diese Verpflichtung über das Ende meiner Tätigkeit in diesem Unternehmen hinaus wirkt;
- Verstöße gegen das Datengeheimnis gemäß § 42 BDSG-neu und anderen Strafvorschriften mit Geld- oder Freiheitsstrafe geahndet werden können.

Die Gesetzestexte der Art. 5, 9 und 32 EU-DSGVO sowie des § 42 BDSG-neu wurden mir mit dieser Verpflichtungserklärung ausgehändigt.

Ort, Datum Unterschrift

2. Widerspruch des Betriebsrats gegen eine Kündigung aus krankheitsbedingten Gründen gem. § 102 Abs. 2 BetrVG

Der Betriebsrat
der Firma ABC

An die Geschäftsleitung
im Hause

(Ort), den …

Beabsichtigte fristgerechte Kündigung des Herrn …,

Sehr geehrte Damen und Herren,

hiermit geben wir zur Kenntnis, dass der Betriebsrat in seiner Sitzung vom … beschlossen hat, der von Ihnen beabsichtigten ordentlichen Kündigung des Herrn … aus krankheitsbedingten Gründen zu widersprechen.
Begründung:
Herr … ist bereits seit 15 Jahren für den Betrieb tätig. Bis auf die krankheitsbedingten Fehlzeiten des vergangenen Jahres sind Ausfallzeiten von Herrn … in

nicht nennenswertem Umfang aufgetreten. Ein erheblicher Anteil der jetzt in Rede stehenden Fehlzeiten des Kollegen ... ist darüber hinaus auf die Tatsache zurückzuführen, dass Herr ... im letzten Jahr einen Arbeitsunfall erlitt. Diese Erwägungen müssen im Rahmen der erforderlichen Interessenabwägung berücksichtigt werden, so dass wir ein überwiegendes schutzwürdiges Interesse des Herrn ... an der Fortsetzung des Arbeitsverhältnisses sehen.
Darüber hinaus dürfte die Kündigung auch unverhältnismäßig sein. Herr ... ist in den letzten zwölf Monaten insgesamt 48 Tage wegen Arbeitsunfähigkeit ausgefallen. In diesem Fall trifft den Arbeitgeber gem. § 167 Abs. 2 SGB IX die Verpflichtung zu klären, ob es Möglichkeiten gibt, die Arbeitsunfähigkeit zu überwinden, bzw. mit welchen Leistungen oder Hilfen erneuter Arbeitsunfähigkeit vorgebeugt und der Arbeitsplatz erhalten bleiben kann (betriebliches Eingliederungsmanagement). Nach den uns vorliegenden Informationen haben Sie keine Schritte im vorgenannten Sinne unternommen. Eine Kündigung aus krankheitsbedingten Gründen wäre daher auch aus diesem Grunde zu beanstanden.

Mit freundlichen Grüßen

Der Betriebsrat

3. Widerspruch des Betriebsrats gegen eine Kündigung aus krankheitsbedingten Gründen gem. § 102 Abs. 3 Nr. 3 BetrVG

Der Betriebsrat
der Firma ABC

An die Geschäftsleitung
im Hause

(Ort), den ...

Beabsichtigte fristgerechte Kündigung des Herrn ...,

Sehr geehrte Damen und Herren,

hiermit geben wir zur Kenntnis, dass der Betriebsrat in seiner Sitzung vom ... beschlossen hat, der von Ihnen beabsichtigten ordentlichen Kündigung des Herrn ... aus krankheitsbedingten Gründen zu widersprechen.
Begründung:
Wir widersprechen der Kündigung, da Herr ... gem. § 102 Abs. 3 Nr. 3 BetrVG an einem anderen Arbeitsplatz in unserem Betrieb weiterbeschäftigt werden

kann. Die seit längerem andauernde Arbeitsunfähigkeit des Herrn ... ist maßgeblich darauf zurückzuführen, dass Herr ... sich bei seiner jetzigen Tätigkeit im Lager ein Rückenleiden aufgrund des Hebens von schweren Lasten zuzog. Ein Arbeitsplatz ohne diese körperliche Beanspruchung wäre für Herrn ... ohne weiteres auszuführen. Eine derartige Beschäftigungsmöglichkeit sehen wir z. B. in der Torkontrolle. Der u. a. dort beschäftigte Kollege ... wird nach unserer Kenntnis mit Ablauf des nächsten Monats im Rahmen seiner Altersteilzeit im Blockmodell in die Freizeitphase wechseln. Der Arbeitsplatz von Herrn ... ist bislang nicht anderweitig besetzt.
Im Rahmen der Ihnen nach § 167 Abs. 2 SGB IX zukommenden Verpflichtung, Möglichkeiten zu finden, um einer erneuten Arbeitsunfähigkeit vorzubeugen, müssen Sie die oben angesprochene anderweitige Beschäftigungsmöglichkeit von Herrn ... prüfen.
Sollten Sie unsere Einwände ohne weitere Prüfung unberücksichtigt lassen und eine Kündigung aussprechen, werden wir Herrn ... ausdrücklich auf seinen Weiterbeschäftigungsanspruch nach § 102 Abs. 5 BetrVG hinweisen und ihn bei seiner Rechtsverfolgung in jeder Hinsicht unterstützen.

Mit freundlichen Grüßen

Der Betriebsrat

4. Androhung eines allgemeinen Unterlassungsverfahrens bei Durchführung eines betrieblichen Eingliederungsmanagements durch den Arbeitgeber ohne Beteiligung des Betriebsrats

Der Betriebsrat
der Firma ABC

An die Geschäftsleitung
im Hause

(Ort), den ...

Androhung eines gerichtlichen Unterlassungsverfahrens (vgl. *Anmerkung 1)*

Sehr geehrte Damen und Herren,
der Betriebsrat hat in Erfahrung gebracht, dass im Fall von zehn Arbeitnehmern, nämlich Frau A., Frau B., Herrn D., Herrn K., Frau F., Frau L., Herrn C., Herrn U., Frau

T. sowie Herrn Z. Gespräche geführt wurden, die deren Arbeitsunfähigkeitszeiten betreffen. Alle Beschäftigten weisen das Merkmal auf, dass sie in den letzten zwölf Monaten mehr als 42 Tage ununterbrochen bzw. wiederholt arbeitsunfähig waren. Nach unserer Information sind Sie an die betroffenen Kollegen mit der Aufforderung herangetreten, sie sollten einem Verfahren zur Klärung ihrer Arbeitsunfähigkeit zustimmen, um die Beschäftigungsmöglichkeit zu erhalten. In diesem Zusammenhang haben Sie den Kollegen vorformulierte Erklärungen zur Unterzeichnung vorgelegt, mit denen die jeweiligen behandelnden Ärzte umfassend von deren ärztlichen Schweigepflicht entbunden werden.
Diese Vorgehensweise ist als Klärung von Maßnahmen im Zusammenhang mit der Durchführung eines betrieblichen Eingliederungsmanagements i. S. d. § 167 Abs. 2 SGB IX zu verstehen. Nach § 167 Abs. 2 Satz 1 SGB IX sowie § 87 Abs. 1 BetrVG ist der Betriebsrat an Maßnahmen zur Durchführung des betrieblichen Eingliederungsmanagements zu beteiligen. Die Verfahrensregelungen für ein betriebliches Eingliederungsmanagement dürfen nur mit Zustimmung des Betriebsrats eingeführt werden.
Wir betrachten es als grobe Verletzung unseres Mitbestimmungsrechts, dass Sie in den oben genannten Fällen bereits einleitende Maßnahmen begonnen haben, ohne den Betriebsrat zu informieren und zu beteiligen.
Wir fordern Sie daher auf, alle weiteren Schritte sofort einzustellen, bis das Mitbestimmungsverfahren ordnungsgemäß durchlaufen ist sowie uns gegenüber eine schriftliche Erklärung des Inhalts abzugeben, dass sowohl in den eingangs genannten zehn Fällen als auch in weiteren derzeit nicht bekannten Fällen Maßnahmen zur Durchführung eines betrieblichen Eingliederungsmanagements ohne Beteiligung und Zustimmung des Betriebsrats unterlassen werden. Sollte diese Erklärung bis zum … hier nicht vorliegen, sehen wir uns zu unserem Bedauern gezwungen, ein arbeitsgerichtliches Unterlassungsverfahren (vgl. *Anmerkung 2*) einzuleiten (vgl. *Anmerkung 3*).

Mit freundlichen Grüßen

Der Betriebsrat

Anmerkungen:

Anmerkung 1

Das Musterschreiben behandelt die Fallgestaltung, dass der Arbeitgeber ohne Beteiligung des Betriebsrats Maßnahmen im Rahmen eines betrieblichen Eingliederungsmanagements durchführt. Der Betriebsrat sollte in diesem Fall umgehend handeln, da für die betroffenen Beschäftigten ohne entsprechend schützende Vorkehrungen durch eine Betriebsvereinbarung (z. B. ein Verwertungsverbot für aus dem Eingliederungsmanagement gewonnenen Informationen für eine krankheitsbedingte Kündigung oder ein Benachteiligungsverbot bei verweigerter Zustimmung des Arbeitnehmers) erhebliche Nachteile durch ein betriebliches Eingliederungsmanagement entstehen können.

Anmerkung 2

Je nach Fallgestaltung sollte der Betriebsrat die Androhung eines einstweiligen Verfügungsverfahrens in Betracht ziehen. Die beiden Verfahren können auch gleichzeitig eingeleitet werden, wenn zum einen ein konkreter Verstoß bevorsteht, zum anderen in der Vergangenheit häufig unter Missachtung der Beteiligungsrechte des Betriebsrats Maßnahmen im Rahmen eines betrieblichen Eingliederungsmanagements vom Arbeitgeber vorgenommen wurden.

Anmerkung 3

Sollte der Arbeitgeber die angeforderte Erklärung nicht abgeben, ist zur Einleitung eines gerichtlichen Unterlassungsverfahrens ein darauf gerichteter Beschluss des Betriebsrats erforderlich, der nachfolgend als Musterschreiben 5 dargestellt wird.

5. Beschluss zur Einleitung eines gerichtlichen Unterlassungsverfahrens/einstweiligen Verfügungsverfahrens

(Ort), den …

Beschluss zur Einleitung eines gerichtlichen Unterlassungsverfahrens

Zur Unterbindung der Durchführung von Maßnahmen im Rahmen betrieblichen Eingliederungsmanagements des Arbeitgebers ohne Beteiligung des Betriebsrats beschließt der Betriebsrat, ein arbeitsgerichtliches Beschlussverfahren einzuleiten.

Der Betriebsrat beschließt des Weiteren, Frau Rechtsanwältin/Herrn Rechtsanwalt … mit der Durchführung des Verfahrens zu beauftragen.

Die dazu erforderliche Abklärung des Sachverhalts wird die/der Betriebsratsvorsitzende gemeinsam mit der/dem Verfahrensbevollmächtigten vornehmen.

Beschluss zur Einleitung eines einstweiligen Verfügungsverfahrens

Der Betriebsrat beschließt wegen der bereits eingeleiteten Maßnahmen des Arbeitgebers zur Durchführung eines betrieblichen Eingliederungsmanagements gegenüber den Beschäftigten Frau L. und Frau T sowie Herrn Z. ein arbeitsgerichtliches Verfahren gerichtet auf den Erlass einer einstweiligen Verfügung gegen den Arbeitgeber zu erwirken.

Der Betriebsrat beschließt des Weiteren, Frau Rechtsanwältin/Herrn Rechtsanwalt … mit der Durchführung des Verfahrens zu beauftragen.

Die dazu erforderliche Abklärung des Sachverhalts wird die/der Betriebsratsvorsitzende gemeinsam mit der/dem Verfahrensbevollmächtigten vornehmen.

6. Geltendmachung des Informationsanspruchs

Der Betriebsrat
der Firma ABC

An die Geschäftsleitung
im Hause

(Ort), den ...

Geltendmachung eines Informationsanspruchs gem. § 167 Abs. 2 SGB IX i.V.m. § 80 Abs. 1 BetrVG

Sehr geehrte Damen und Herren,

nach der seit 1.5.2004 in Kraft getretenen Regelung des § 167 Abs. 2 SGB IX sind Sie verpflichtet, Möglichkeiten zu prüfen, wie Arbeitsunfähigkeit überwunden werden kann und mit welchen Mitteln erneuter Arbeitsunfähigkeit vorgebeugt und der Arbeitsplatz erhalten werden kann, wenn Beschäftigte innerhalb eines Zeitraums von zwölf Monaten mehr als 42 Tage ununterbrochen oder wiederholt arbeitsunfähig sind.
Der Betriebsrat hat gem. § 167 Abs. 2 Satz 8SGB IX die Aufgabe darüber zu wachen, dass Sie den nach § 167 Abs. 2 SGB IX bestehenden Verpflichtungen nachkommen.
Um unseren Auftrag erfüllen zu können, benötigen wir folgende Information: Welche Arbeitnehmer waren innerhalb der letzten zwölf Monate mehr als 42 Tage ununterbrochen, bzw. wiederholt und in welchem Umfang arbeitsunfähig erkrankt?
Vorsorglich machen wir darauf aufmerksam, dass der Betriebsrat nach der Rechtsprechung (vgl. Beschluss des BAG vom 7.2.2012 – 1 ABR 46/19 sowie Beschluss des LAG München vom 24.11.2010 – 11 TaBV 48/10) Anspruch auf diese Informationen hat.
Da der Bezugszeitraum des § 167 Abs. 2 SGB IX nicht das Kalenderjahr, sondern jeweils die zurückliegenden zwölf Monate umfasst, bitten wir Sie, uns diese Information laufend jeweils zum 1. eines jeden Monats zur Verfügung zu stellen.

Mit freundlichen Grüßen

Der Betriebsrat

7. Aufforderung zu Verhandlungen über eine Betriebsvereinbarung zum betrieblichen Eingliederungsmanagement

Der Betriebsrat
der Firma ABC

An die Geschäftsleitung
im Hause

(Ort), den …

Betriebsvereinbarung zum betrieblichen Eingliederungsmanagement

Sehr geehrte Damen und Herren,

nach Auswertung der Arbeitsunfähigkeitsdaten (vgl. *Anmerkung 1*) und einer vorläufigen Gefährdungseinschätzung sieht der Betriebsrat die Notwendigkeit, eine betriebliche Vereinbarung zur Durchführung eines betrieblichen Eingliederungsmanagements abzuschließen.
Nach § 167 Abs. 2 SGB IX besteht die Verpflichtung des Arbeitgebers, Möglichkeiten zu prüfen, wie Arbeitsunfähigkeit überwunden und mit welchen Mitteln erneuter Arbeitsunfähigkeit vorgebeugt und der Arbeitsplatz erhalten werden kann, wenn Beschäftigte innerhalb eines Zeitraums von zwölf Monaten mehr als 42 Tage ununterbrochen oder wiederholt arbeitsunfähig sind.
Wir haben festgestellt, dass in unserem Betrieb derzeit sieben Beschäftigte arbeitsunfähig erkrankt sind bzw. im oben beschriebenen Umfang in den letzten zwölf Monaten arbeitsunfähig waren. Damit liegen die Voraussetzungen des § 167 Abs. 2 SGB IX vor, in dem dort genannten Sinne tätig zu werden. Nach unserer Auffassung ist dazu eine Verfahrensregelung erforderlich, die wir Ihnen als Entwurf einer Betriebsvereinbarung als Anlage überreichen.
Wir fordern Sie auf, unverzüglich Verhandlungen mit uns über den Abschluss einer Betriebsvereinbarung zur Durchführung des betrieblichen Eingliederungsmanagements aufzunehmen. Sollten wir bis zum … (vgl. *Anmerkung 2*) keine Stellungnahme und Verhandlungsbereitschaft Ihrerseits feststellen können, müssten wir zu unserem Bedauern davon ausgehen, dass ein entsprechendes Einigungsstellenverfahren eingeleitet werden muss.

Mit freundlichen Grüßen

Der Betriebsrat

Anmerkungen:

Anmerkung 1

Im Musterschreiben 6 ist ein entsprechendes Aufforderungsschreiben wiedergegeben, wie man in den Besitz der entsprechenden Informationen gelangt. Sollte der Arbeitgeber einwenden, dass die Weitergabe von diesen Daten nur mit Zustimmung der betroffenen Beschäftigten möglich sei, kann auf die Argumentation zurückgegriffen werden, die in Kapitel I. 4. c. aa. dargestellt ist.

Anmerkung 2

Fristsetzungen sollten grundsätzlich sinnvoll und angemessen erfolgen. Um sich über ein verhandlungsfähiges Angebot zum Abschluss einer Betriebsvereinbarung äußern zu können, dürfte eine Fristsetzung von einem Monat vollkommen ausreichend sein. Zur Vorbereitung der Bestellung eines Einigungsstellenverfahrens wird auf die nachfolgenden Musterschreiben 8 und 9 verwiesen.

8. Vorbereitungen zur Einberufung der Einigungsstelle – Anschreiben an die/den Einigungsstellenvorsitzende/n

Firma ABC
- Betriebsrat -
Bahnhofstr. 1
(Ort)

Frau
...
Hauptstr. 10 (Ort), den ...
(Ort)

Sehr geehrte Frau ..., (vgl. *Anmerkung 1*)

der Betriebsrat der Firma ABC wendet sich in folgender Angelegenheit an Sie: Wir haben in unserem Betrieb feststellen müssen, dass eine größere Anzahl von Kollegen innerhalb der letzten zwölf Monate mehr als 42 Tage ununterbrochen oder wiederholt arbeitsunfähig war. Der Betriebsrat musste daher seiner gesetzlichen Verpflichtung nachkommen, den Arbeitgeber zur Durchführung eines betrieblichen Eingliederungsmanagements aufzufordern und in diesem Zusammenhang eine Betriebsvereinbarung zur Regelung des Verfahrens abzuschließen. Vor mehr als einem Monat haben wir die Geschäftsleitung unter

Fristsetzung zum ... vergeblich aufgefordert, zu einem Vorschlag von uns Stellung zu nehmen und die Verhandlungen aufzunehmen.
Wir sehen die Verhandlung daher als gescheitert an und wollen die Einigungsstelle zur Vermittlung einberufen. Auf diesem Weg möchten wir nunmehr anfragen, ob Sie als Einigungsstellenvorsitzende kurzfristig zur Verfügung stehen.

Mit freundlichen Grüßen

Der Betriebsrat

Anmerkung 1:
Bevor die konkreten Maßnahmen zum Einigungsstellenverfahren beginnen, sollte man sich vergewissern, wer inhaltlich und zeitlich für den Vorsitz zur Verfügung steht. Wer dafür in Frage kommt, kann mit dem zuständigen Gewerkschaftssekretär oder mit dem anwaltlichem Verfahrensbevollmächtigten abgesprochen werden.

9. Vorbereitungen zur Einberufung der Einigungsstelle – Anschreiben an den Arbeitgeber

Der Betriebsrat
der Firma ABC

An die Geschäftsleitung
im Hause

(Ort), den ...

Betriebsvereinbarung zum betrieblichen Eingliederungsmanagement

Sehr geehrte Damen und Herren,

nachdem wir von Ihnen keine Reaktion auf unsere Aufforderung, in Verhandlungen über eine Betriebsvereinbarung einzutreten, verzeichnen konnten (vgl. *Anmerkung 1*), stellen wir fest, dass die innerbetrieblichen Verhandlungsmöglichkeiten gescheitert sind.
Wir beabsichtigen, die Verhandlungen im Rahmen eines Einigungsstellenverfahrens fortzuführen. Die Einigungsstelle soll mit drei Beisitzern auf jeder Seite besetzt werden. Für den Vorsitz schlagen wir Frau ... vor. Frau ... ist eine erfahrene Einigungsstellenvorsitzende und hat sich mit dem Thema des betrieb-

lichen Eingliederungsmanagements ausweislich zahlreicher Publikationen ausführlich befasst. Ihre Bereitschaft hat sie uns bereits in einem Schreiben zugesagt.
Wir bitten Sie, uns innerhalb von acht Tagen ab Datum dieses Schreibens Ihre schriftliche Zustimmung zur Einberufung und oben geschilderten Besetzung der Einigungsstelle zu erteilen. Sollte auch diese Frist ohne entsprechende Rückmeldung bleiben, werden wir die Einigungsstelle gerichtlich bestellen lassen.

Mit freundlichen Grüßen

Der Betriebsrat

Anmerkung 1:
Alternativ: Nachdem mehrere Verhandlungsrunden ergebnislos verlaufen sind …

10. Vorbereitungen zur Einberufung der Einigungsstelle – Beschlussfassung Einleitung des Einigungsstellenverfahrens

(Ort), den …

Beschlussfassung: Einleitung eines Einigungsstellenverfahrens zur Regelung einer Vereinbarung zum betrieblichen Eingliederungsmanagement
Der Betriebsrat stellt fest, dass die Verhandlungen mit dem Arbeitgeber über den Abschluss einer Betriebsvereinbarung bzgl. der Durchführung des betrieblichen Eingliederungsmanagements gescheitert sind.
Der Betriebsrat beschließt, dass zur Vermittlung und Entscheidung die Einigungsstelle einberufen werden soll. Diese soll mit drei Beisitzern pro Verhandlungsseite besetzt werden. Den Vorsitz soll Frau … übernehmen.
Des Weiteren beschließt der Betriebsrat: Sollte der Arbeitgeber bis zum … der Einberufung der Einigungsstelle nach Maßgabe der obigen Ausführungen nicht zugestimmt haben, wird der Betriebsrat Frau/Herrn Rechtsanwältin/Rechtsanwalt … mit der Durchführung eines arbeitsgerichtlichen Verfahrens zur Einberufung der Einigungsstelle beauftragen.

11. Beauftragung eines Sachverständigen

(Ort), den ...

Beschluss
Der Betriebsrat beschließt, Frau/Herrn ... als Sachverständige/n (vgl. *Anmerkung* 1) bei dem Aufbau eines Verfahrens zum betrieblichen Eingliederungsmanagement und einer damit verbundenen Betriebsvereinbarung hinzuzuziehen.
Vereinbarung (vgl. *Anmerkung 2*)
zwischen Arbeitgeber und Betriebsrat über die Beauftragung eines Sachverständigen gem. § 80 Abs. 3 BetrVG
Arbeitgeber und Betriebsrat stimmen darin überein, dass der Betriebsrat beim Aufbau eines betrieblichen Eingliederungsmanagements sachverständige Unterstützung benötigt und zu diesem Zweck Frau/Herrn ... als Sachverständige/n beauftragt wird. Die Vergütung der/des Sachverständigen erfolgt nach Stundenaufwand mit einem Stundensatz von ... Euro, zzgl. Fahrtkosten, Spesen und Mehrwertsteuer.
Der Betriebsrat ist bis zu einer Grenze von insgesamt ... Euro berechtigt, die sachverständige Unterstützung ohne Rücksprache mit dem Arbeitgeber in Anspruch zu nehmen. Ist diese Obergrenze ausgeschöpft, bedarf es einer erneuten Absprache.

Unterschrift	Unterschrift
Betriebsratsvorsitzende/r	Geschäftsführer

Anmerkungen:
Anmerkung 1
Der Aufbau eines betrieblichen Eingliederungsmanagements kann mit Fragen verbunden sein, die durch den Betriebsrat durch eigene Sachkunde nicht bewältigt werden können. Für diesen Fall besteht ggf. die Möglichkeit, einen Sachverständigen gem. § 80 Abs. 3 BetrVG hinzuziehen. Wie bei der Auswahl der Einigungsstellenvorsitzenden (vgl. Musterschreiben 8) sollte natürlich auch hier vorab mit dem in Aussicht genommenen Sachverständigen die Beauftragung, auch hinsichtlich der Honorarvorstellungen, geklärt werden.
Anmerkung 2
Die wirksame Beauftragung eines Sachverständigen bedarf immer einer entsprechenden Vereinbarung zwischen Arbeitgeber und Betriebsrat. Sollte der Arbeitgeber einer solchen Vereinbarung nicht zustimmen, gibt es zwei Möglichkeiten zur weiteren Vorgehensweise für den Betriebsrat: Zum einen kommt die Verfolgung des Anspruchs gem. § 80 Abs. 3 BetrVG durch ein gerichtliches Verfahren in Betracht mit dem Ziel, die

Zustimmung des Arbeitgebers durch gerichtliche Entscheidung ersetzen zu lassen. Zum anderen könnte der Betriebsrat im Rahmen eines Einigungsstellenverfahrens die Position eines der Beisitzer mit der des Sachverständigen besetzen.

VI. Verzeichnis wichtiger Internetadressen

www.bar-frankfurt.de
Bundesarbeitsgemeinschaft für Rehabilitation
www.baua.de
Bundesanstalt für Arbeitsschutz und Arbeitsmedizin
www.bmgs.bund.de
Bundesministerium für Gesundheit und soziale Sicherung
www.bmwa.bund.de
Bundesministerium für Wirtschaft und Arbeit mit Informationen zum Arbeitsschutz
www.bundesarbeitsgericht.de
Bundesarbeitsgericht mit Link: Entscheidungen zu Urteilen und Beschlüssen des BAG im laufenden und den zurückliegenden vier Jahren
www.igmetall.de
IG Metall
www.integrationsaemter.de
Bundesarbeitsgemeinschaft der Integrationsämter
www.iqpr.de
Institut für Qualitätssicherung in Prävention und Rehabilitation
www.osha.europa.eu/de/publications/covid-19-infection-and-long-covid-guide-workers
Leitfaden für an Long Covid erkrankte Beschäftigte der Europäischen Agentur für Sicherheit und Gesundheitsschutz am Arbeitsplatz in verschiedenen Sprachen
publikationen.dguv.de/widgets/pdf/download/article/4991
Praxishilfe, herausgegeben von der Deutschen Gesetzlichen Unfallversicherung e.V.: Wie Unternehmen und Einrichtungen das Betriebliche Eingliederungsmanagement evaluieren können
www.rehadat.de
Institut der Deutschen Wirtschaft mit laufend aktualisierter Sammlung von Integrationsvereinbarungen
www.vdr.de

Verband deutscher Rentenversicherungsträger
www.verdi.de

Stichwortverzeichnis

Kompetenz verbindet

Werner Feldes, Mathilde Niehaus, Ulrich Faber

Werkbuch BEM – Betriebliches Eingliederungsmanagement

Strategien für Betriebs- und Personalräte
2., aktualisierte Auflage
2021. 299 Seiten, gebunden
€ 39,90
ISBN 978-3-7663-7087-7

Das Betriebliche Eingliederungsmanagement ist fest in der Arbeits- und Personalpolitik vieler Betriebe etabliert. Dieser Wiedereingliederungsprozess hat umfangreichen Qualitätskriterien zu entsprechen und ist laufend den individuellen Anforderungen in Branchen, Betrieben und Dienststellen anzupassen. Welche Faktoren in der persönlichen Beratung und Fallbearbeitung wegweisend für ein erfolgreiches Durchführen des Betrieblichen Eingliederungsmanagements sind, zeigt das nun in 2. Auflage erscheinende »Werkbuch«. Die Beiträge wurden komplett aktualisiert und sind auf aktuellem Stand.

Aus dem Inhalt:

- Arbeitsrechtliche Fragen und Rechtsdurchsetzung
- Sozialrechtliche Fragen
- Datenschutz
- Arbeitsschutz und Arbeitsgestaltung
- Abgrenzung von Krankenrückkehrgesprächen
- Qualitätsmanagement und Evaluation
- Erfolgsbedingungen - Aspekte der Unternehmenskultur
- Interessenvertretungen berichten aus dem Eingliederungsalltag
- Betriebs- und Dienstvereinbarungen
- Unterstützungsstrukturen für Klein- und Mittelbetriebe

Bund-Verlag